바이블
백신 1

KB203834

Bible Vaccine

바이블
백신 1

양형주 지음

홍성사

차례

III. 인간론 백신 – 성경이 말하는 사람을 오해하면 구원관이 흔들린다

1. 인간 이해의 기초–창조, 타락, 구속

2. 창조받은 인간

들어가는 말

필자가 지방의 한 교회에 부임한 지 얼마 되지 않았을 때, 성도들로부터
깜짝 놀랄 소식을 들었다. 부임하기 전, 그 교회를 섬기던 전도사 한 분
이 교회를 사임하고 얼마 지나지 않아 주요 이단 중 하나인 S단체에 빠
졌다는 사실이었다. 그 전도사님은 유쾌한 성품으로 성도들과 자주 연
락하며 성도들의 마음을 샀던 분이었다. 더 놀라운 소식은 S단체에 빠
진 이후로도 교인들과 수시로 연락하며 교회를 비방하면서 새로운 성
경 공부 모임에 초대한다는 것이었다. 그리고 교인들 중 S단체의 성경
공부 모임에 참여하는 이들이 꽤 된다는 것이었다.

그러던 중에 그 교회의 청년부에서 일어났던 일도 듣게 되었다. 전
에 20~30명씩 청년부에 모였는데, 그 당시에는 모두 흩어져 아무도 남
지 않게 되었다. 청년부가 해체된 것이다. 알고 보니 청년부 회장이 S단
체에 빠졌는데, 이후 청년부에서 교회와 리더들을 신랄하게 거짓으로
비난하며 험담하기 시작했다고 한다. 회장의 이야기를 들은 청년부원들
은 커다란 충격을 받고 하나둘씩 교회를 떠나기 시작하다 결국 아무도
남지 않았다는 것이다. 그중 일부 청년은 그 회장의 권유를 받고 S단체
로 넘어갔다고 한다. 알고 보니 교회가 전체적으로 S단체의 공격에 노출
되어 서서히 물들어 가고 있었다.

안 되겠다 싶어 여기저기 자료를 수소문하고 인터넷에 나온 자료

들을 뒤져 주일 오후예배 때 4주 연속 시리즈로 '바이블 백신' 특강을 시작했다. 첫 시간을 마치자, 교인들은 상당한 충격을 받았다. 강의 중에 교회 밖의 성경 공부에 참여하는 분들이 있으면 손을 들어 보라고 하니 60퍼센트 정도가 성경 공부에 참여하고 있었다. 성도들은 자신들이 참여한 것이 이단 성경 공부인 줄 몰랐다며 큰 충격을 받았다. 그렇게 많지 않은 성도 중에서도 상당수가 이단 성경 공부에 참여하고 있다는 사실에 필자도 큰 충격을 받았다.

이후 바이블 백신 특강은 성도들이 다시 돌아와 교회 중심의 신앙 생활을 하는 데 큰 도움이 되었다. 성도들은 외부 성경 공부의 위험성을 자각하고 교회 밖의 이단 성경 공부를 끊고, 집요하게 연락해 오는 이단과의 접촉을 차단했다. 그러자 교회는 회복되기 시작했다.

얼마 후 한동안 신앙 생활을 쉬던 권사 한 분이 다시 신앙 생활을 열심히 하겠다며 교회에 나오기 시작했다. 그러더니 새가족 리더를 하고 싶다고 요청했다. 별 의심 없이 그렇게 하라고 허락했다. 그런데 이상한 이야기가 들려왔다. 그 권사가 아직 S단체에 다니고 있고, 여기저기 사람들을 포섭한다는 이야기였다. 이것이 드러나기까지 3년이 걸렸다. 결국 그 권사는 교회를 나오지 않게 되었고 그녀의 딸 E양만 교회에 나오게 되었다. E양은 열심히 신앙 생활을 하였다. 그러나 주중에는 학과 모임이 바쁘다는 핑계로 청년부 모임에 나오지 않았다.

얼마 후, 교회의 한 청년으로부터 상담 요청이 들어왔다. 그는 대예배 때 피아노를 반주하는 대학생이었다. 겨울방학 때 E양이 자기네 학교 동아리 모임 겨울수련회의 찬양 반주를 그에게 부탁한 것이었다. 그 청년은 아무 생각 없이 동아리 모임에 갔는데, 이런저런 프로그램 후에 강사가 나오더니 비유 풀이 성경 공부를 하더라는 것이었다. 바이블 백신 특강 때 들었던 이야기가 생각난 이 청년은 무엇인가가 이상하다고 느껴서 곧바로 교회에 신고한 것이었다.

E양을 불러 자초지종을 물었다. 그리고 S단체에 대하여, 그곳이 어떤 곳인지, 왜 나와야 하는지 권면했다. E양은 이야기를 잘 듣는 것 같았다. 그런데 수시로 카카오톡을 하며 산만해졌다. 이상하다 싶어 곁에 있던 청년부 담당 교육 전도사가 핸드폰을 달라고 해서 내용을 보았다.

갑자기 전도사의 작은 눈이 커졌다. 그의 눈이 그렇게 커진 것은 교회 부임 후 처음 보았다. 그러더니, 하는 말이 "아니, 너. 어떻게 그럴 수가…"였다. 큰 충격을 받은 모양이었다. 알고 보니 E양이 수시로 보던 카카오톡에는 수십 명의 S단체 청년들이 거짓 목자들(?)인 필자를 비롯한 교회 리더들에게 둘러싸여 공격을 받고 있던 E양을 보이지 않게 응원하고 있었고, 행동 지침을 내리고 있었다. 끝까지 집요하게 숨기던 E양의 정체가 마침내 드러나고 말았다. 이후 E양에게 이단 상담을 수차례 권유하였지만, 결국 거절하고 그는 이단 단체로 숨어들어 갔다.

이후, 이단상담소에서 S단체에서 나온 사람들을 상담하고 있을 때였다. 필자도 상담에 함께 참여하고 있었다. 출산을 앞둔 한 자매가 필자가 섬기는 교회 이름을 듣더니 갑자기 이런 고백을 하는 것이다. "목사님, 죄송해요. 사실은 제가 E양을 S단체로 들어오게 했어요!" "예? 뭐라고요?!!" 상담을 하다 갑자기 소름이 쫙 끼쳤다. 알고 보니 그 자매는 이전에 문화센터를 운영하고 있었고, 거기에 나와 봉사 활동을 하던 E양이 열심히 하는 것을 보고 그녀를 처음부터 찍어 두고는 계속해서 접근했던 것이다. 그 자매가 문화센터를 운영했던 것은 처음부터 그곳을 드나드는 사람들을 S단체로 포섭하기 위해서였다고 한다. 그 자매는 E양의 봉사 활동을 크게 칭찬하고 장학금을 주기도 하며, 계속 가까워지도록 노력했고, 서서히 성경 공부를 시작해서, 마침내 S단체로 끌어들였다는 것이다.

위의 실례처럼 이단은 막연히 조심해야 할 것이 아니다. 정말 깨어 있지 않으면 우리도 모르는 사이에 당할 수 있다. 이후 필자는 계속해서 이단에 대해 관심을 갖고 자료를 모으고 공부했다. 그들이 배우는 내용과 이것들에 대해 효과적으로 반박할 수 있는 것들도 공부했다. 무엇보다 바른 교리에 대하여 공부했다. 그러던 중 어느 대형교회의 청년부 집회를 인도할 기회가 있었다.

집회 시간에 이단에서 가르치는 입문 과정의 내용을 소개하였다. "여러분, 성경의 내용을 나누자면 크게 세 가지 정도로 나눌 수 있습니다. 첫째, 역사입니다. 성경은 역사적인 내용으로 구성되어 있습니다. 둘째, 교훈입니다. 성경에는 교훈적인 내용들이 들어 있지요. 셋째

들어가는 말

는 예언입니다. 예언은 앞으로 될 일을 미리 예고해 놓으신 것이죠. 구약의 예언은 신약에 예수님을 통해 성취되었습니다. 그런데 예수님께서 오셔서 장차 될 일들을 예언하신 것은 아직 감추어져 있습니다. 그 감추어진 진리가 바로 비유입니다."

이런 식으로 이야기를 하고 있는데, 앞에 있던 자매가 갑자기 질문을 했다. "목사님, 이거는 일반 교회에서 다 배우는 것이죠?" "아니요, 이 내용은 S단체에서 가르치는 내용입니다"라고 답하자, 이 자매의 눈이 커졌다. 안 그래도 눈이 컸는데 눈알이 튀어나올 것 같았다. 큰 충격을 받은 모양이었다. 집회 후 그 자매와 상담을 했다. 자매는 말했다. "목사님, 지금 저는 선교단체 간사 언니랑 성경 공부하는데, 똑같은 내용을 배우고 있어요." 그 간사가 이단이라고 말해 주자, 자매는 그럴 리 없다며 고개를 절레절레 흔들었다. 이미 그녀의 마음은 그 간사라는 언니에게 많이 빼앗겨 있었다. 상담을 통해 결국 그 자매는 이단이 가르치는 성경 공부에서 나오게 되었다. 알고 보니 그 자매는 그 대형교회 담임목사의 조카였다.

지금도 이단들은 수시로 우는 사자와 같이 성도들을 미혹하고 있다. 어떻게 이들의 미혹을 대비할 것인가? 깨어 있지 않고는 속수무책으로 당한다. 그렇다면 깨어 있다는 것은 구체적으로 어떻게 한다는 것일까? 이는 이단들의 미혹하는 교리를 알고 이에 대비 태세를 갖추는 것을 뜻한다. 나아가 우리가 믿고 따르는 교리가 무엇인지를 올바르고 확실하게 알아야 한다. 그동안 교회가 이단을 대처하는 방식은 주로 피하는 것이었다. 그러나 이단은 피하는 길목조차 집요하고 적극적으로 파고든다. 피하는 것은 더 이상 효과적인 대비책이 아니다.

여기 지난 10년간 건강한 성도와 교회를 세우기 위해 이단적 교리와 씨름했던 것들을 집약하여 《바이블 백신》을 내놓는다. 이 책은 우리가 믿는 바른 교리는 무엇이고, 이단들은 이것들을 어떻게 왜곡시키는지 알려 주고, 이것에 대한 올바른 반증은 무엇인지를 함께 공부함으로써 신앙의 골격을 튼튼히 세우도록 고안되었다. 여기서 다루는 이단의 교리들은 각 주요 교단들이 이단보고서를 통해 발표했던 여러 이단을 포함한다. 이를 통해 성도들은 무엇이 건강한 교리인지 바로 분별하며 건강한 신앙을 세워 갈 수 있을 것이다.

현재 '바이블 백신'은 필자가 섬기는 대전도안교회 성도들이 1년 간 두 학기에 걸쳐 배우는 필수 성경 공부 과정 중 하나다. 교회에서의 임상실험을 통해 다진 바이블 백신의 내용을 장로회신학대학교와 대전 신학대학교 신대원 과정에 있는 신학생들과도 한 학기 동안 나누어 보았다. 반응은 정말 뜨거웠다. 선택과목이었지만 수강 제한 인원이 꽉 찼고, 많은 이들이 진지한 관심을 갖고 수업에 임했다. 이 내용이 교회뿐 아니라 신학교에도 필요함을 절감할 수 있었다.

또한 해외에서도 바이블 백신의 필요를 요청하였다. 국내의 이 단들이 해외로 많이 진출하는 상황에서 선교지의 혼란과 어려움은 이루 말할 수 없다. 한인세계선교사지원재단의 후원으로 지난여름 몽골에 이단전문사 과정을 개설하여, 현지의 몽골 목회자들에게 며칠에 걸쳐 온종일 바이블 백신을 강의하였다. 현지에서는 이미 많은 피해로 목회자가 당황해하고 있었다. 몽골의 한 현지 교회의 경우 성도들이 서로 다른 세 개의 이단으로 흩어져 나가는 불상사가 발생하기도 했다. 이렇게까지 피해가 큰 줄 미처 몰랐다. 몽골에서도 필자의 부족한 강의로 여러 현지 목회자들이 새 힘을 얻고 대처할 용기를 갖는 것을 보고 감사하였다.

《바이블 백신》이 나오기까지 많은 분의 도움을 받았다. 이단에 대한 심각성을 인지하고 바이블 백신에 큰 관심을 보이며 필자를 격려해 주신 장신대 임성빈 총장님께 감사드린다. '신약성경과 이단'이란 과목을 흔쾌히 개설하여 신학생들과 이 내용을 함께 나눌 수 있는 기회를 허락한 장로회신학대학교와 대전신학대학교에 감사드린다. 또 이단 연구의 새로운 지평을 열어 주신 한국기독교이단상담소협회 회장 진용식 목사님께도 깊이 감사드린다. 또한 같은 협회의 김종한 목사님, 그리고 대전서노회 이단상담소장을 역임했던 강종인 목사님, 신천지와 법적 소송까지 가서 승소하며 든든한 후원군이자 동역자가 되어 주신 심상효 목사님, 구원론의 균형을 잡도록 도와주신 총신대학교의 강웅산 교수님, 그리고 한때 신천지 인기 강사였던 K 전도사님 등 일일이 열거하지 못할 정도로 참 많은 분이 도움을 주셨다. 또 이 책의 추천사를 써주신 합동신학대학원대학교의 안상혁 교수님과 이단상담의 치열한 현장에서 묵묵히 수고하시는 신현욱 목사님께도 감사드린다.

이 책이 나오기까지 늘 기도와 내조로 도우며 변함없는 지지와 사랑을 보내 주었던 사랑하는 아내에게 감사한다. 또한 '바이블 백신' 시간에 총기 있는 눈망울로 필자의 부족한 강의를 경청하고 격려해 주었을 뿐 아니라 건강한 성도로 자라 가려 몸부림치는 대전도안교회 성도들께도 깊이 감사한다.

부디 이 책이 이단들의 공격에 취약한 교회의 면역력을 강화하고, 각 성도들을 튼튼하게 세워 가는 데 요긴하게 쓰임 받는다면 더할 나위 없겠다.

모든 영광을 오직 하나님께만 돌린다!

2019년 3월

양형기

서론: 바이블 백신 접종 준비

1. 바이블 백신이 필요하다

불주사를 기억하는가? 초등학교 때 맞았던 불주사는 바늘을 불에 달구어 맞는 무시무시한 주사였다. '불주사'라는 명칭 자체가 주는 공포감도 있었거니와 모두가 주사를 맞으려고 줄을 길게 서 있는데 앞에서 먼저 주사를 맞는 친구의 "아야!" 하는 비명소리가 들리면 더 큰 공포가 몰려왔다. 그러나 만약 불주사가 무섭다고 주사를 피하면 어떻게 될까? 나중에 생명을 위협할 정도로 치명적인 결핵에 걸리게 된다.

한국교회 성도는 대략 800만 명 전후로 추산된다. 이단 전문가들은 이 중에서 이단에 속한 사람들을 적어도 100만 명에서 많게는 200만 명까지 본다. 200만 명이라면, 한국 기독교의 25퍼센트가 이단인 것이다. 주변에 이단들이 무섭게 성장하며 활개 치는 것을 보면 그럴 만도 하겠다는 생각이 든다. 번듯했던 교회 건물들의 간판이 하나둘씩 내려가고 어느 순간 이단들의 간판이 올라간다. 어떤 이단은 기성교회로부터 한 해 2만 명의 신도들을 흡수한다고 한다.

이렇게 무섭게 침투하는 이단들에 대한 교회의 대처는 어떠한가? 교회마다 이단출입금지 스티커를 붙인다. 또 이단을 경계하고, 교회 밖의 성경 공부에 주의하라고 광고한다. 그러나 이것은 미봉책일 뿐 근본적인 해결책은 되지 않는다. 물론 이단 세미나도 한다. 그러나 시간의 한 계상 이단들이 어떻게 미혹하는지 피해 사례와 미혹 방법 등만 피상적인 나열식으로 배울 뿐, 근본적으로 이들이 어떻게 성경을 갖고 미혹하는지는 배우지 못한다. 이단들이 미혹하는 내용을 모르기에 막연한 두려움만 생긴다. 이를 교리적으로 대응하고 반박하는 것은 웬만한 성경 지식으로는 불가능에 가깝다고 느낀다. 갈수록 이단의 전략은 교묘해지고 간교해져 간다. 또 법적으로도 꼼짝달싹하지 못하도록 지능적으로 사전에 철저히 준비해서 파고들어 간다. 이런 그들의 치밀한 전략 앞에 성도들은 갈수록 무력감과 두려움을 느낀다. 그렇다면 성도는 이러한 공격에 어떻게 준비해야 하는가? 디도서 3장 10절에서 말씀하는 것처럼 한두 번 훈계하고 멀리하면 충분할까? 단지 말을 섞지 않고 거절하면 될까? 그렇게 하기에는 이단들이 너무나도 교묘하고 공격적이다. 어느덧 나도 모르게 이단에 속한 이들의 간교한 미혹의 포위망으로 들어가게 된다. 한 단체의 경우 포섭하려는 기성 교회의 성도 한 명을 위해 적어도 20-30명이 팀을 짜고 시나리오를 기획한다. 이 정도면 내가 멀리하려 해도 어느덧 이단에 속한 이들로 빙 둘러싸이게 된다. 이들에게는 기성 교회의 성도들은 진리를 몰라서 그렇지 일단 진리를 제대로 깨닫게 해주면 자기네 단체로 넘어올 수밖에 없다는 자신감이 있다. 그래서 이들은 우리가 멀리하려 해도 집요하게 쫓아온다. 한동안 물러간 것 같다가 어느 순간 정신을 차리고 보면 가까이서 기회를 호시탐탐 노리고 있는 모습도 발견한다. 그렇다면 어떻게 이들의 교묘한 전략에 맞서 진리로 싸울 수 있을까?

가장 중요한 것은 성도들이 이단들의 거짓된 가르침에 대한 저항력을 기르는 것이다. 성도에게는 이단들의 거짓 가르침을 이겨 낼 수 있는 거룩한 불주사, 즉 일종의 바이블 백신이 필요하다. 백신이 무엇인가? 외부에서 침입한 병균에 저항할 수 있는 항체를 기를 수 있도록 약한 항원이나 죽은 항원을 침투시키는 것이다. 일단 우리 몸이 이런 항원을 다루어 보면 다음에 진짜 병원균이 침입했을 때 넉넉히 이겨 낼 수 있는 저항력이 생긴다. 성도들에게도 이러한 저항력이 필요하다. 이단들이 성도들을 미혹하는 거짓 교리들이 무엇인지, 우리가 어떤 진리를 붙들어야 이것들을 이겨 낼 수 있는지 사전에 다루어 주어 우리 안에 항체가 생성되도록 해야 한다. 우리가 갖고 있는 것이 참된 진리이기에 이단들의 거짓 진리와 정면으로 대결하면 그들은 반박하지 못하고 멀리 도망간다. 때로는 잘못된 것을 깨닫고 참된 진리로 돌이키기도 한다. 따라서 진리와 함께 거짓 진리에 대한 저항력을 길러 주어야 한다. 성도들에게 거짓 진리에 대한 항체가 형성되어 있으면 이단들이 성도들을 미혹하려 할 때 쉽게 넘어가지 않고 강한 저항력으로 이겨 낼 수 있다.

그렇다면 우리에게는 어떤 바이블 백신이 필요할까? 이를 위해서는 먼저 이단들이 미혹하는 내용이 무엇인가를 정확하게 파악해야 한다. 하지만 그들은 자신들이 가르치는 교리를 공개적으로 잘 드러내지 않는다. 이단들은 저마다 강조하는 바가 다르지만, 미혹하는 내용은 전체적으로 다음과 같은 범주로 수렴된다. 계시란 무엇인가? 성경은 어떤 책인가? 하나님은 어떤 분인가? 인간은 누구인가? 예수 그리스도는 누구인가? 구원이란 무엇인가? 성령은 누구이며 어떤 일을 하시는가? 교회는 무엇인가? 세상의 종말이란 무엇이며 어떻게 오는가? 이러한 주제를 전문적인 용어로 말하자면 계시론, 신론, 인간론, 기독론, 구원론, 교회론, 종말론 등이다. 이러한 주제들을 다루는 종합적이고 체계적인 성경의 주제별 가르침을 가리켜 '교리'라고 한다.

성도에게는 교리에 대한 바른 분별력과 저항력이 있어야 한다. 그러려면 성도의 신앙에 교리가 튼튼하게 자리 잡고 있어야 한다. 가짜를 분별하려면 진짜를 제대로 알아야 하기 때문이다. 그래야 가짜를 보고 분별해 낼 수 있다. 그렇지 않으면 이단의 교묘한 교리를 접하고도 분별력 없이 그대로 받아들이기 쉽다.

2. 말씀 조작의 달인, 사탄

사탄이 말씀 조작의 달인이란 사실을 아는가? 교리가 형성된 것은 사실 수천 년간 계속된 이단들의 교회를 향한 집요한 공격 때문이다. 이단의 배후에는 우는 사자와 같이 성도와 교회를 무너뜨리려는 사탄의 활동이 있다(벧전 5:8). 사탄은 말씀 비틀기의 대가다. 항상 성경으로 시작해서 결론을 다르게 몰고 간다. 그래서 한문으로 다를 '이'(異) 자에 끝 '단'(端) 자를 써 이단(異端)이라고 한다. 사탄은 이단의 원조다.

2.1 에덴 동산에서의 말씀 조작

창세기 3장에 보면 사탄은 아담과 하와에게 다가가 선악과를 따 먹고 범죄하도록 하기 위해 하나님의 말씀을 교묘하게 비튼다. 사탄은 아담과 하와에게 하나님이 하신 말씀을 갖고 접근한다.

> 하나님이 '참으로' 너희에게 동산 '모든' 나무의 열매를 먹지 말라 하시 더냐?(1절)

이 말에는 엉뚱한 부분을 강조해서 하나님의 말씀을 삐뚤게 보게 하려는 전략이 들어 있다. '참으로!' '모든' 나무의 열매를 먹지 말라! 언 뜻 들으면 하나님이 좀 너무하신 것 같다는 느낌이 든다. 뱀의 말에 따 르면, 하나님은 마치 모든 나무의 열매를 먹지 못하도록 금지한 무자비 한 분처럼 들린다. 어떻게 '모든' 열매를 먹지 말라고 하시는가? 게다가 '참으로'라는 말을 더해 감정적으로 하나님이 정말 너무하신 분이라는 느낌을 갖게 한다.

하지만 하나님이 말씀하신 바를 정확하게 대조해 보면 하나님의 말씀을 인용한 사탄이 상당히 위험한 왜곡을 시도하고 있음이 드러난다.

> 여호와 하나님이 그 사람에게 명하여 이르시되 동산 각종 나무의 열매 는 네가 임의로 먹되 선악을 알게 하는 나무의 열매는 먹지 말라 네가 먹 는 날에는 반드시 죽으리라 하시니라(창 2:16-17)

여기서 하나님이 무엇이라 말씀하시는가? 동산 각종 나무의 열매 는 임의로 먹으라고 하신다. '임의로'란 '먹고 싶은 대로'(새번역), '자유롭 게'(freely, NIV, NRSV)란 뜻이다. 즉 선악과를 제외하고는 모든 것을 자유 롭게 허용하신 것이다. 하지만 뱀은 마치 하나님이 모든 것을 먹지 못하 게 하신 것 같은 느낌을 들게 만든다.

여기서 사탄은 '참으로'라는 단어를 집어넣어, 하나님에 대한 부정적 감정을 조장하고, 허용하신 '모든'을 금지하신 '모든'으로 그 의미를 바꾸어 버렸다. 말씀에 없는 것을 넣은 것이다. 또 모든 것을 먹으라고 한 것을 모든 것을 먹지 말라고 하면서 같은 '모든'을 사용하였지만 뒤에 나오는 단어('먹되')를 정반대('먹지 말라')로 사용하여 그 의미를 왜곡시키려 하였다.

이어서 뱀은 하나님이 선악과를 먹으면 '반드시 죽으리라'(2:17)고 하셨지만, 사탄은 이런 하나님 말씀의 결론을 '결코 죽지 아니하리라'(3:4)고 부정하며 말씀과는 전혀 다른 결론으로 안내한다. 그것은 사람이 하나님처럼 될 것이라는 것이다!(3:5). 막무가내로 '죽지 않는다'고 주장하는 것이 아니다. 나름대로 죽지 않을 타당해 보이는 이유를 댄다. 여기서 사탄은 그 이유를 하나님의 말 못할 속사정에 돌린다. 아담과 하와가 선악과를 먹고 눈이 밝아져 하나님처럼 될 것을 하나님이 싫어하신다는 것이다(3:5). 하나님의 속사정을 추정한 이런 뱀의 간교하고 왜곡된 논리에 아담과 하와는 설득당했다. 뱀이 원하는 방향으로 회심(?)한 것이다. 이런 마음으로 선악과를 보니 먹음직도 하고 보암직도 하고 지혜롭게 할 만큼 탐스럽기까지 했다(3:6). 결국 사람은 뱀의 그럴듯한 논리에 굴복하여 범죄하고 말았다. 하지만 뱀의 말을 따른 결과는 비참했다. 정말 자신을 하나님같이 만들어 줄 것 같았던 보암직하고 먹음직스러웠던 선악과를 따먹자 자신의 부끄러움이 탄로 났다. 뱀의 말이 거짓이었음이 명백하게 드러났다. 이처럼 뱀의 왜곡된 논리는 속아 범죄하여 결과를 맛보기 전까지는 좀처럼 잘 드러나지 않는다. 인류 최초의 범죄는 사탄이 제시한 이단적 논리에 속아 넘어가 굴복한 사건이었다.

2.2 광야에서의 말씀 조작

에덴 동산에서 아담을 상대로 말씀을 조작하여 미혹에 성공했던 사탄은 두 번째 아담으로 인류를 구원하러 오신 예수께 다가와 그가 공생애를 시작하기 전 또다시 그의 사역을 좌절시키기 위해 말씀 공작을 시작한다. 놀라운 것은 사탄은 말씀이 육신이 되어 이 땅에 오신 예수 앞에서조차 하나님의 말씀을 무기로 시험했다는 점이다. 사탄은 예수께서 사역을 시작하기 전 그를 성전 꼭대기로 데려갔다. 그러고는 하나님의 말씀을 왜곡하여 제안한다.

> 이에 마귀가 예수를 거룩한 성으로 데려다가 성전 꼭대기에 세우고 이르되 네가 만일 하나님의 아들이어든 뛰어내리라 기록하였으되 그가 너를 위하여 그 사자들을 명하시리니 그들이 손으로 너를 받들어 발이 돌에 부딪치지 않게 하리로다 하였느니라(마 4:5-6)

성전에서 뛰어내리라고 제안한 이유는 무엇인가? 그것은 성경에 기록된 하나님 말씀의 약속 때문이다. 만약 예수께서 성전에서 뛰어내렸을 때 말씀대로 하늘의 천사가 예수님을 받들어 구해 주면, 성전에 예배하러 왔던 많은 이들이 감탄할 것이고 예수님을 하나님의 아들로 믿게 될 것이다. 얼마나 멋진 계획인가? 사탄은 그 근거로 시편 91편 11-12절을 그럴듯하게 인용한다. 여기서 '그럴듯하게'라고 한 것은 말씀을 있는 그대로 인용한 것이 아니라 사탄이 조작하려는 논리에 맞게 일부를 뺐기 때문이다. 그렇다면 원래의 시편 91편 11-12절을 보자.

> 그가 너를 위하여 그의 천사들을 명령하사 네 모든 길에서 너를 지키게 하심이라 그들이 그들의 손으로 너를 붙들어 발이 돌에 부딪히지 아니하게 하리로다

자, 무엇이 빠졌는가? 11절 후반부, '네 모든 길에서 너를 지키게 하심이라'가 빠졌다. '네 모든 길에서' 하나님이 지키신다는 표현을 삭제한 이유는 무엇일까? 만약 이 말씀을 집어넣는다면 예수님을 굳이 성전 꼭대기에서 뛰어내리도록 충동할 근거가 사라지기 때문이다. 생각해 보라. 하나님은 모든 길에서 우리를 지키시는데, 굳이 하나님이 이렇게 뛰어내리는 곳에서만 지키는 것처럼 하나님을 시험해야 할 이유가 있는가? 사탄의 왜곡은 하나님을 마치 이런 극적인 위기에서만 구원하시는 분으로 오해하게 만든다. '네 모든 길에서' 지키신다면 굳이 성전에서 하나님이 지키시나 지키지 않으시나 시험할 필요가 없다. 이 말씀의 핵

심은 모든 길에서 지키시는 하나님을 늘 신뢰하며 나아가라는 것이다.

이를 잘 알고 있는 사탄은 이 구절을 이해하는 데 중요한 핵심 구절인 '네 모든 길에서'를 슬그머니 빼고서 이를 정반대로 제안한다. 말씀 일부를 삭제하여 말씀의 뜻을 정반대로 왜곡시킨 것이다. 사탄은 말씀을 뒤바꾸고 빼서 하나님의 의도를 바꾸는 데 매우 능수능란하다. 이렇게 왜곡된 말씀으로 공격하는 사탄에 예수님은 어떻게 대처하셨는가? 기록된 말씀을 정확하게 선포하심으로 물리치셨다.

> 예수께서 이르시되 또 기록되었으되 주 너의 하나님을 시험하지 말라 하였느니라 하시니(마4:7)

2.3 가버나움 회당에서의 말씀 조작

사탄이 얼마나 말씀 조작에 능수능란한지를 보여 주는 또 다른 것은 갈릴리 가버나움 회당에서 귀신이 쫓겨난 사건이다(막 1:21-28). 가버나움에서의 귀신 축출은 예수께서 공생애 사역을 처음 시작하실 때다. 예수께서 회당에서 권세 있는 말씀을 선포하시자, 사람 속에 숨어 있던 귀신이 자기 정체를 드러내고 발악을 하며 예수께 소리 질러 말한다.

> 나사렛 예수여 우리가 당신과 무슨 상관이 있나이까 우리를 멸하러 왔나이까 나는 당신이 누구인 줄 아노니 하나님의 거룩한 자니이다(막 1:24)

이 귀신의 말을 보면, 그냥 두려워서 하는 말인가 싶을 수 있는데, 자세히 보면 성경을 인용하는 말이다.

먼저, '우리가 당신과 무슨 상관이 있나이까'라는 말은 성경에서 종종 연약하지만 의로운 사람이 강하고 불의한 사람 앞에서 그의 접근을 경계할 때 사용하는 표현이다. 예를 들어 사사기 11장에서 암몬 자손이 이스라엘에 쳐들어와 이들을 위협하자 입다가 말한다. "네가 나와 무슨 상관이 있기에 내 땅을 치러 내게 왔느냐"(삿 11:12).

서론: 바이블 백신 접종 준비

또 다른 예로 열왕기상 17장에 엘리야 선지자가 활동할 때 엘리야는 사르밧 과부의 집에 아이가 병들어 죽었다는 소식을 듣는다. 이에 엘리야가 그 집에 가자 과부는 호소한다. "하나님의 사람이여 당신이 나와 더불어 무슨 상관이 있기로 내게 오셨나이까?"(왕상 17:18)

이런 것을 보면 '내가 당신과 무슨 상관이 있느냐'는 말은 억울함을 당한 연약한 이가 강하고 불의해 보이는 이에게 호소할 때 사용하는 관용어구다. 그런데 이것을 불의하고 약한 마귀가 지금 의롭고 강하신 예수님께 사용한다. 그러더니 '우리를 멸하러 왔나이까'라고 호소한다. 그러면서 고백하는 말을 보라. '나는 당신이 누구인 줄 아노니 하나님의 거룩한 자니이다.' 여기서 '하나님의 거룩한 자'라는 말은 하박국에서 왔다.

> 여호와 나의 하나님, 나의 거룩한 이시여, 주께서는 만세 전부터 계시지 아니하시니이까(합 1:12, 참조. 사 49:7)

이 말씀을 보면 '여호와를 나의 하나님'으로, 또 '나의 거룩한 이'로, '주님'으로 부른다. '나의 거룩한 이'라는 것은 곧 예수님을 하나님으로 고백하는 것이다. 마귀는 말 한마디를 해도 꼭 말씀을 인용해서 한다. 귀신이 이처럼 예수님과의 첫 대면에서 이런 말씀을 인용하는 것은 예수님이 강한 자고 자신은 약한 자니 강한 자가 약한 자를 괴롭혀서는 안 되고, 게다가 예수님은 하나님이시니 이렇게 연약한 마귀를 괴롭히고 내쫓으면 안 된다는 거짓 프레임을 만들어 이 안에 예수님을 가두기 위한 시도다.[1] 또한 말씀이신 그분을 말씀을 인용하여 통제하려는 시도다. 마귀는 지금 하나님의 말씀을 인용하여 예수님께 자기를 괴롭히지 말라고 하는 것이다.

2.4 교묘한 말씀 조작에 나타난 특징들

사탄이 하나님의 말씀을 왜곡할 때 나타나는 특징들은 다음과

---

1 —— 조엘 마커스, 장성민 외 역, 《마가복음 I (1-8장)》 앵커바이블 (서울: CLC, 2016), 292.

같다. 첫째, 사탄은 말씀을 능수능란하고 그럴듯하게 사용한다. 둘째, 사탄은 하나님에 대한 정서적 의심을 무기로 접근한다. 하나님이 '참으로' 그렇게 하실 수 있는가, 또는 '어떻게 하나님이 그러실 수 있는가' 등의 감정적으로 동요시키는 의심을 심는다. 셋째, 사탄은 말씀이 정확하게 언급하는 것을 슬그머니 뺀다. 넷째, 사탄은 말씀이 말하지 않는 것을 교묘하게 덧붙인다. 다섯째, 사탄은 슬그머니 넣고 교묘하게 추가한 조작된 말씀을 정교한 논리로 동원한다. 조작된 것이지만 논리적이기에 상당한 설득력과 확신을 준다. 여섯째, 말씀 조작을 위해 성경 이곳저곳의 말씀을 짜깁기로 가져와 자신의 논리를 주장하기 위해 그럴듯하게 짜 맞춘다. 일곱째, 그럴듯한 짜깁기는 거대한 프레임, 즉 일종의 교리 체계를 만들어 결국 성경이 말하는 것과 반대되는 주장에 이르게 한다. 여덟째, 사탄은 그럴듯한 논리로 말씀을 왜곡하여 하나님을 오해하게 하고 성경의 진리가 아닌 거짓 진리를 따르게 한다. 아홉째, 그럴듯한 사탄의 논리를 따랐을 때, 그 열매, 즉 결과는 비참하다.

2.5 대충 알면 쉽게 넘어간다

이상과 같은 마귀의 말씀 왜곡 전략을 살펴볼 때 우리가 기억해야 할 중요한 점이 있다. 말씀을 대충 알면, 이단의 교묘한 왜곡에 넘어가기 너무나도 쉽다는 사실이다. 이단들의 말씀 왜곡은 대충 보면 맞는 것 같은데, 자세히 보면 틀린 점들이 발견된다. 이단은 하나님의 말씀을 슬쩍 빼고 다른 것을 몰래 집어넣어 우리의 믿음을 왜곡시킨다. 슬쩍 빼고 몰래 넣어 말씀의 논리를 그럴듯하게 만들려면 어느 정도 정교한 논리가 요구된다. 이단은 말씀을 기초로 논리적으로 왜곡하기에, 성도가 비진리에 설득될 경우, 상당히 견고한 확신을 갖게 된다. 그래서 한번 이단에 빠지면 자신이 갖고 있는 견고한 논리의 진지가 구축되어 쉽게 빠져나오지 못한다. 우리가 싸워야 할 싸움은 사탄의 온갖 거짓 논리와 날조된 이론으로 무장한 견고한 진이다(고후 10:4). 이런 이단의 논리에 대항하려면 말씀에 대한 바르고 정확한 논리로 무장해야 한다. 이들의 정교한 논리를 분별하고 반박하려면 그 전후의 문맥과 배경까지 풍성하게 파악하여 거짓 논리의 흐름을 폭로할 수 있어야 한다.

사탄은 오늘도 많은 이단을 통하여 성도들에게 접근해 말씀을 논리적으로 왜곡하고 전혀 다른 결론으로 끌고 간다. 그리고 그 결론은 '다른 복음', '다른 예수'이며 끝내는 사망과 파멸로 이르게 된다(11:4).

이단들의 교묘한 논리적 공격을 방어하며 이들의 거짓 프레임을 분별하여 이에 빠져들지 않도록 성경의 가르침을 체계적으로 정립한 것이 교리다. 따라서 교리의 역사는 곧 지난 2천 년간 이단의 공격에 저항한 교회의 역사이기도 하다. 교리에는 거짓 논리의 견고한 진을 부수는 불붙는 논리가 담겨 있다. 사탄의 공격으로부터 교회를 지켜 내기 위해 치열하게 싸우면서 세운 논리이기 때문이다. 불붙는 논리가 제대로 역사하면 놀라운 회심의 역사, 구원의 역사 그리고 구원의 확신을 견고케 하는 역사가 일어난다.

하지만 '교리'라고 하면 고리타분하고 재미없는 것으로 생각한다. 교리 체계가 논리적이고 복잡하고 용어가 생소한 데다, 교리를 풀어 나가는 방식이 어렵고 딱딱하기 때문이다. 이것은 거짓 교리에 대항하여 참된 진리를 논리적이고도 체계적으로 세우면서 나타난, 어찌 보면 자연스러운 결과다. 이런 교리들이 세워지게 된 배경을 모르고 교리 자체로만 공부하다 보면 딱딱하고 지루하고 재미없다.

그러나 오늘날 이단들이 교리를 어떻게 왜곡하고, 이렇게 왜곡시킨 교리가 어떻게 성도들을 실제로 미혹하는지 함께 견주어 가며 교리의 중요성을 알아 간다면 이야기가 달라질 것이다. 이것이야말로 성도들의 저항력을 키워 주고 든든하게 지켜 주는 더없이 소중한 진리의 백신이 되기 때문이다. 이 백신을 이단 바이러스가 침투하기 전에 미리 접종할 수 있다면 성도들은 이전보다 더욱 굳건하게 서게 될 것이다.

이 책이 착안한 점이 바로 이 부분이다. 이 책은 우리가 붙들어야 할 건강한 교리를 풀어 설명하는 동시에 이단들이 이러한 교리들을 어떻게 왜곡하고 조작하는가를 함께 살펴볼 것이다. 나아가 이러한 왜곡은 무엇이 잘못되었고 어떻게 반증하며 논리적으로 바로 세워야 할지를 함께 제시하고자 한다. 그리하여 정말 꼭 붙들어야 할 신앙의 중심적인 뼈대를 세워 주고 더 나아가 이단의 격랑 속에서도 흔들리지 않는 튼튼한 기초를 제공하는 것을 목표로 한다. 조용히 나 자신에게 물어보

자. 나는 이단들의 미혹에 대한 예리한 분별력이 있는가? 저들의 교묘한 논리에 휘말리지 않을 저항력과 저들의 논리를 반박할 수 있는 불붙는 거룩한 논리가 있는가? 또한 저들의 견고한 진을 깨뜨릴 수 있는 강력한 힘이 있는가? 그렇지 않다면 이제는 항체를 기를 시간이다. 자, 준비되었는가?

2.6 메시아 창업 노하우

한국기독교이단상담소 협회의 추산에 따르면 그동안 우리나라에 등장한 메시아가 약 200명, 그중에서 따르는 무리가 적어도 500명 이상 되는 소위 성공한 메시아가 약 40명이나 된다. 이 정도면 가히 메시아 창업 붐이라 할 만하다. 특이한 점은 많은 교주가 전임자로부터 사람을 메시아로 믿도록 하는 교리를 배웠는데, 전임자가 실패하거나 무너지면 곧바로 사람들을 모아 자신을 메시아로 믿고 따르도록 했다는 것이다. 그렇다면 메시아 비즈니스 창업자의 입장에서 한번 생각해 보자.

만약 교주가 소위 말하는 보혜사, 선생님, 재림 예수 등의 명칭들로 불리는 특별한 인물 혹은 하나님으로 등극하려면 어떤 작업이 필요할까? 어떻게 해야 사람들이 교주를 보혜사로, 재림주로 믿게 할 수 있을까? 여기서 그 비밀을 살짝 공개하도록 하겠다.

첫째로 필요한 것은, 성경 보는 관점을 바꾸는 것이다. 사람들로 하여금 성경에서 교주가 예언된 사람임을 깨닫고 믿게 해야 한다. 그리고 교주가 단체를 만든 것은 하나의 사이비 단체가 아니라 종말 시대의 요한계시록이 성취된 사건으로 믿게 해야 한다. 그러려면 성경이 교주를 가리키고 있다고 조작해야 한다.

가장 쉬운 방법은 성경을 비유로 보도록 하는 것이다. 성경에 나와 있는 객관적 진술조차 성경의 심오한 진리를 담고 있는 비유로 보게 하여 비유 풀이를 통하여 진리(?)를 발견하도록 해야 한다. 그렇게 비유 풀이를 하다 보면 기존의 교회는 나쁜 사탄의 집단, 곧 구원이 없는 바벨론 교회가 되고, 자신들은 참 진리의 아름다운 성읍, 새 하늘과 새 땅을 찾아야 한다는 절박함을 느끼게 한다.

또 다른 방법은 교묘한 성경 해석을 통해 지금 일반 성도가 알고 있는 구원이 참 구원이 아니라고 흔드는 것이다. 이는 여러 가지를 통해서 가능하다. 안식일을 제대로 지키지 않는 것은 짐승의 표를 받는 것이라고 겁줄 수도 있고, 구원받은 날짜가 몇 년, 몇 월, 며칠인지 정확하게 모르면 제대로 구원받은 것이 아니라고 할 수도 있으며, 성경 말고도 더 특별한 계시가 있다고 할 수도 있다.

여기서 교주는 처음에는 자신을 특별한 말씀을 깨달은 자, 통달한 자로 소개해야 한다. 그리고 이단 교인들이 성경의 특별한 독성 있는(?) 말씀을 깨닫고 여기에 중독되면 서서히 자신을 보혜사로, 재림주로 격상시킬 수 있다.

둘째, 성경 보는 관점을 바꾸어 하나님에 대한 개념을 바꾸어야 한다. 그래서 할 수 있는 한 전통적으로 알고 있던 삼위일체 하나님을 다르게 바꾸어 놓아야 한다. 어머니 하나님으로 바꿀 수 있고, 삼신론적 하나님으로 바꿀 수 있고, 양태론적 하나님으로 바꾸어 놓을 수도 있다. 어쨌든 교주를 성경이 말하는 특별한 인물로 제시해야 한다. 이를 위해 교주는 계시록이 예고한 새 이름을 받은 인물, 예언서가 말한 동방의 의인 등 할 수 있는 한 다양한 예언을 성취한 매우 특별한 인물로 보이게 제시해야 한다.

셋째, 하나님에 대한 개념을 바꾸고 사람 존재에 대한 개념을 교묘하게 바꾸어 놓아야 한다. 그래야 교주가 주는 구원을 받는 데 최적화된 사람으로 준비될 수 있기 때문이다.

넷째, 하나님과 사람에 대한 관점을 바꾸면 이제 구원관을 비틀어야 한다. 첫째부터 셋째까지의 작업이 잘 되었다면 구원관을 비트는 것은 그리 어렵지 않다. '지금까지 네가 알던 구원은 잘못된 것이다'라는 충격적인 말을 던지며, 이제는 제대로 바로 천국 비밀을 깨달아야 한다고 주장해야 한다. 이 구원은 교주가 창업한 단체에서만 받을 수 있는 특별한 배타적 구원이 된다. 이런 구원은 할 수 있는 한 믿음이 아닌 행위를 통해 얻는 것으로 만들어야 한다. 그래야 사람들이 더욱 교주에 죽도록 충성하고 이단 단체에 더 많은 시간과 물질을 아낌없이 헌신할 수 있기 때문이다.

다섯째, 이런 구원을 얻는다면 예수 그리스도의 역할은 축소되어야 한다. 그렇다면 예수는 더 이상 모든 이에게 구원을 주시는 분이 아님을 설득시켜야 한다. 그는 단지 초림 시대에 구원자로 오셨던 분이다, 그의 시대는 초림 시대로 끝났다, 이제는 새로운 다른 보혜사, 곧 다른 재림주로 새 구원의 시대가 열렸고 새로운 방법으로 구원받아야 한다고 믿게 만들어야 한다.

여섯째, 기존의 교회를 적대시하고 교주가 창업한 새로운 단체야말로 참 진리를 지닌 아름다운 단체임을 믿게 해야 한다. 여기를 벗어나면 구원이 없고, 생명책에서 지워진다고 믿도록 만들어야 한다. 할 수 있는 한 교주의 단체를 절대로 떠나지 못하도록 겁을 단단히 주어야 한다.

일곱째, 종말이 얼마 남지 않음을 예고하며 긴장감을 주어야 한다. 얼마 지나지 않으면 세상 끝이 온다고 해야 한다. 시한부로 시기를 정해서 공표하면 더 효과적이다. 빗나가거나 틀리면? 걱정 없다. 신도들이 열심히 기도해서 하나님이 종말을 연기해 주셨다고 하면 되기 때문이다. 이렇게 교묘하게 잘 넘기면 위기감을 조장하여 거두어들였던 종말구원헌금(?)은 이단 단체의 든든한 후원금이 된다.

많은 이단 교주가 다른 전임 교주들 밑에 있으면서 이런 것들을 배워 새롭게 창업한 이들이다. 이들이 주장하는 성경 교리의 논리가 워낙 교묘하기 때문에 성경을 대충 알았다가는 그냥 넘어가기 쉽다. 어떤가? 이런 내용들로 무장하면 이단 교주로 창업할 수 있지 않겠는가? 이런 내용들은 그동안 이들만의 영업 기밀에 속했다. 하지만 이제는 이들의 영업 기밀을 파악해야 한다. 모르고 지나치기에는 한국 교회에 너무나 피해가 크다.

3. 이 책은 어떻게 구성되는가

이 책은 이단의 거짓 교리에 흔들리지 않고 건강한 교리에 뿌리내려 중심을 잡도록 하는 것을 목표로 한다. 이를 위해서 우선 정통 교리에 대해 설명하고, 각 교리를 이단들이 어떻게 왜곡해서 흔드는가를 살펴본 후 이에 대한 반증을 시도하려 한다.

그렇다면 먼저 교리의 정의를 살펴보자. 교리란 성경에 계시된 하나님의 진리인 복음을 체계적으로 주제별로 자세히 설명한 것이다. 교리는 성경을 바라보는 중심틀을 제공하며, 성경을 읽고 해석할 때 치우치지 않도록 잡아 준다. 교리는 크게 일곱 개의 주제로 나눈다.

교리의 7대 영역

① 계시론: 기독교 교리의 기초가 되는 성경에 관한 것이다.

② 신론: 하나님의 존재와 하나님은 어떤 일을 하시는가에 관한 것이다.

③ 인간론: 사람은 어떤 존재인가를 다룬다.

④ 기독론: 예수 그리스도의 인격과 사역에 관한 것을 다룬다.

⑤ 구원론: 구원은 무엇이며 어떻게 얻고, 또 구원 사역에 결정적 역할을 하는 성령께서 죄인을 실제로 어떤 순서로 구원하시는가를 다룬다.

⑥ 교회론: 교회란 무엇이며, 성도의 교회 생활은 어떠해야 하는가를 다룬다.

⑦ 종말론: 세상의 끝에는 어떤 일이 있고, 종말을 어떻게 준비해야 하는가를 다룬다.

이러한 주제들은 우리의 신앙의 뼈대를 구성하는 중요한 7대 영역이다. 교리의 7대 영역이 중요한 이유가 있다. 2천 년 동안 기독교를 공격했던 이단의 수많은 공격이 주로 이 영역들에서 일어났기 때문이다. 이것은 지금도 마찬가지다. 오늘날의 수많은 이단이 성도들을 미혹할 때 대부분 이 영역들에서 성도들을 미혹한다.

첫째, 계시론, 즉 성경론을 생각해 보자. 이단들이 처음 성도들을 미혹할 때 가장 기초 작업은 바로 성경 보는 관점을 바꾸는 것이다. 성경 보는 관점을 바꾸는 것은 미혹의 첫 단추이기에 이단은 이 부분을 설득하기 위해 많은 공을 들인다. 성경 보는 관점이 바뀌어야 이단들이 주장하는 것을 하나둘씩 믿기 시작하고 결국 교주를 하나님으로 믿게 되기 때문이다. 성경은 우리의 구원을 위해 주신 완벽한 계시다. 그럼에도 이단들은 성경의 계시는 우리에게 완벽하게 드러나지 않았고 아직까지 감추어져 있다고 왜곡한다. 그래서 마지막 때에 새로운 계시를 받은 교주가 나타나 제대로 풀어 알려 주어야 한다고 주장한다. 이것은 계시에 대한 기본적인 개념이 왜곡되어 있고, 성경이 무엇인가를 제대로 모르기에 발생하는 일이다. 이단들이 성경을 왜곡하여 자신들이 주장하는 이단 교리를 믿게 하기 위해 가장 기초적으로 가르치는 것 중 하나가 논리적으로 허점투성이인 비유론이다. 또 말씀에 짝이 있다고 가르치며 성경 문맥과 상관없는, 그러나 처음 접하는 사람에게는 신기한 짝맞추기를 소개한다(사 34:16). 또 성경을 그리스도 안에서 이루어진 약속과 성취로 보지 않고 배도, 멸망, 구원과 같은 왜곡된 공식을 제시하여 성경 속에서 교주를 발견하고 믿도록 미혹한다. 그래서 성도들은 성경이 무엇인가, 계시가 무엇인가를 정확하게 알고 있어야 이단들의 왜곡된 교리에 흔들리지 않고 자신을 지킬 수 있다.

둘째, 신론이다. 이단들은 우리가 믿는 하나님 말고 자꾸만 다른 하나님을 제시하려 한다. 바로 교주 하나님이다. 교주를 하나님으로 믿게 하려는 것이다. 그래서 전에 들어 보지 못했던 새로운 하나님을 말한다. 성경에 없는 어머니 하나님을 아느냐며 우리를 혼란케 한다. 또 어릴 때 교회에서 흔히 들었던 양태론적 삼위일체론을 전제로 자연스럽게 교주가 바로 예수의 영이 임한 재림주라고 가르친다. 올바른 삼위일체 하나님이 정립되지 않으면 우리는 이단들이 교묘하게 교주가 곧 보혜사이고 예수의 영이 임한 하나님이라는 주장 앞에 저항하지 못하고 무너질 수 있다. 수많은 이단들이 바로 이 양태론적 삼위일체론을 기반으로 교주를 하나님으로 소개한다. 우리는 우리가 믿는 삼위일체 하나님이 누구신가를 정확하게 알아야 한다.

셋째, 인간론이다. 성경이 말하는 인간은 누구인가? 영, 혼, 육을 가진 삼분적인 인간인가? 통전적인 인간인가? 이러한 이해에 따라 구원에 관한 관점이 달라진다. 사후의 소망과 부활에 관한 소망이 달라진다. 자칫하면 하늘의 14만 4천 순교자들의 영혼이 이 땅의 14만 4천과 결합하는 기괴한 신인합일, 곧 일종의 빙의 같은 역사가 일어난다는 어처구니없는 주장을 너무나도 자연스럽게 받아들이게 된다. 따라서 성경이 말하는 바른 인간에 대한 이해가 필요하다.

넷째, 기독론이다. 예수님은 누구신가? 하나님의 아들은 하나님인가 인간인가? 아니면 반신반인인가? 예수님이 누구인가를 두고 초기 교회에서는 수백 년간 아리우스 논쟁과 같은 이단 논쟁이 치열하게 전개되었다. 예수님을 바로 알아야 우리는 삼위일체 하나님을 바로 알 수 있다. 이단들은 할 수만 있다면 예수님의 존재와 사역을 격하시키려 한다. 예수님을 우리 죄를 구원하신 분이 아니라, 그 시대에 오셨다가 십자가에 죽으신 1세기의 구원자 정도로 축소시키려 한다. 이 예수님을 분명히 알고 고백해야 잘못된 이단들의 미혹에 흔들리지 않는다.

다섯째, 구원론이다. 많은 성도가 구원의 확신이 없어 흔들리고 있다. 믿음으로 구원받지만 여전히 삶과 행위에 대한 자신감이 없어 흔들린다. 어떤 이단들은 초대교회부터 주후 6세기까지 초기교회에 만연했던 영지주의와 같은 구원론을 주장한다. 즉, 깨달아야 구원받는다는 것이다. 구원을 받으려면 교주가 받은 왜곡된 계시를 깨달아야 한다는 것이다. 또 그렇게 깨달아서 이단 집단 안으로 들어오면 이제부터는 14만 4천 명에 포함되기 위한 행위 구원을 가르친다. 많은 공적과 선행을 강요한다. 자력으로 14만 4천 명에 들어가야만 한다. 이 땅을 살면서 완전한 성화에 이를 수 있고 완전 성화에 이르기 위해 율법의 일점일획도 다 지켜야 한다고 주장한다. 하지만 그럴수록 심신은 지쳐 가고 처음에 받은 구원의 감격은 메말라 버린다. 이단은 성도의 구원을 도리어 빼앗는 자들이다. 이를 위해 성도가 붙들고 있는 구원관을 교묘하게 흔들어 근간을 뿌리 뽑아 버린다. 심지어 이단들은 자신들의 교적부를 생명책으로 주장하며 교적부에서 이름을 삭제하는 것이 곧 생명책에서 이름을 삭제하는 것이라고 협박한다. 그들의 생명책에서 이름이 삭제되면 어떻게 될까? 이단을 탈퇴하는 좋은 일이다. 그러나 이단은 생명책 명단 삭제가 곧 지옥행이라고 주장한다. 그래서 이단에 빠진 이들은 마음이 흔들리다가도 생명책에서 자기 이름을 지워 버린다고 하면 두려움에 빠져 안절부절못한다. 이처럼 구원론에 대한 분명한 정립이 되지 않으면 이단이 우리의 구원을 흔들 때 무너진다.

여섯째, 교회론이다. 교회가 무엇인가를 분명히 정립해야 이단적인 형태의 교회를 경계할 수 있다. 이단이 모이는 곳은 교회가 아니다. 왜? 그들은 분명한 교회의 표지를 갖고 있지 않기 때문이다. 교회가 무엇인지를 정확하게 알아야 교회를 쉽게 비판하지 않는다. 이단들은 기성 교회를 바벨론 교회로 규정짓고 교회를 멸시하고 짓밟고 어떻게든 흔들려고 한다. 이단들이 보는 교회는 거의 마귀의 소굴과도 같다. 거짓 목자들이 판치는 가라지 밭이다. 그래서 이들은 사명감을 갖고 추수할 알곡(미혹할 성도)을 찾기 위하여 기성 교회로 침투하여 성도들을 미혹하고 이단으로 끌고 가려 한다. 기존 교회가 바벨론 교회란 가르침은 교회의 본질을 모르기에 받아들이는 잘못된 가르침이다.

일곱째, 종말론이다. 성도들이 많이 모이는 이단일수록 종말론을 강하게 주장한다. 그것도 5년, 때로는 10년, 13년 주기로 계속 주장한다. 왜 그런가? 종말이 온다고 해야 이단 신도들이 세상에 빠지지 않고 교주에 충성하기 때문이다. 허황된 종말론에 자기 재산을 몽땅 헌납하는 경우도 비일비재하다. 그래서 거짓된 종말론에 속아 성경을 제대로 확인하지도 않고 막연한 공포감으로 재산을 다 갖다 바친다. 결국 교주와 이단 집단은 부자가 되고 이단 성도들은 파산에 이른다. 종말론을 제대로 정립하지 않으면 이단들의 종말론 비즈니스에 중요한 고객, 즉 VIP가 되기 쉽다.

이처럼 교리들의 각 영역을 제대로 알지 못할 때 어떤 치명적인 바이러스에 감염될지 살짝 살펴보았다. 성도들이 이런 부분을 제대로 배우게 되면 이단의 미혹에 대한 강력한 항체를 형성할 수 있을 것이다. 이단의 미혹에 오히려 당당하게 반박하며 흔들리지 않을 것이다. 또한 이러한 항체는 우리의 신앙을 더욱 성숙하고 균형 잡히게 한다. 잘못된 상식 혹은 요즈음 인터넷에 떠돌아다니는 건강하지 못한 신학에 기반한 여러 동영상을 분별력 있게 볼 수도 있을 것이다. 요즈음 성도들의 신앙을 왜곡시키는 주범 중 하나가 유튜브라고 하지 않는가? 온갖 왜곡된 종말론과 구원론으로 점철된 동영상들을 은혜롭다고 돌려 보고 자꾸 듣다 보면 잘못된 신앙관이 가라지처럼 그의 신앙 중심에 뿌리내리게 된다. 이럴 때 이 책이 미혹으로부터 균형을 잡도록 도와줄 것이다. 나아가 전도할 때 큰 힘이 된다. 불신자들의 예기치 못한 솔직한 질문에도 적절히 대처할 수 있고 논리적으로 설명할 수 있다. 자, 이런 유익이 있다면 '바이블 백신'을 처방받을 만하지 않을까? 당신은 백신 처방을 받을 준비가 되었는가? 그렇다면 본격적으로 시작해 보자!

I. 계시론 백신

**계시, 제대로 알아야
엉뚱한 계시에 흔들리지 않는다**

어느 날 자동차를 운전하다 신호 대기에 멈추어 섰다. 무심결에 좌측을 돌아봤더니 눈에 확 띄는 현수막이 걸려 있었다. 거기에는 "새로 신 내린 보살, 인생 상담, 연락처 010-****-****"라고 쓰여 있었다. 네거리 게시판에 걸려 있는 걸 보니 이 광고를 보고 연락하는 사람이 의외로 많은 모양이었다. 보통 사람에게는 흔하지 않은 신이 내린 사람이라면 신통한 능력이 있어 인생에 막힌 것을 뻥 뚫어 준다고 생각하는 것 같다. 그런데 이 보살이 받은 신은 어떤 신일까? 그 신이 어떤 신인지도 밝히지 않고 무작정 신이 내리기만 하면 되는 것일까? 많은 이들이 그 신이 어떤 신인가에 대해 묻지 않는다. 신이 내렸다는 사실만이 중요하다고 생각한다. 어떤 신인지는 모르지만 일단 신내림을 받으면 현재를 꿰뚫어 보고 먼 미래를 볼 수 있다고 생각한다. 그렇다면 정체불명의 신이 내리는 계시는 어떤 계시일까? 과연 신뢰할 만한 계시일까?

기독교는 계시의 종교다. 알지 못하는 신(행 17:23)에게 받은 이상한 계시와는 차원이 다르다. 온 세상을 창조하신 삼위일체 하나님이 계시하셨다. 이뿐만 아니다. 그 계시를 기록하여 우리에게 주셨다. 바로 하나님의 말씀인 성경이다. 이 계시를 건강하게 이해할 때 우리는 우리에게 허락하신 하나님의 계시인 성경에 대한 자부심을 갖고, 여기에 우리 인생의 깊은 뿌리를 내릴 수 있다. 그렇다면 계시론 백신을 접종해 보자.

1. 종교란 무엇인가

계시를 이해하기 위해서는 종교에 대한 이해가 필요하다. 종교를 바로 이해해야 계시도 바로 이해할 수 있다. 계시에 대한 이해가 잘못되면 엉뚱한 계시를 추구하기 쉽다. 모든 종교는 일종의 계시를 필요로 한다. 중요한 것은 그 계시가 어떤 계시냐 하는 점이다.

1.1 종교의 본질

모든 종교는 근본적으로 기원, 의미, 도덕, 운명 혹은 종말 등의 문제에 대한 답을 추구한다. 인간은 이러한 추구를 오랜 역사와 제도를 통해 성립해 왔다. 역사와 제도를 통하여 체계화된 종교와 즉흥적 샤머니즘은 다르다. 그렇다면 종교를 종교답게 하고 종교의 본질을 추구하기 위해서 필요한 것은 무엇인가?

종교(religion)란 단어는 키케로에 따르면 라틴어 '렐레게레'(re-legere)에서 왔다.[1] 이는 '다시 읽다, 반복하다, 조심스럽게 준수하다'는 뜻이다. 또 4세기의 교부였던 락탄티우스는 라틴어 '렐리가레'(religare)에서 파생된 것으로 보았다. 이는 '달라붙다, 확고하게 세우다, 함께 묶다'는 뜻이다. 이는 종교의 본질이 무엇이어야 하는가를 잘 보여 준다.

첫째, 종교의 본질은 읽고 또 읽는 것이다. 무엇을 읽을까? 바로 경전이다. 경전이란 종교의 변하지 않는 법과 도리, 또는 그런 말을 했던 성현의 말과 행실, 그리고 진리와 진리의 체계를 적은 책을 말한다. 쉽게 말하면 경전은 계시를 기록한 것이다. 기록한 이유는 가능한 모든 사람들이 이 계시를 읽고, 배우고, 익힐 수 있도록 하기 위한 것이다. 만약 이것이 사람이 만든 도리나 진리 혹은 고안해 낸 가상의 관념적 진리의 체계라면 이 과정을 통해 무너질 것이다.

또한 계시는 혼자만 알고 있는 비밀스러운 계시여서는 안 된다. 또 이 계시를 비밀스럽게 전해서도 안 된다. 비밀스럽게 계시를 전한 종교

---

1 ──── 루이스 벌코프, 권수경·이상원 역, 《조직신학 (상)》 (서울: 크리스챤다이제스트, 1991), 108.

바이블 백신 1

로 영지주의(靈知主義) 종교가 있다. 여기서 영지(靈知, gnosis, 그노시스)는 특별히 선택받은 소수에게만 비밀리에 전수되는 영적 지식을 말한다. 영지는 대부분 경전으로 기록되지 않고 비밀리에 개인적으로 전수된다. 개신교 초기부터 약 600년까지 발렌티누스(주후 100~160년)는 기독교를 끈질기게 위협했던 영지주의 이단 단체였다. 이들은 말로는 하나님을 외치고 그리스도를 인정했지만, 속으로는 기독교 경전과 전혀 다른 종교 체계를 갖고, 특별한 지식인 영지를 깨달아야 한다고 주장했다. 복음이 아닌 영지만이 육체의 감옥에서 벗어나 천상에 갈 때 우리를 구원해 줄 수 있다고 했다. 요즘 말로 '깨달아야 구원받는다'는 주장이다. 이런 영지주의 문서 중 하나가 전에 화제가 되었던 《유다복음서》였다. 한때 논란을 일으켰던 댄 브라운의 소설 《다빈치 코드》에 나오는 예수의 출생 비밀이 바로 현재 일부 남아 있는 영지주의 문서에 근거해 상상한 허구의 논리, 즉 사실(팩트)과 허구(픽션)를 결합한 팩션(faction)이었던 것이다. 영지주의는 일부 문서가 남아 있기는 하지만 대부분 비밀스럽게 전수되다가 주후 600년경 역사에서 사라졌다. 이들의 특별한 계시는 누구나 접근하도록 하는 객관화 작업, 즉 경전화가 이루어지지 않았기 때문이다. 기록된 계시가 없었고, 주관적 계시에만 머물다 사라졌다.

건강한 종교는 계시의 객관성을 확보해야 한다. 비밀리에 전수되는 특별한 주관적 계시에 의존하는 것이 아니라 모두가 객관적으로 읽고 접근하고 탐구할 수 있는 열린 계시를 갖고 있어야 한다. 따라서 건강한 종교는 계시의 객관성을 확보한 경전이 있어야 한다.

둘째, 종교는 경전에 자신의 존재와 삶을 함께 묶는 활동이다. 계시는 지식으로 그쳐선 안 된다. 계시는 삶에 영향을 미치고, 일관성을 갖고 삶을 확고하게 세우는 기초가 되어야 한다. 즉흥적인 주관적 계시가 아니어야 하는 이유가 여기 있다. 일관되게 객관화되어 기록되고 누구나 이 경전에 접근할 수 있어야 삶의 객관적 기준이 될 수 있기 때문이다. 주관적 계시에 의존하면 그 계시가 임할 때에 따라 즉흥적으로 좌지우지되기 쉽다. 우리가 자신의 삶을 경전의 가르침에 확고하게 세우기 위해서는 객관화된 계시인 경전을 읽고 또 읽으며 주야로 묵상하여 내면화시켜야 한다. 이는 객관적 계시를 주관화하는 작업이다.

종교에는 객관성과 주관성이 모두 존재한다. 객관적 계시인 경전을 기준으로 하는 것을 종교의 객관성이라 한다. 그런데 이런 작업을 하는 과정에서 주관적 체험이 발생한다. 다양한 종교 체험들, 주관적 믿음, 확신, 경외감 등과 같은 것을 종교의 주관성이라 한다. 종교는 이 두 요소가 서로 밀접하게 영향을 주고받으며 건강하게 균형을 이루어야 한다. 주관적 체험에 집중하면 계시의 객관성을 상실하고, 객관적 계시에만 집중하면 주관적 확신과 믿음이 사그라든다. 근원적으로 중요한 것은 객관적 계시다. 그러나 여기에 계시의 주관성이 더해질 때 종교생활이 활력을 갖는다.

1.2 종교의 기원

캠퍼스에서 대학생 사역을 하고 있을 때였다. 북한에서 남한을 불바다로 만든다고 위협한 것이 언론을 통해 크게 보도된 적이 있었다. 이때 신앙이 없는 여학생이 이 뉴스를 접하고 불안에 떨었다. 이 학생은 큰 두려움에 그날 밤 자기 방 책상 밑에 들어가 자기가 아는 모든 신에게 난생처음으로 기도를 드렸다. 하나님, 예수님, 부처님, 공자님, 알라 등등… 자기가 아는 모든 신을 불러 제발 살려달라고 기도했다. 그는 어떻게 자기가 믿지 않는 신들에게 이렇게 기도할 수 있었을까? 그것은 그 안에 있는 종교성 때문이다. 하나님께서 사람에게 종교성을 주신 것은 사람으로 하나님을 더듬어 찾아 발견하게 하기 위해서다(행 17:27). 이처럼 종교성은 신이나 초자연적인 절대자 또는 특별한 힘에 대한 믿음을 통하여 인간 생활의 고뇌를 해결하고 삶의 궁극적인 의미를 추구하게 한다.

이러한 종교성은 인간의 연약함을 전제로 한다. 인간은 능력과 지혜, 그리고 생명에 한계가 있다. 이런 한계로 인하여 종교는 필연적으로 종말론을 추구한다. 여기에는 세상의 종말과 내세의 소망을 포함된다. 내세의 소망은 당위적으로 구원론을 요구한다. 종말과 내세의 소망을 추구하기 위해 현세에서 구원의 길을 제시해야 하는 것이다. 이 구원의 길은 상식을 뛰어넘는 초월적인 계시성이 있어야 한다. 한편 이런 구원의 길은 인간의 현 상태를 어떻게 규정하느냐에 따라 달라진다. 그래서 인간과 세계에 대한 이해를 담은 인간론이 필요하다. 이렇게 볼 때 종교에는 초월적 계시성을 담은 경전, 내세의 소망을 담은 종말론, 현재에 확보해야 할 구원론, 그리고 인간론이 포함된다.

인류 역사에 종교가 나타나게 된 기원은 다양하다.

첫째, 자연주의적 기원이 있다. 한계 있는 인간이 자연의 거대한 힘을 경험하고 여기에 신성을 부여하고 섬기면서 시작된 것을 말한다. 자연의 다양한 것을 통제하는 정령을 가정하고 이를 숭배하는 정령 숭배로 이어진다. 그리스신화가 이러한 예다. 태양의 신 아폴론이나 바다의 신 포세이돈의 이야기는 우리에게 잘 알려졌다. 또한 별자리를 신들이 거하는 곳으로 여겨 이를 숭배하며 신의 뜻을 헤아린다. 이처럼 모든 자연물이나 자연 현상에 신성을 부여하는 것을 애니미즘이라 한다. 또한 한 부족이나 집단이 자신들의 기원을 특정한 동식물과 연결하려는 시도를 한다. 주로 힘이 세고 날 수 있는 짐승이나 오랜 세월을 산 나무나 특별한 식물에게도 부여했는데, 이것이 원시적인 종교 형태인 토테미즘의 기원이 된다. 아시아의 많은 민족이 곰 부족, 호랑이 부족의 기원 이야기를 갖고 있다. 인간의 한계를 넘는 또 다른 영역은 죽음이다. 그래서 인류는 죽은 선조들의 영생을 기대하며 이들이 죽지 않고 아직 어딘가에 살아 있어 현재의 후손에게 이런저런 영향을 끼친다고 생각했다. 질병과 재액을 조상과의 관계, 전생과의 관계 때문으로 여겼다. 여기서 조상 숭배의 요소가 등장했고, 조상과 전생과 현세를 이어 주는 중개자인 샤먼(무당)이 등장했다. 이것이 조상 숭배를 바탕으로 한 샤머니즘이다.

둘째, 심리적 기원이다. 이는 인간 내면에 있는 종교적 본성이 어떤 가상의 절대자를 향한 동경심과 열망으로 표출되어 시작했다는 것이다. 이런 열망에서 계시를 가장한 상상들이 펼쳐지기 쉽다. 종교에는 심리적 기원이 있기 때문에 심리적인 조작과 거짓 계시의 가능성을 조심해야 한다. 이를 위해 하나님으로부터 오지 않은 거짓 현상들을 동원하여 사람들의 마음을 미혹하게 하는 일들이 있다.

셋째, 계시다. 인간의 이해를 초월한 절대자 하나님의 계시를 통해 하나님을 아는 지식을 갖게 되고, 여기서 참된 종교가 출발한다. 자연주의적 기원과 심리적 기원에서 오는 종교는 피조세계를 모방한 유사 종교에 불과하다. 참된 종교는 반드시 위로부터 온 참된 계시를 갖는다. 단 여기서는 주관적 계시가 아니라, 모든 이들이 함께 추구하고 읽을 수 있는 객관적 계시가 확보되어야 한다.

2. 계시

성경에 궁금증이 많은 한 대학생 새내기가 있었다. 그런 궁금증을 교회에 가서 이야기하면 전도사님은 엉뚱한 것을 물어본다며 그를 나무랐다. '성경에 대해 속 시원하게 대답해 줄 수 있는 사람 없나?'라는 고민을 하고 있을 무렵, 한 친구가 그를 초대했다. 산속에서 성경을 3천 번 읽고 통달한 분이 오늘 자기네 동아리에 오신다는 것이었다. '3천 번'이란 말에 귀가 번쩍 뜨였다. 이 정도면 무엇인가 하나님께 엄청난 계시를 받은 분일 것이라 기대가 되었다. 그래서 친구가 말한 '성경에 통달한 분'을 만나려고 동아리 방에 갔는데 거기에 웬 남루한 옷을 입고 시골에서 막 올라온 듯한 아저씨가 있었다. 그는 그 학생을 보자마자 '내가 너를 저 멀리서 들어올 때 이미 보았느니라'고 말했다. 가슴이 뭉클해진 이 학생은 이때부터 성경을 3천 번 읽고 성경에 통달한 분과 공부를 하다 이단에 빠져들었고, 그를 교주로 모시고 자신은 부총재로 30년의 세월을 지내다 마침내 잘못된 것을 깨닫고 나오게 되었다.

　　잘못된 이단 교주들은 하나같이 자신을 '특별한 계시를 받은 자', '성경에 통달한 자'라고 주장한다. 어떤 교주는 계룡산에서, 어떤 교주는 대둔산에서 성경을 수천 번에서 수만 번을 읽다가 계시를 받았다고 한다. 또 어떤 이는 산에서 금식하며 간절히 기도하다 계시를 받았다고 한다. 그래서 교주들은 자신들이야말로 '두루마리 계시를 받아먹은 자'(계 10:9), '계시록의 일곱 인봉을 뗀 자'(계 5:5)라고 주장한다. 이뿐만 아니라 수시로 천상계를 오가며 지금도 계속해서 계시를 받는다고 한다. 어떤 교주는 이단 교리를 가르치다가 갑자기 눈을 감고 조용히 부동자세로 가만히 있는다. 그러면 아무것도 모르는 신도들은 같이 긴장하며 조용히 있는다. 왜? 지금 교주에게 계시가 임하고 있기 때문이다. 웃지 못할 일을 그대로 믿는 것이다.

우리가 계시에 대한 명확한 정의를 정리하지 않으면 계시받았다
는 말에 휘둘리며 미혹되기가 쉽다. 그렇다면 계시란 무엇이고 참된 계
시와 거짓 계시는 무엇인가? 그 정의와 기준을 살펴보도록 하자.

2.1 계시란?

계시란 헬라어로 '아포칼립시스'다. 이는 전치사 '아포'(~으로부터 떨
어지다)와 '칼립시스'(덮개)가 결합된 단어다. 이는 '덮개를 열어 보이다'는
뜻을 갖는다. 왜 덮개를 여는가? 덮개에 가려져 있는 것을 보기 위해서
다. 계시를 의미하는 영어 단어 'reveal' 역시 가려진 베일을 걷어 내고
드러내 보여 준다는 의미다.[2] 여기에 계시의 중요한 의미가 있다. 계시는
결코 사람들이 이해하지 못하고 깨닫지 못하도록 감추어 놓은 것이 아
니라, 이해하고 깨닫고 알 수 있도록 드러내 보여 준 것이다. 그래서 계시
는 감추어진 것이 아니라 열려 있는 것이다. 다 공개된 것이다. 만약 계시
가 감추어진 것이라면 교주와 소수의 사람 외에는 계시를 알 사람이 없
다. 교주가 와서 풀어 주어야만 알 수 있다. 반면 계시가 열리고 공개된
것이라면 누구나 보고 읽기만 하면 알 수 있고 깨달을 수 있다.

많은 교주들이 자신만이 인봉된 계시록의 인을 뗐다고 주장한다
(계 5:5). 그러나 인을 뗀 자는 교주가 아니라 일찍이 죽임을 당한 어린 양
이다(5:6). 게다가 성경은 분명히 공개된 계시의 말씀을 인봉하지 말라
고 한다(22:10). 주의하라! 계시의 말씀은 인봉된 것이 아니라 그리스도
예수 안에서 공개된 것이다.

그렇다면 하나님께서 왜 감추지 않고 친히 열어서 보여 주셨을
까? 그렇게 하지 않고는 우리가 하나님과 그분의 뜻을 알 수 있는 길이
없기 때문이다. 첫째, 우리는 하나님을 볼 수 없다. 어느 때나 하나님을
본 사람이 없다(요일 4:12). 하나님은 영이시기 때문에 눈에 보이는 분이

---

2 ——— Oepke, A. (1964–). καλύπτω, κάλυμμα, ἀνακαλύπτω, κατακαλύπτω,
ἀποκαλύπτω, ἀποκάλυψις. G. Kittel, G. W. Bromiley, & G. Friedrich (Eds.), *Theological
dictionary of the New Testament* (electronic ed., Vol. 3, p. 563–592). Grand Rapids,
MI: Eerdmans.

I. 계시론 백신

아니다. 그렇기 때문에 하나님께서 우리에게 그분에 대한 지식을 감추지 않고 열어서 보여 주셨다. 둘째, 우리가 하나님을 직접 본다 하더라도 살 수 없다. 어떤 이는 '하나님을 차라리 볼 수 있으면 믿을 텐데…'라며 불평한다. 그러나 하나님을 직접 보면 우리는 살 수 없다. 이사야 선지자가 환상 중에 하나님의 임재를 보고 '화로다 나여 망하게 되었도다!'고 탄식한다(사 6:5). 하나님을 뵙는 스랍(천사)도 그분의 장엄하고 강렬한 임재 앞에 두 날개로는 얼굴을 가리고, 두 날개로는 두 발을 가렸다(6:2). 누구도 하나님을 보고 살 수 있는 존재가 없다. 셋째, 직접 하나님의 음성을 듣는다고 해도 우리는 살 수 없다. 하나님을 보면 죽으니 차라리 눈을 감고 듣기만 하면 어떨까 하는 생각을 할지 모르겠다. 그러나 우리는 연약해서 온 세상을 창조하신 장엄하고 능력 있는 하나님의 말씀을 들으면 견뎌 낼 수 없다. 이스라엘 백성이 시내산에 와서 직접 하나님의 음성을 듣는 일이 있었다. 이때 이스라엘 백성은 장엄한 하나님의 음성에 뼛속까지 흔들리며 커다란 존재의 흔들림과 위기를 겪는다. 그러자 모세에게 부탁한다.

> 모세에게 이르되 당신이 우리에게 말씀하소서 우리가 들으리이다 하나님이 우리에게 말씀하시지 말게 하소서 우리가 죽을까 하나이다(출 20:19)

우리는 하나님의 음성을 직접 듣기를 사모하지만, 직접 들으면 견딜 수 없다. 이렇게 볼 때 우리는 하나님을 직접 볼 수 없고, 본다고 해도 살아날 수 없고, 들어도 마찬가지다. 이는 우리가 죄성을 가진 연약한 인간이기 때문이다(사 59:2). 결국 하나님께서는 우리가 그분의 뜻을 알고 이해하도록 직접 열어 보여 주셔야만 했다. 그것이 바로 우리에게 계시한 하나님의 말씀이다. 그래서 계시는 특정한 교주만 받거나 감추어진 것이 아니라 믿는 성도 모두에게 열려 있는 것이다.

2.2 일반계시(자연계시)

하나님이 우리에게 자신을 알려 주시는 방식에는 크게 두 가지가 있다. 일반계시와 특별계시다. 일반계시는 죄로 인해 타락한 모든 인류에게 하나님의 존재를 알게 하시는 계시 방식이다. 하나님의 존재를 어떻게 알게 하실까? 바로 하나님이 창조하신 피조세계를 통해서다.

> 창세로부터 그의 보이지 아니하는 것들 곧 그의 영원하신 능력과 신성이 그가 만드신 만물에 분명히 보여 알려졌나니 그러므로 그들이 핑계하지 못할지니라(롬 1:20)

> 하늘이 하나님의 영광을 선포하고 궁창이 그의 손으로 하신 일을 나타내는도다(시 19:1)

하나님은 자신이 창조하신 세계 속에 하나님을 계시하셨다. 우리는 하나님이 피조하신 세상을 깊이 들여다보노라면 그 가운데 남아 있는 창조주의 섬세하고도 놀라운 손길을 발견하고 이 창조주를 인정하게 된다. 그래서 죄 가운데 하나님을 모르는 이들도 자연 세계를 바라보며 하나님의 존재를 인정하고 알게 된다. 어떤 이는 태초에 있던 빅뱅 현상을 발견하고 하나님의 손길을 인정한다. 어떤 이는 우주 가운데 지구가 자리 잡은 세심한 위치로 인해 섬세한 조물주의 손길에 감동한다. 지구는 온 우주를 통틀어 최적의 생존 조건을 갖춘 거의 유일무이한 행성이다. 게다가 초신성들의 폭발 가능성이 가장 적은 나선은하의 팔 사이에 위치했다. 위험한 은하의 핵으로부터도 떨어져 있고, 수많은 혜성 충돌을 막아 주는 태양계의 행성 사이에 정교하고도 절묘하게 위치한 것을 보면 소름이 돋을 정도다.[3] 그뿐만 아니다. 사람의 DNA 나선구조에 들어 있는 정교한 구조와 그 안에 담긴 정보들을 보면 최고의 지적 설계자가 설계하지 않고는 불가능하다는 생각이 들 정도로 복잡하고 정교하다. 또한 피가 응고되는 복잡한 과정의 화학 공식을 보노라면 지적 설계자를 제쳐두고 우연으로만 돌리기에는 그 현상이 너무나도 정교하다. 결국 창조주의 존재를 부인하기 어렵다(일반계시의 타당성에서는 기

---

3 —— 리 스트로벨, 홍종락 역, 《창조설계의 비밀》(서울: 두란노, 2005), 89-237.

I. 계시론 백신

독교 변증이 많은 역할을 한다).

또한 비록 죄로 인해 타락했지만 사람의 양심 속에는 하나님에 대한 막연한 인식이 들어 있다. 서로 다른 곳에 살고 언어도 다르지만 공통적으로 신에 대한 관념들이 있고 종교성이 있다. 이런 종교성을 갖고 사람들은 피조물의 존재를 상상하고 이에 관한 신화를 만들어 낸다.

이는 사람으로 혹 하나님을 더듬어 찾아 발견하게 하려 하심이로되…
(행 17:27)

마음은 대략 하나님의 존재를 알고 있다. 그러나 정작 하나님이 어떤 분이신지, 그를 어떻게 만나야 하는지 모른다. 그러다 보니 결국 각자의 소견에 옳은 대로 엉뚱한 우상을 만들어 섬기기도 한다. 이처럼 일반계시는 그 자체로 한계가 있다. 창조주의 존재를 발견하고 인정하지만 그가 어떤 분인지, 어떤 성품을 갖고 있는지에 대한 구체적인 것들을 알 수 없다. 이런 계시로는 창조주를 어떻게 예배해야 하는지 알수 없다. 창조주와의 깊은 교제를 나눌 수 있는 구체적인 지식 또한 전달받지 못한다. 더 중요한 한계가 있다. 그것은 구원에 대한 정확한 지식을 주지 못한다는 점이다. 일반계시로는 구원의 유일한 계시인 예수 그리스도를 알 수 없다. 이것은 오직 하나님의 특별한 계시를 통해서만 가능하다.

하나님의 지혜에 있어서는 이 세상이 자기 지혜로 하나님을 알지 못하므로 하나님께서 전도의 미련한 것으로 믿는 자들을 구원하시기를 기뻐하셨도다(고전 1:21)

그렇다. 세상이 자기가 발견한 지혜로는 하나님을 제대로 알지 못한다. 따라서 구원의 지식도 없다. 그래서 하나님은 미련해 보이는 전도를 통해서 구원하기를 기뻐하신다.

이 지혜는 이 세대의 통치자들이 한 사람도 알지 못하였나니 만일 알았

더라면 영광의 주를 십자가에 못 박지 아니하였으리라(고전 2:8)

구원에 관한 지식은 이 세상 사람들이 누구도 알 수 없다. 게다가 사람들의 지·정·의가 타락했다. 자연계시로 구원에 관한 지식을 아는 것은 도저히 불가능하다. 이것은 오직 특별계시를 통해서만 알 수 있다.

2.3 특별계시

특별계시는 하나님께서 직접적으로 자신을 드러내고 구원의 길을 알려 주는 계시다. 자연에 숨겨져 있는 하나님의 흔적을 더듬어 찾아 아는 일반계시로는 우리의 구원 문제를 명확하게 알 수 없다. 일반계시에 의지해서는 자신을 구원할 수 없다.

인간에게 특별계시가 필요한 이유는 인간의 전적 타락과 부패 때문이다. 원래 하나님과 사귀며 살도록 창조된 인간은 죄로 인해 전적으로 타락하였고, 이 죄가 하나님과 우리 사이를 가로막았다.

> 오직 너희 죄악이 너희와 너희 하나님 사이를 갈라 놓았고 너희 죄가 그의 얼굴을 가리어서 너희에게서 듣지 않으시게 함이니라(사 59:2)

죄인으로서는 절대 거룩하신 하나님 앞에 나아갈 수 없다. 그렇다고 해서 스스로의 힘으로 죄의 문제를 해결할 수도 없고 해결하는 방법도 알 수 없다(롬 3:23). 이런 상태에 놓인 인간이 구원을 얻으려면 특별한 하나님의 계시가 필요하다.

이 특별계시는 하나님의 말씀인 성경으로 구체화되어 우리에게 주어졌다. 일반계시가 피조세계의 사물을 통하여 계시되었다면 특별계시는 말씀을 통하여 계시된다. 이 계시를 통해 우리는 하나님의 뜻을 알게 되고 죄의 문제를 해결하며 구원에 이를 수 있다. 그리고 궁극적으로 요한계시록의 비전에 도달할 수 있다. 이는 '하나님의 장막이 사람들과 함께 있어 하나님이 그들과 함께 계시며 그들은 하나님의 백성이 되고 하나님은 친히 그들과 함께 계시는 것'이다(계 21:3).

구약 시대에 하나님은 자신을 특별한 방법들로 계시하셨다.

첫째, 하나님의 현현(Theophany)이다. 하나님은 모세에게 직접 자신을 드러내 보이셨다.

여호와의 사자가 떨기나무 가운데로부터 나오는 불꽃 안에서 그에게 나타나시니라 그가 보니 떨기나무에 불이 붙었으나 그 떨기나무가 사라지지 아니하는지라(출 3:2)

모세가 회막에 들어갈 때에 구름 기둥이 내려 회막 문에 서며 여호와께서 모세와 말씀하시니(출 33:9)

여호와께서 이르시되 너는 나가서 여호와 앞에서 산에 서라 하시더니 여호와께서 지나가시는데 여호와 앞에 크고 강한 바람이 산을 가르고 바위를 부수나 바람 가운데에 여호와께서 계시지 아니하며 바람 후에 지진이 있으나 지진 가운데에도 여호와께서 계시지 아니하며 또 지진 후에 불이 있으나 불 가운데에도 여호와께서 계시지 아니하더니 불 후에 세미한 소리가 있는지라(왕상 19:11-12)

이런 생생한 하나님의 임재 체험은 하나님이 어떤 분이신지를 체험적으로 알게 해준다.

둘째, 하나님의 계시는 꿈과 환상을 통해서도 경험된다.

꿈에 본즉 사닥다리가 땅 위에 서 있는데 그 꼭대기가 하늘에 닿았고 또 본즉 하나님의 사자들이 그 위에서 오르락내리락 하고 또 본즉 여호와께서 그 위에 서서 이르시되 나는 여호와니 너의 조부 아브라함의 하나님이요 이삭의 하나님이라 네가 누워 있는 땅을 내가 너와 네 자손에게 주리니 … 야곱이 잠이 깨어 이르되 여호와께서 과연 여기 계시거늘 내가 알지 못하였도다(창 28:12-13, 16)

이처럼 하나님의 특별한 계시는 현현과 꿈을 통해 나타난다. 이런 현현과 꿈과 환상 등은 그 자체로도 하나님의 성품과 임재를 드러내지만, 중요한 것은 이런 체험 후에 "나는 여호와니…"로 계시된 하나님의 말씀을 통해 보다 명확하게 주어진다는 것이다.

셋째, 하나님의 특별계시는 기적을 통해서도 주어진다. 평범한 자연 현상을 뛰어넘는 특별한 기적을 통해 하나님은 자신이 어떤 분인지를 계시한다. 홍해가 갈라지고, 불기둥과 구름기둥으로 인도하시며 하늘에서 만나와 메추라기가 내리는 기적을 통해 하나님은 자신을 특별히 이스라엘을 지키고 먹이고 기르시는 분으로 계시한다(신 4:32-35).

넷째, 중요한 것은 구약 시대의 이런 다양한 계시가 신약 시대에는 말씀이 육신이 되어 이 땅 가운데 오신 예수 그리스도를 통해 주어졌다는 사실이다.

> 옛적에 선지자들을 통하여 여러 부분과 여러 모양으로 우리 조상들에게 말씀하신 하나님이 이 모든 날 마지막에는 아들을 통하여 우리에게 말씀하셨으니 이 아들을 만유의 상속자로 세우시고 또 그로 말미암아 모든 세계를 지으셨느니라(히 1:1-2)

이제는 하나님의 아들 예수 그리스도를 통해 특별계시가 주어졌다. 하나님의 구원 계획의 신비한 비밀이, 세상 끝날까지 함께하시는 놀라운 임재와 능력의 비밀이 하나님의 말씀이신 예수 그리스도를 통해 계시되었다. 그리고 이 말씀은 우리를 구원하는 데 부족함이 없는 충분한 계시를 전달한다(엡 3:3-4).

> 말씀이 육신이 되어 우리 가운데 거하시매 우리가 그의 영광을 보니 아버지의 독생자의 영광이요 은혜와 진리가 충만하더라(요 1:14)

> 오직 이것을 기록함은 너희로 예수께서 하나님의 아들 그리스도이심을 믿게 하려 함이요 또 너희로 믿고 그 이름을 힘입어 생명을 얻게 하려 함이니라(요 20:31)

우리가 계시의 책인 성경을 대할 때 흔히 오해하는 것이 있다. 그것은 성경이 과학자들이 모르는 모든 것을 다 계시하고 있다는 오해다. 물론 일부분을 계시해 주는 것은 사실이다. 그러나 완벽한 모든 것을 다 계시하지는 않는다. 왜냐하면 성경은 과학책이 아니기 때문이다. 역사책도 아니다. 자기계발서도 아니다. 성경은 우리를 구원하기 위한 구원의 책이다. 따라서 성경은 구원을 위한 목적에 있어 부족함 없이 충분하고도 완전한 계시를 전달해 준다.

> 또 어려서부터 성경을 알았나니 성경은 능히 너로 하여금 그리스도 예수 안에 있는 믿음으로 말미암아 구원에 이르는 지혜가 있게 하느니라 (딤후 3:15)

우리의 온전한 구원을 위해서는 성경 하나로 충분하다. 이것만이 우리의 구원을 위한 유일무이하고 충분한 계시다. 이것을 성경 계시의 완전성, 종결성, 충족성이라고 한다. 성경은 예수 그리스도를 통한 특별계시 외에 구원을 위한 다른 것이 필요 없음을 분명히 명시한다.

> 다른 복음은 없나니 다만 어떤 사람들이 너희를 교란하여 그리스도의 복음을 변하게 하려 함이라 그러나 우리나 혹 하늘로부터 온 천사라도 우리가 너희에게 전한 복음 외에 다른 복음을 전하면 저주를 받을지어다(갈 1:7-8)

아직까지 하나님의 특별계시가 계속된다고 주장해선 안 된다. 그러면 예수 그리스도를 통해 계시된 성경의 구원 계시 외에도 특별한 직통계시를 받았다고 주장하는 교주의 말에 미혹될 수 있다. 마지막 때에 하나님이 우리를 구원하기 위해 특별한 한 사람을 택하여 계시했다고 하는 말에 속아 넘어갈 수 있다. 하지만 이는 전혀 성경적이지 않다. 어떤 교주는 2천 번, 어떤 교주는 6천 번이나 계시를 받았고 새 시대를 열 구원의 계시를 가져온다고 주장한다. 모두 가짜다. 예수 그리스도 외에 다른 복음은 우리의 삶을 저주 아래 놓이게 한다. 분명히 가슴에 새기라. 예수 그리스도를 통한 특별계시 외에 다른 계시, 다른 복음, 다른 깨달음은 없다.

우리가 구원을 위한 계시를 믿고 순종할 때 하나님이 함께하시는 구원 역사의 능력과 표적들을 경험한다. 치유, 축사, 기적 등이 나타난다. 그러나 이런 현상들 자체가 특별계시는 아니다. 특별계시인 복음을 받아들일 때 따라오는 부수적인 선물에 불과하다. 결코 구원에 앞설 수 없다. 어떤 이들은 예수 그리스도 안에 주어진 특별계시를 무시하고 초자연적인 쓰러짐, 능력, 예언과 같은 것을 열광적으로 따라다니기도 한다. 그러나 이런 것들은 결코 복음에 앞서지 않는다. 이 모든 나타남을 통하여 예수 그리스도가 증거되고 예수 그리스도가 중심에 오지 않는 한 특별계시에서 벗어날 수 있는 매우 위험한 미혹하는 현상이 될 수 있음을 기억해야 한다.

2.4 거짓 계시와 시대별 구원자

1) 불충분한 성경 계시, 또 다른 계시가 필요하다?

성경이 우리의 구원을 위한 충분하고도 완전한 계시임에도 불구하고 이단들은 여기에 자꾸 다른 계시를 덧붙인다. 마치 교주 한 사람에게만 특별히 임한 것인 양 다른 계시를 덧붙이는 이유가 무엇일까? 이는 성경이 제시하는 예수 그리스도를 믿음으로 말미암는 구원을 왜곡하여 이단들이 제시하는 다른 구원을 받아들이도록 함이다. 다른 계시가 덧붙여지면 필연적으로 복음이 왜곡되고, 예수 그리스도가 왜곡되며, 구원도 왜곡된다.

> 만일 누가 가서 우리가 전파하지 아니한 다른 예수를 전파하거나 혹은 너희가 받지 아니한 다른 영을 받게 하거나 혹은 너희가 받지 아니한 다른 복음을 받게 할 때에는 너희가 잘 용납하는구나(고후 11:4)

성경을 통한 예수 그리스도의 계시 외에 다른 계시가 덧붙여지거나 왜곡되면, 그들이 주장하는 구원도 거짓이고 구원을 베푼다고 주장하는 새로운 구원자도 거짓이다. 문제는 우리 주변에 다른 예수를 믿는 이들이 너무나도 많다는 것이다. 다른 영을 받고, 이를 따라가는 이들도 너무 많다. 복음 외에 다른 것들이 혼합되어 이상한 복음이 되어 버렸다. 이런 거짓 계시들이 공통적으로 주장하는 것이 있다. 이는 지금 우리가 붙들고 있는 계시로는 구원받기에 충분하지 않다는 것이다. 그래서 하나님이 새로운 말씀의 목자, 새 시대의 구원자 또는 보혜사를 일으켜 우리를 구원으로 확실하게 인도할 새로운 계시를 준다는 것이다.

거짓 계시는 때로 광명을 가장한 천사를 통하여 임한다(고후 11: 13-15). 조셉 스미스 2세가 천사 모로나이에게서 받은 금판의 계시를 번역하여 적었다고 주장하는 몰몬경이 대표적인 예이다. 몰몬경은 성경 계시의 불충분성, 불완전성을 지적한다.

> 성경, 우리는 성경을 가졌도다. 그러므로 다른 성경이 필요하지 않노라고 말할 너희 어리석은 자들아, 유대인이 아니었던들 너희가 성경을 얻을 수 있었겠느냐? (니파이 2서 29:6)

몰몬경은 성경 외에 다른 구원의 계시가 필요 없다고 하는 이들을 향하여 '어리석은 자들'이라고 한다. 몰몬경은 성경만이 하나님의 완전한 계시가 들어간 것이 아니라고 한다. 성경 말고도 더 말씀하신 책이 있다고 주장한다.

> 그러므로 너희가 성경을 가졌다 하여 그 속에 나의 말이 모두 쓰인 것으로 생각하거나 내가 또 더 기록하게 하지 않았으리라고 생각하지 말라(니파이 2서 29:10)

많은 이단들은 그 배후에 성경 계시의 불충분성을 전제한다. 성경은 오랜 세월 왜곡되고 부패되었기에 새 시대에 맞는 새로운 계시가 필요하다고 주장한다. 그뿐만 아니다. 정통 기독교인들도 부패했다고 가르친다. 이들은 입술로는 하나님께 나아오나 마음은 멀고, 인간의 계명만을 가르치며, 경건의 모습은 있으나 그 속에 참 능력은 없기에 하나님께 보냄받은 특별한 사자로부터 '영원한 복음'으로 가득한 새로운 계시가 필요하다고 주장한다. 그래서 자기 단체에서 교주가 계시받았다고 주장하는 책들을 펴내고, 교주의 어록을 펴내서 이것을 성경보다 더 중요하게 읽히고 가르친다. 예수 그리스도를 통한 구원이 충분하지 않다고 한다. 그러나 막상 이들이 주장하는 거짓 계시를 들여다보면 대부분이 무거운 행위의 짐을 지운다. 구원을 위해서는 교주가 새롭게 가져다 준 유월절을 지켜야 하고, 안식일을 지켜야 하며, 구약의 율법들을 지켜야 한다. 또한 계시록의 14만 4천 성도의 무리에 들어가기 위해 전 재산을 다 팔아 헌신해야 하고, 가족도 버려야 하고, 철저히 금욕하고, 할 수 있는 한 많은 기존 신자들을 미혹해야 한다. 결국 믿음으로 구원 얻는 복음의 핵심을 부인하고 행위로 구원받는 이상한 복음을 심는 것이다.

> 다른 복음은 없나니 다만 어떤 사람들이 너희를 교란하여 그리스도의 복음을 변하게 하려 함이라(갈 1:7)

성경은 분명 다른 복음은 없다고 말씀한다. 따라서 구원을 위한 추가적인 계시가 전혀 필요 없다. 구원을 얻는 데는 이미 주어진 성경과, 성경 안에 계시된 예수 그리스도만으로 충분하다. 그럼에도 다른 복음을 말하는 이유는 성도들을 교란시켜 그리스도에서 떠나게 하기 위한 것이다. 이런 말에 마음이 흔들려서는 안 된다. 또 성령으로 계시받았다고 하는 것에 흔들려서도 안 된다. 우리는 결코 이런 것들로 마음이 쉽게 흔들리거나 두려워해서는 안 된다(살후 2:2).

이단들이 주장하는 특별계시에는 심각한 오류와 문제가 있다. 그것은 직통계시라고 하기에는 일관성이 없고 논리적으로 모순된다. 그래서 교주들은 이런 것들을 막기 위해 자신이 쓴 특별계시가 담긴 책의 내용들을 자꾸만 바꾼다. 《계시록의 실상》, 《계시록의 진상》, 《계시록의 진상 2》 등, 틀린 곳을 수정하기 위해 여기저기 땜질을 하며 바뀌는 계시들은 참된 계시가 아니다.

2) 거짓 계시가 주장하는 시대별 구원자

미혹케 하는 교주들은 성경 계시의 완전성을 부인하기 위해 자신들이 특별한 계시를 받았다고 주장하며 예수 그리스도의 구원 역사를 상대화시킨다. 이것을 받아들이도록 왜곡하는 작업이 바로 '시대별 구원자론'이다. 이 주장은 하나님이 구원자를 각 시대별로 들어 사용하셨다는 것이다. 족장 시대에는 족장들을 통해, 사사 시대에는 사사들을 통해, 왕정 시대는 왕들을 통해, 초림 시대에는 예수 그리스도를 통해 구원하셨다. 그리고 현재는 예수님 초림 이후 요한계시록 시대가 도래했는데, 계시록이 성취되는 현 시대에는 약속한 새 언약의 목자를 통해 구원을 베푼다는 것이다. 대부분의 이단이 주장하는 책들에는 이러한 시대별 구원자론이 공통적으로 들어 있다.

그러나 이는 성경을 철저하게 왜곡시킨 것이다. 구약성경과 신약성경은 하나님의 유일무이한 계시로, 이 한 권이 구원을 위한 충분한 지식을 완벽하게 담고 있음을 잊어서는 안 된다. 성경의 계시는 아담의 타락 후 온 인류를 위한 구원자는 오직 한 분 예수 그리스도임을 명시하고 있다. 또한 예수 그리스도를 통한 구원 역사는 아담의 타락 직후에 이미 예고되었다.

> 내가 너로 여자와 원수가 되게 하고 네 후손도 여자의 후손과 원수가 되게 하리니 여자의 후손은 네 머리를 상하게 할 것이요 너는 그의 발꿈치를 상하게 할 것이니라 하시고(창 3:15)

구약의 대표적인 인물인 모세를 보자. 그는 구약 시대에 율법을 가져다주었지만, 여전히 예수 그리스도를 기다리고 바라보는 믿음으로 구원을 얻었다(히 11:26). 그리고 종말에 이 그리스도께서 이 땅에 다시 오셔서 우리와 함께 새 하늘과 새 땅에서 영원토록 거하실 것이다(계 21장). 따라서 우리는 성경 안에 계시되어 있는 하나님의 특별계시, 즉 구원의 소식에 분명한 확신을 가져야 한다. 한때 갈라디아 교회의 이단으로 인해 마음고생을 했던 바울이 다른 복음에 대해 분명하게 경고한 대목을 새겨들을 필요가 있다.

> 그러나 우리나 혹 하늘로부터 온 천사라도 우리가 너희에게 전한 복음 외에 다른 복음을 전하면 저주를 받을지어다(갈 1:8)

다른 복음은 없다. 오직 성경에 계시된 유일한 예수 그리스도를 믿음으로 말미암아 구원을 얻는 복음뿐이다.

3) 환상계시와 실상계시

어떤 이단은 계시를 환상계시와 실상계시로 구분한다.[4] 대표적인 것이 요한계시록이다. 이단들의 주장에 따르면 요한계시록은 사도 요한이 장차 일어날 일을 보고 기록한 것이다. 이런 요한의 증거는 참된 증거이지만, 요한이 본 것은 계시록의 환상일 뿐 그것이 실제로 이루어진 실상이 아니다. 요한은 계시록의 환상이 언제 어떻게 누구를 통하여 이루어질지 몰랐다. 이처럼 장래 일을 성취할 환상을 보았지만, 이것이 언제 이루어질지 그 실상을 모르는 채로 기록한 예언을 가리켜 환상계시라 한다.

반면 이렇게 약속한 예언을 실질적인 사건과 인물을 통해 보여주고, 그것이 이루어져 이 땅에 실체로 나타난, 즉 성취된 실상을 보여주는 계시를 실상계시라 한다. 에스겔서 1장 28절에는 환상 가운데 인자 같은 이가 나타나고 그 모습을 본 에스겔이 엎드려져 죽은 자 같이 된 사건을 보고한다. 이단 단체는 이 사건이 6백 년 후에 예수께서 인자 같은 이로 나타나셔서 사도 요한이 그 앞에 엎드려져 죽은 자와 같이 된 실상으로 성취되었다고 본다.[5] 에스겔이 환상계시 가운데 '인자'라는 부름을 받았지만 그것이 이후 예수 그리스도에게서 성취된 것처럼, 사도 요한은 환상계시를 받고 오늘날 사도 요한 격 목자로서 실상계시를 받은 대언자인 자기네 단체의 교주를 통해 성취되었다는 것이다. 따라서 이들은 자기네 교주야 말로 아들의 소원대로 계시받은 자라고 믿는다 (참조 마 11:27). 이 실상계시를 알아야 마지막 때에 성취되는 구원 역사를 알게 되고, 이를 알아야 구원받는다. 따라서 실상계시를 깨달아야 구원받는다는 것이다. 이것은 곧 계시록의 실상을 알아야 구원받는다는 명제로 비약한다.

---

4 ──── 이만희,《천국 비밀 요한계시록의 실상》(과천: 도서출판 신천지, 2011), 25.
5 ──── 위의 책, 29.

I. 계시론 백신

하지만 이렇게 계시를 환상계시와 실상계시로 나누는 것은 교주가 지난 과거 자신의 이단 단체를 만든 과정을 교묘하게 조작하여 이를 계시록에 빗대도록 하기 위함이다. 교주가 만든 단체는 종말에 요한계시록이 성취되는 실상을 증거하는 것이며, 이 실상에 따라 요한계시록이 성취된 것이 바로 자기네 단체라고 주장한다. 이렇게 함으로 이단 단체는 마치 자신들이 세운 단체가 요한계시록의 예언이 성취된 단체인 양 교묘하게 선전한다. 이러한 실상계시를 주장하는 이들의 주장을 하나하나 검토하면 다음과 같다.

첫째, 계시를 환상계시와 실상계시를 나누는 것은 성경적인 것이 아니다. 성경 그 어느 곳도 계시를 환상계시와 실상계시로 나누지 않는다. 만약 그렇다면 성경의 예언은 2단계를 거쳐 임하고 성취되어야 한다. 요셉의 꿈, 다니엘의 환상, 예레미야의 예언 등은 이것들이 이루어질 때 실상계시를 받은 자가 나와야 한다. 그러나 성경은 계시로 예언된 것을 다시 실상계시로 받은 자에 대해 결코 말하지 않는다(참조 렘 26:12).

둘째, 환상계시와 실상계시의 예를 에스겔의 예언에서 가져오는 것은 적절하지 않다. 하나님이 에스겔을 인자라 부르며 그에게 두루마리를 먹이시고는 백성들에게 가서 예언하라고 하셨다(겔 3:1-5). 이들의 주장에 따르면, 하나님이 에스겔을 향하여 '인자'라고 부르시며 두루마리를 주셨는데, 이는 약 6백 년 후 실상의 주인공인 예수께서 오셔서 말씀을 선포(예언)하신 것으로 성취되었다는 것이다. 이처럼 계시록 10장에서도 사도 요한에게 펴 놓인 책을 주어 먹게 하고 나라와 방언과 임금에게 다시 예언하라고 하셨는데, 이는 장차 주님의 재림 때 사도 요한의 입장에서 출현하는 한 목자가 실상으로 나타날 것을 예고한다는 것이다. 요한 격의 목자는 책 받아먹은 자, 하나님의 마음에 합한 목자(렘 3:14), 때를 따라 양식을 나눠주는 충성되고 지혜로운 종(마 24:45), 감추었던 만나를 받는 이긴 자(계 2:17), 14만 4천의 종들을 인치는(7:3) 새 요한이라고 주장한다.

하지만 하나님이 에스겔을 '인자'(사람의 아들)라 부르셨던 것은 에스겔을 '연약한 인간'으로 겸손하게 표현하는 것이다. 또한 에스겔의 예언은 자신이 예언한 내용을 모르고 그저 본 것만을 기록한 환상예언이 결코 아니었다. 에스겔이 선포한 예언은 당시 에스겔이 살며 마주했던 제국 바벨론이 멸망한다는 예언이었다(겔 17:12-16, 21:23, 24:1-2). 따라서 에스겔의 예언은 당대에 성취되었다. 결코 이 계시가 환상으로 에스겔에게 임했던 것이 예수님에게 실상계시로 임했다고 볼 수 없다.

마찬가지로, 2천 년 전 요한이 본 계시록의 환상이 오늘날 신천지를 조직하는 현실로 이루어진 것이 계시록의 실상예언은 아니다. 요한계시록은 일차적으로 당시의 일곱 초대교회에 보내진 편지였고, 극한 핍박 가운데 상당 부분 성취된 계시임을 기억할 필요가 있다. 바벨론은 당시에 로마를 빗댄 표현임을 기억하라. 핍박 가운데 직접적으로 그 이름을 밝힐 수 없어 암호화하여 바벨론으로 말한 것이다. 결코 오늘날의 기성교회가 아니다. 이단 단체가 주장하는 방식의 실상계시는 사실, 그가 이전에 몸담았던 이전의 교주들에게 배웠던 비유 풀이 방식이며, 요한계시록이 온통 자기 교주에 의해서만 성취된다는 아전인수 격 해석에 불과하다.

셋째, 실상계시란, 계시록의 환상을 조작하여 자기 단체에게 이루어졌다고 설득하기 위한 그럴듯한 거짓 계시다. 환상계시가 조작인 이유는 분명하다. 그것은 소위 보혜사라고 주장하는 교주의 요한계시록 해석, 즉 실상계시가 자꾸만 바뀌기 때문이다. 대표적인 것이 두 증인의 실상이 바뀌는 일이다. 특정한 두 사람을 지목했던 두 증인이, 시간이 갈수록 바뀐다. 실상이 조금이라도 바뀌면 계시가 아니라 조작이다. 그런데 이단 단체는 그동안 끊임없이 자신들의 실상계시가 틀린 것임이 드러날 때마다 그 실상계시를 고쳐 왔다. 자신들이야말로 실상계시가 있다고 주장하는 한 단체에서 출간한 《요한계시록의 진상》,《요한계시록의 진상 2》,《계시》,《계시록 완전해설》,《요한계시록의 실상》, 그리고 이후 2011년에 개정된 새로운 《요한계시록의 실상》 등을 비교 대조해 보면 이러한 오류들이 금방 드러난다.

넷째, 아들의 소원대로 계시를 받은 자는 교주가 아니다. 마태복음 11장 27절 전후의 문맥을 살펴보면 이 세상의 지혜롭고 슬기로운 자와 대비되는 어린아이들과 같은 자들을 말한다(25-26절).

4) 세대주의적 시대별 구원 경륜

앞서 언급한 시대별 구원자론은 세대주의에서 주장하는 하나님의 시대별 구원 경륜과 맞닿는 부분이 있다. 세대주의는 인류의 역사를 7시대, 곧 ①무죄시대 ②양심시대 ③인간통치시대 ④약속시대 ⑤율법시대 ⑥은혜시대(교회시대) ⑦천년왕국시대로 구분한다. 이들은 각 시대마다 하나님이 새로운 구원 경륜을 제시해 주셨다고 주장한다. 양심시대에는 양심에 따라 구원받고, 율법시대에는 율법을 따라 살면 구원받는다. 그러나 율법을 통해 구원받는 길은 사람들이 율법을 지키지 못하고 실패했기에 은혜로 구원받는 은혜시대가 열리게 되었다는 것이다. 이러한 논리는 지금은 은혜시대이기에 더 이상 율법이 필요 없다는 율법폐기론으로 이어진다. 이는 은혜로 구원받은 사람에게는 율법이 폐기되었기에 더 이상 율법을 지키지 않아도 된다는 오해를 야기하기 때문이다. 이는 나아가 성화의 필요성을 제거하고 율법 방종주의로 흐를 여지를 준다.

세대주의가 말하는 시대별 구원 경륜은 다른 이단들이 하나님이 각 시대별로 다른 구원의 경륜을 갖고 시대별로 구원자를 보냈다는 이단적 교리를 받아들일 수 있는 토양을 마련했다. 이단들은 이런 시대별 구원 경륜을 극단화시켜 예수님의 구원을 초림시대에만 유효한 구원으로 축소시키고, 오늘날 종말 시대에는 다른 구원 섭리가 필요하다고 주장한다. 그렇게 되면 예수님은 오늘 우리의 구원자가 아니라 초림 시대의 구원자로 제한된다.

3. 성경

3.1 성경의 속성

1) 성경의 속성에 나타나는 특징

그렇다면 여기서 성경의 속성을 살펴보자. 우리는 성경을 어떻게 이해하고 받아들여야 할까?

첫째, 성경은 하나님의 특별계시가 기록된 책이다. 우리는 이 성경을 반복하여 읽고 들음으로 하나님의 계시를 알고 깨닫는다. 이 계시의 역사는 과거로 종료된 것이 아니라 지금 현재, 성경을 읽음으로 계속된다. 하나님께서는 신자들에게 성경을 통하여 하나님의 뜻을 발견하고 알도록 현재적으로 말씀하신다. 이런 면에서 성경은 오늘의 나에게 주시는 하나님의 살아 있는 현재적 계시다.

> 하나님의 말씀은 살아 있고 활력이 있어 좌우에 날선 어떤 검보다도 예리하여 혼과 영과 및 관절과 골수를 찔러 쪼개기까지 하며 또 마음의 생각과 뜻을 판단하나니(히 4:12)

하나님의 말씀은 우리의 깊은 속을 감찰하며 꿰뚫는다. 또한 우리 마음의 생각과 의지의 기준으로 역사한다. 이런 말씀의 능력이 성경을 읽고 듣는 우리에게 현재적으로 나타난다.

여기서 우리는 계시가 특별한 사람들만이 받는 것이 아님을 기억해야 한다. 특별한 사람이 기도를 많이 하고 금식하고 특별한 훈련과 금욕을 하여 계시받는 것이 아니다. 참된 계시는 성경을 읽고 예수 그리스도를 만나는 사람이 받는다. 구원받은 누구에게나, 성경을 읽고 듣는 모든 이에게 열려 있다. 결코 특별한 소수에게만 주어지는 닫힌 계시가 아니다.

둘째, 성경의 핵심 주제는 예수 그리스도다. 하나님은 성경을 통해 그 아들을 통한 하나님의 구원계시를 나타내셨다(히 1:2). 그래서 우리는 성경을 보면 볼수록 그 속에서 예수 그리스도를 더욱 깊고 풍성하게 발견할 수 있다.

> 너희가 성경에서 영생을 얻는 줄 생각하고 성경을 연구하거니와 이 성경이 곧 내게 대하여 증언하는 것이니라(요 5:39)

이 말씀은 성경이 어떤 책인가를 핵심적으로 보여 주고 있다. 이 말씀에 따르면 성경은 영생을 얻게 하는 책, 즉 구원의 책이다. 그런데 구원을 위하여 성경을 연구하다 보면 그 속에서 예수 그리스도에 대한 증언들을 발견한다. 이 증언을 통하여 우리는 예수 그리스도 안에 있는

I. 계시론 백신

믿음으로 말미암는 구원에 이르게 된다(딤후 3:15). 이는 매우 중요한 점을 시사한다. 만약 성경에서 예수 그리스도가 아닌 다른 보혜사, 다른 재림주, 다른 약속의 목자, 다른 구원을 선포하면 그것은 성경을 잘못 풀이한 이단적 해석이다.

어떤 교주는 산에 들어가 20년을 기도하며 성경을 1,300독 하여 성경의 깊은 진리를 통달했다고 선전한다. 어떤 교주는 성경을 3천 번 읽으며 수천 번의 계시를 받아 성경의 새 시대를 열었다고 선전한다. 그러나 아무리 성경을 많이 읽고 아무리 계시를 많이 받아도 그 핵심이 예수 그리스도와 그로 말미암는 구원이 아니면 거짓이다. 요한계시록을 만 번 읽고 통달했어도 그 핵심이 예수 그리스도가 아니면 거짓 계시다. 많은 교주들이 요한계시록을 통해 자신이 새 시대의 구원자임을 선포한다. 이는 계시록이 많은 상징과 비유로 이루어져 있기에 여기에 자기를 억지로 끼워 맞추면 그럴듯하기 때문이다. 그러나 우리는 계시록을 통해서도 여전히 예수 그리스도를 만나야 한다. 그것이 정상이다.

셋째, 성경은 증언의 책이다. 성경은 삼위일체 하나님을 만난 하나님의 백성이 하나님에 대하여, 하나님의 백성 공동체에 대하여, 그리고 하나님이 예수 그리스도 안에서 이루신 구원 역사에 대하여 하나님 백성들의 증언을 기록한 책이다. 하나님께서 직접 말씀하신 것조차도 증인들의 언어 행위를 통해 증언되었다.

넷째, 성경은 언약의 책이다. 창세기부터 시작된 하나님의 언약이 예수 그리스도를 통하여 성취되어 복음으로 온 열방에 계시되었고, 이것이 마침내 요한계시록에 가서 완성된다. 이에 대해서는 옛 언약과 새 언약에 관한 부분을 참조하라.

2) 성경의 속성에 대한 오해 — 역사, 교훈, 예언, 비유?

성경을 예수 그리스도를 통해 나타난 하나님의 언약 성취의 계시로 보아야 함에도, 이단들은 이것이야말로 교주를 통해 성취된 실상 계시의 완성으로 본다. 이를 위하여 이들은 성경의 속성을 왜곡시킨다.

첫째, 이들은 성경을 약속과 성취의 책으로 본다. 약속한 것이 있으면 성취됨이 있어야 한다는 것이다. 그래서 구약의 예언은 예수님의 오심으로 성취되었고, 신약의 예언은 마지막 시대에 성취되어야 한다고 가르친다. 얼핏 들으면 맞는 말 같지만, 이는 예수 그리스도의 다시 오심으로 완성되는 언약의 성취를 말하기 위함이 아니라, 교주가 와서 계시록의 성취를 완성했다는 궤변을 늘어놓기 위한 발판에 불과하다.

둘째, 이러한 논리를 공고하게 만들기 위해 이들은 성경개론을 배울 때, 성경의 분류를 역사, 교훈, 예언으로 나눈다. 성경에는 역사적 기록이 있다. 또 교훈적 내용이 있다. 그러나 성경을 특별한 책으로 만드는 것은 예언인데, 예언은 반드시 성취함이 있어야 한다. 그래서 구약의 예언은 신약 시대에, 신약의 예언은 마지막 계시록 시대에 성취된다고 주장한다.

셋째, 마지막 시대에 성취될 예언을 깨닫기 위해서는 비유를 깨달아야 한다. 이들은 마지막 시대에 성취될 예언은 비유로 감추어 두었다고 한다. 성경의 예언의 실상은 비유로써 그 비밀이 감추어져 있다. 예언의 실상을 깨달으려면 비유를 풀어야 하는데, 신약과 구약이 짝으로 되어 있는 것처럼 말씀의 짝을 찾아 풀어야 한다고 한다(사 34:16).

넷째, 비유를 깨달아야 계시록이 열린다고 한다. 이들의 주장에 따르면 요한계시록은 비유의 결정판이요 성경전서의 종합본이다.[6] 하지만 계시록은 봉인되어 있다. 환상계시의 내용만을 아는 것이 다가 아니다. 계시록은 환상계시를 통해 예언된 실상계시를 깨달아야 하는데, 비유로 감추어진 실상계시를 깨달을 때 구원받는다는 것이다.

다섯째, 계시록 비유 풀이를 통해 성경의 중심을 예수 그리스도에서 계시록 시대의 목자, 즉 교주로 옮겨 놓는다.

여섯째, 성경의 중심을 예수 그리스도에서 교주로 옮겨 놓기 위해서는 기존의 언약관을 뒤집는 새 관점, 즉 배도, 멸망, 구원의 도식을 도입한다(이에 대해서는 다음 장에서 설명한다).

6 ——— 이만희, 《천지창조》 (안양: 도서출판 신천지, 2007), 36.

3.2 성경 해석의 기본 틀 – 언약

1) 옛 언약과 새 언약

성경은 언약의 책이다. 옛 시대의 언약을 구약(Old Testament), 새 시대의 언약을 신약(New Testament)으로 나눈다. 언약을 의미하는 'Testament'는 라틴어 'Testamentum'에서 온 것으로 '언약'(Covenant)을 뜻한다. 공통점은 신구약 둘 다 하나님의 언약이라는 점이다.

고대 근동에서 계약 체결은 짐승을 쪼개어 계약을 맺는 당사자 둘이 함께 쪼갠 고기 사이로 지나감으로 이루어진다.[7] 이렇게 하는 이유는 계약 당사자 중 계약을 지키지 못한 사람이 있으면 쪼개진 짐승처럼 냉엄한 처벌을 감수하도록 하기 위함이다. 아브라함이 하나님과 언약을 체결한 의식은 이를 잘 보여 준다(창 15:9-21). 그러나 하나님의 계약 체결은 일반적인 여타 근동의 계약 체결과 다른 점이 있다. 계약 당사자가 함께 쪼갠 짐승 사이를 지나간 것이 아니라 하나님 홀로 타는 횃불로 쪼갠 고기 사이로 지나가신 것이다(15:17). 이는 하나님께서 아브라함의 성실함의 여부에 상관없이 반드시 약속을 성취하겠다는 자기 신실함에 기초한 헌신의 약속이다. 이러한 기이한 하나님의 언약은 사람이 성실하게 준수하지 못하더라도, 하나님이 끝까지 그 약속을 붙들고 지켜 내는 압도적인 '신실함'(faithfulness)이 전제된다.[8] 이런 면에서 하나님이 하신 언약은 하나님이 사람을 창조하신 목적(1:27-28)을 반드시 이루시겠다는 자기 신실함에 기초한 은혜의 언약이다. 그래서 언약에는 하나님의 언약적 신실함이 들어 있다(참조 롬 1:17). 하나님이 언약을 체결하시는 목적은 사람에게 풍성한 생명을 주시고 창조의 온전한 목적을 이루기 위해서다.

이러한 언약은 일반적인 계약이 상품과, 화폐 등 여러 재화를 서로 교환하기 위한 것과는 달리, 서로에게 특별한 존재가 되기 위함이다. 즉 하나님은 이스라엘의 하나님이 되고, 이스라엘은 그의 백성이 되기

---

7 —— 양형주,《평신도를 위한 쉬운 창세기 1: 인생 무대 위에 우뚝 서라!》(서울: 브니엘, 2018), 378.

8 —— 양형주,《평신도를 위한 쉬운 로마서》(서울: 브니엘, 2016), 33.

위한 것이다. 성경에 등장하는 나는 너의 하나님이 될 것이고(창 17:7-8), 너희는 나의 백성이 될 것이라(출 19:5-6)는 문구는 이런 특별한 관계를 선언하는 언약공식구문이다(참조 출 6:5-8). 이런 특별한 언약 관계는 서로를 향하여 헌신하는 배타적인 관계를 요구한다. 이런 관계를 비유적으로 표현하는 것이 '결혼'이다. 성경은 이스라엘이 하나님과 언약한 아내임을 곳곳에서 진술한다(말 2:14, 렘 2:2, 3:14). 이것이 신약의 새 언약에서는 교회가 어린 양의 신부가 된다(계 21:2, 22:17).

성경에 나오는 옛 언약과 새 언약을 좀더 구체적으로 살펴보자.

먼저 구약에 등장하는 옛 언약은 모두 여섯 개로 분류한다. 이는 창조언약(창 1:26-28, 2:16-17), 아담언약(3:15), 노아언약(8:20-9:17), 아브라함언약(12:1-3, 15:1-21, 17:1-8), 모세언약(출 21:1-24:11), 다윗언약(삼하 7:12-16)이다.

구약에서 '언약'이란 용어가 처음 등장한 것은 노아의 언약 때다(창 9:9). 그렇다면 아담언약과 창조언약은 과연 언약으로 볼 수 있는가? 이 둘을 언약으로 보는 근거는 예레미야 33장 20절과 호세아 6장 7절이다. 예레미야에 따르면 '여호와께서 이와 같이 말씀하시니라 너희가 능히 낮에 대한 나의 언약과 밤에 대한 나의 언약을 깨뜨려 주야로 그때를 잃게 할 수 있을진대'(33:20)라고 말씀하며, 하나님의 창조사역 때 이미 온 우주와 더불어 체결한 일종의 언약이 있었음을 암시한다. 이는 창조주 하나님이 낮과 밤이 제대로 돌아가도록 창조질서를 주관하기로 피조세계와 세우신 자기 헌신적 언약이다.[9] 이것은 최초의 인류였던 아담에 있어서도 마찬가지다. 호세아 6장 7절은 '그들은 아담처럼 언약을 어기고 거기에서 나를 반역하였느니라'(6:7)고 말씀하며 이스라엘이 하나님과의 언약을 깨뜨린 것이 마치 아담이 하나님과의 언약을 깨뜨린 것과 같다고 한다. 이렇게 볼 때 아담이 하나님과 맺은 최초의 언약은 생육하고 번성하며 이 땅에 충만하라는 축복과 사명(창 1:26-28)에 이어 이 복을 누리기 위해 선악과를 먹지 말라는 금령을 지켜야 하는 것이다

---

9 ——— 박동현, 《예레미야 II》 대한기독교서회 창립 100주년 기념주석 (서울: 대한기독교서회, 2006), 241.

I. 계시론 백신

(2:16-17). 이를 창조언약이라 한다. 하지만 아담은 이 금령에 불순종하였고, 하나님은 범죄한 아담과 하와에게 가죽옷을 지어 입히시며 그럼에도 불구하고 '여인의 후손이 뱀의 머리를 상하게 할 것'이라는 은혜의 아담언약을 체결하신다(3:15, 21).

이후 하나님의 언약은 노아를 통하여(노아언약), 아브라함을 통하여(아브라함언약) 이어지고 모세를 통하여서는 하나님의 언약 백성답게 살아야 할 계명이 주어진다(모세언약). 아브라함의 후손은 모세언약을 통해 비로소 하나님의 언약백성 이스라엘의 정체성을 확립한다. 이후 하나님의 언약은 다윗을 통하여 이어지며 다윗의 후손을 통해 이어질 하나님의 나라와 통치가 영원무궁할 것이 약속된다(다윗언약). 이러한 약속은 아담언약, 노아언약, 아브라함언약, 다윗언약과 같이 하나님의 일방적인 은혜의 선언을 포함하지만, 동시에 창조언약이나 모세언약과 같이 하나님의 백성으로서 온전히 순종하고 지켜야 할 계명에 대한 순종을 전제로 한다. 하지만 이스라엘은 하나님의 계명에 불순종하고 하나님을 떠나 우상을 따르며 가증한 이방의 풍습을 즐겨 행하며 살았다. 이스라엘은 하나님과의 관계를 거부하고 하나님 백성의 정체성을 저버리기에 이른다. 결국 이스라엘 백성들은 약속의 땅에서 쫓겨나고 언약을 준수할 때 약속받은 땅과 복을 유업으로 받지 못한다. 이스라엘의 타락과 범죄로 인하여 이제는 모세를 통해 주신 율법과, 시내산의 언약은 무참히 짓밟힌다. 이에 하나님은 급기야 이스라엘 백성과 하나님을 이어 주는 시내산 율법의 핵심인 성전 제도의 폐지를 선언하기에 이른다(사 1:11-15, 렘 1:16, 7:4). 이때가 되면 하나님 언약 백성의 신체적 특징인 할례도 효력을 상실한다(렘 9:25-26).

그렇다면 하나님의 언약은 완전히 실패하였는가? 결코 그렇지 않다. 하나님께서는 시내산의 모세언약이 갖는 한계점을 보시고, 이 한계를 극복할 수 있도록 아브라함과 다윗의 후손으로 오신 메시아 예수를 통하여 새 언약을 주셨다(마 1:1). 이것이 신약에 등장하는 예수 그리스도의 피로 맺은 새 언약이다(고전 11:25).

새 언약과 옛 언약은 그 차이점이 뚜렷하다. 옛 언약이 모세의 십계명 돌판에 기록된 약속이라면, 새 언약은 마음에 기록된 약속이다(렘

31:31-32). 이를 위해 하나님은 당신의 새로운 영, 곧 성령을 그의 백성들 속에 두고, 새 마음을 주셔서 하나님의 법을 마음으로부터 행하며 온전히 순종하게 하실 것을 약속하셨다(겔 36:26-27, 롬 1:5, 16:26). 이 언약은 구약 제사 제도의 근간인 짐승의 피로 맺을 수 있는 언약이 아니다. 더 이상 시내산 계약의 효력이 유효하지 않기 때문이다. 그래서 메시아는 자신을 희생제물로 삼아 자기 피로 새 언약을 세웠다(마 26:28, 막 14:24, 눅 22:20, 요 1:36, 고전 11:25).

이렇게 볼 때 새 언약과 옛 언약이 갖는 연속성과 불연속성이 나타난다. 우선 연속성이다. 하나님의 언약은 아브라함과 다윗을 거쳐 예수 그리스도를 통하여 완전히 이루어진다. 이를 보여 주는 것이 마태복음 1장에 나오는 언약의 족보다(1:1-17). 하지만, 이 언약을 성취하기 위한 구체적인 실행 방법은 예수 그리스도의 피를 통한 새 언약을 통해서다(눅 22:20). 그리스도 안에서 옛 언약이 새 언약으로 대체된다. 여기서 불연속성이 나타난다. 예수 그리스도는 구약의 불완전한 시내산 언약을 새롭게 성취할 뿐 아니라, 아브라함과 다윗의 언약을 온전히 성취하셨다. 옛 언약이 불완전한 율법과 제사 제도를 의지했다면, 새 언약은 예수 그리스도의 피로 세웠다. 죄 문제가 예수 그리스도의 구속으로 해결되었고, 구약의 성전이 신약의 교회로 대치되었다. 따라서 하나님의 언약은 옛 언약으로 시작하여 그리스도의 십자가와 부활을 통한 새 언약으로 완성된다. 구약은 오실 그리스도를 바라보며 세워진 언약인 반면, 신약은 오신 그리스도 안에 성취된 언약이다. 이는 구약의 옛 언약을 폐기하지 않는다. 도리어 새 언약으로 부어진 성령의 능력으로 말미암아 율법의 일점일획까지 더욱 온전히 기쁨으로 순종하게 한다(마 5:17-20).

요한계시록도 새 언약의 범주에 속한다. 계시록은 예수 그리스도 안에 약속되고 '이미'(already) 이루어진, '그러나 아직'(but not yet) 완성되지 않은 하나님의 언약이 새 하늘과 새 땅으로 최종 완성되는가를 다룬다. 옛 언약이 가나안 땅을 추구했다면, 새 언약은 보다 온전한 새 땅, 즉 예수 그리스도 안에서 이루어진 하나님이 통치하시는 하나님의 나라(the Kingdom of God)의 완성을 지향한다. 따라서 옛 언약은 오실 예수 그리스도를 바라며 세워졌고, 새 언약은 예수 그리스도를 통하여 성취되었고, 이 새 언약은 다시 오셔서 새 하늘과 새 땅을 완성할 그리스도를 기다린다. 결국 구약과 신약의 중심에는 예수 그리스도가 있다.

2) 또 다른 언약?

언약에 대한 바른 이해가 중요한 이유가 있다. 많은 이단이 하나님의 언약관을 왜곡시키기 때문이다. 이들은 구약과 신약 외에 또 다른 약속을 추가시킨다. 이를 흔히 '성약'(聖約)이라고 한다. 이단들은 성약 시대를 추가하여 흔히 성경의 시대를 세 시대로 나눈다. 성약 시대를 가리켜 어떤 이단은 '종말 시대', '계시록 시대', '새 언약 시대' 등등으로 부르기도 한다. 구약과 신약 외에 또 다른 언약 시대를 주장하는 이유가 무엇일까? 예수 그리스도 외에 또 다른 구원자, 즉 교주를 등장시키기 위함이다. 이들은 구약이 오실 메시아를 기다렸다면, 신약은 예수 그리스도가 오심으로 성취되었고, 장차 이루어질 계시록 시대 또는 새 언약 시대에는 약속한 새 언약의 목자로 완성된다고 주장한다. 그래서 구약 시대에는 성부 하나님이 여호와로 나타나고, 신약 시대에는 성자 하나님이 예수로 나타나고 성약 시대에는 성령 하나님이 보혜사로 나타나는데 그 보혜사가 바로 교주라고 한다.

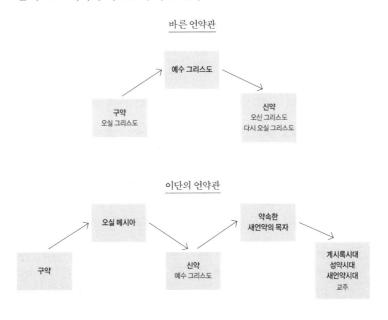

바른 언약관

예수 그리스도

구약
오실 그리스도

신약
오신 그리스도
다시 오실 그리스도

이단의 언약관

오실 메시아

약속한
새언약의 목자

구약

신약
예수 그리스도

계시록시대
성약시대
새언약시대
교주

많은 이단이 언약의 성취를 두 단계로 본다. 구약의 예언은 예수 그리스도를 통해 성취되었지만, 신약의 예언은 오늘날의 계시록 시대에 성취된 실상으로 나타나야 한다는 것이다. 예수님 초림 시대 때는 예수님을 믿음으로 구원을 받지만, 오늘날 종말의 혹은 계시록 시대에는 예언된 실상을 깨달아야 구원받는다고 한다. 그래서 이단들은 계시록을 풀어주는 성경에 통달한 자요 계시록의 일곱 인을 떼는 보혜사를 깨달아야 구원받는다고 한다.

문제는 자신이 계시록에 통달한 보혜사요 계시받은 재림주라고 주장하는 이가 한국에 약 200명, 그중에 어느 정도 규모 이상의 신도를 거느리고 있는 재림주가 40여 명이나 된다는 사실이다. 이런 재림주들은 구약은 예수 그리스도를 예언했지만, 신약은 저마다 자신을 예언했다고 주장한다. 어떻게 신약의 예언이 200여 명이나 되는 서로 다른 교주들에게 성취될 수 있는가? 이는 말도 안 되는 거짓 주장이다. 구약은 오실 그리스도를 기다리며 임시적인 제사 제도를 통하여 죄 사함을 받고 구원을 얻었지만, 신약 시대에는 예수 그리스도의 피로 말미암는 새 언약으로 말미암아 구원받는다. 또한 구원 얻은 성도는 지금도 그 피를 의지하여 장차 주님의 다시 오심을 기다리며 살아간다. 따라서 예수 그리스도 안에 계시되고 최종적으로 완성된 하나님의 언약 외에 다른 언약은 없다. 다른 언약의 시대를 주장하는 것은 비성경적이고 이단적인 주장임을 반드시 기억하자(언약에 관한 구체적인 논의는 〈III. 인간론 백신〉의 〈4. 구속받은 인간〉 부분을 참조하라).

3) 배도, 멸망, 구원

어떤 이단들은 하나님의 구원 경륜을 아담, 노아, 아브라함, 모세, 예수님, 그리고 계시록 시대 등으로 나누어 설명하는데, 각 세대마다 배도, 멸망, 구원 순으로 구원의 노정이 펼쳐진다고 주장한다. 다음의 진술을 보자.

성경의 내용은 크게 역사, 교훈, 예언, 실상, 이 네 가지로 구분한다. 그중 예언은 장래사를 미리 말한 것으로, 배도, 멸망, 구원의 노정으로 이루어진다. 특히 신

약 성경의 예언은 대부분 구약 성경에 나오는 인명과 지명을 빙자하여 비유로 기록되어 있다.[10]

결국 성경 예언의 내용을 비유로 풀면 나오는 예언의 핵심 뼈대의 내용이 배도, 멸망, 구원이라는 것이다. 이를 줄여서 언약 노정이라고도 한다. 언약 노정은 이단들에게 성경 전체를 관통하는 뼈대를 형성한다. 이 노정이 중요한 이유는 자기네 이단 단체 또한 이런 노정에 따라 실상으로 드러났다고 주장하기 때문이다.

이들은 아담을 배도자로 규정한다. 노아 시대 때는 함이 배도자였다. 모세 시대 때는 아론과 모세와 이스라엘 백성이 배도하였다. 예수님 시대 때는 세례 요한이 배도하였다! 이렇게 배도한 이들은 모두 멸망을 당했다. 아담은 에덴에서 쫓겨났고, 종국에는 흙으로 돌아가게 되었다. 노아 때는 자녀들이 저주받고 바벨탑에서 온 지면에 흩어졌다. 모세 때는 광야 1세대가 멸망을 당하였고, 2세대가 가나안 땅에 들어갔으나 모두 멸망했다. 예수님 초림 때 세례 요한은 천국에 가지 못했고, 초림 이후의 성도 가운데서도 짐승의 표를 받은 배도자들이 있을 것이다.

멸망 이후 하나님은 각 시대마다 소수의 남은 자들을 두셔서 구원을 일으키신다.

이런 배도, 멸망, 구원의 도식은 좀더 큰 틀에서 볼 수 있다. 이단들이 주장하는 구원 노정의 순서를 크게 보면, ①목자 선택, ②나라(장막) 창조, ③선민과의 언약, ④배도, ⑤멸망, ⑥새 목자 선택, ⑦심판, ⑧구원, ⑨재창조, ⑩새 언약과 안식으로 나눈다.

이들은 성경에 뚜렷하게 나오는 배도, 멸망, 구원의 근거 구절로 데살로니가후서 2장 3절을 든다.

누가 어떻게 하여도 너희가 미혹되지 말라. 먼저 배교하는 일이 있고 저 불법의 사람 곧 멸망의 아들이 나타나기 전에는 그 날이 이르지 아니하리니

10 ——— 이만희, 《천지창조》, 23.

그렇다면, 이러한 배도, 멸망, 구원의 도식을 어떻게 볼 것인가?

첫째, 죄를 짓는 것과 배도는 다르다. 성경은 모든 인간의 실존이 죄 아래 있고 하나님의 영광에 이르지 못한다고 선언한다(롬 3:23). 우리는 모두 죄인이기에 죄 사함을 받아야 하고 은혜가 필요한 연약한 인간이다. 반면 배도(헬. 아포스타시아)란 믿음을 고의로 버리고 변절하는 것이다. 성령의 감동을 저버리고 훼방하는 끔찍한 죄다(참조 막 3:29).

죄 짓는 것이 배도가 아니라면, 모세가 므리바에서 순식간에 감정을 조절하지 못하고 실수한 것은 배도가 아니다. 아버지 노아의 벌거벗음을 형제에게 고한 것 또한 배도가 아니다. 예수님의 사역에 세례 요한이 질문을 제기한 것은 더더욱 배도가 아니다.

둘째, 믿음의 선조들은 이단이 주장하는 멸망을 당하지 않았다. 성경에서 말하는 멸망이란 소돔과 고모라 성이 유황불로 흔적도 없이 없어진 그런 정도의 멸망이다. 온 세상에 흩어진 것이 멸망이라 할 수 없다. 모세가 가나안 땅에 들어가지 못한 것을 멸망이라 할 수 없다. 예수께서는 변화산에서 모세와 엘리야와 함께 대화를 나누신다(마 17:3). 이렇게 볼 때 모세는 멸망받지 않고 구원받은 자가 분명하다. 히브리서는 모세를 배도자로 멸망당한 자가 아니라, 그리스도를 위하여 수모를 받은 믿음의 선조로 자랑스럽게 소개한다(히 11:26). 이처럼 배도, 멸망, 구원의 도식을 엄밀하게 따지다 보면 노아, 아브라함, 모세에게는 정확하게 들어맞지 않는다는 것을 알 수 있다.[11] 모세 시대의 배도자는 모세인가 아론인가? 왜 모세는 실수만 했고 아론은 배도했다고 하는가? 노아 시대의 배도자는 노아인가 노아 시대의 사람인가? 솔로몬은 배도했는가? 그렇다면 배도자 솔로몬이 쓴 전도서와 잠언이 아직까지 성경으로 애독되고 있는 이유는 무엇인가? 이렇게 볼 때 세례 요한은 배도해서 멸망당한 것이 아니라 하나님 나라의 사명과 선지자의 사명을 수행하다 구약의 여러 선지자들처럼 순교한 것이다.

셋째, 구원은 시대별로 등장하는 것이 아니라 오직 예수 그리스도 한 분으로 충분하다. 구약의 성도들은 예수 그리스도의 오심을 믿음

---

11 ——— 이만희, 《천지창조》, 132-152.

으로 기다리며 구원을 얻었고(마 22:42-46, 요 8:56, 히 11:7, 17-19, 24-26, 32, 39), 신약의 성도들은 오신 그리스도를 믿음으로 구원을 얻었다. 성경은 예수 그리스도 외에는 다른 구원자가 없다고 명확하게 선포한다(요 14:6, 20:31, 행 4:12, 딤전 2:5, 히 5:9).

넷째, 데살로니가후서 2장 3절은 배도, 멸망, 구원의 노정을 말하지 않는다. 전후의 문맥을 살펴볼 때, 이 구절은 예수 그리스도의 재림 전에 먼저 배교가 있고, 이로 인해 멸망받는 것이 아니라 멸망의 아들이라고 불리는 불법의 사람이 나타나게 될 것이라고 말씀한다. 그리고 이후에 재림이 일어난다. 따라서 데살로니가후서 2장 3절은 배도, 멸망, 구원이 아니라 배도, 불법의 사람, 재림이다(참조 살후 2:8).

다섯째, 세례 요한은 멸망당하지 않았다. 이단은 세례 요한이 ①예수님을 의심하였고, ②바람에 흔들리는 갈대였으며, ③쓸데없이 정치에 참여하였고, ④천국에서는 극히 작은 자라도 그보다 크다는 말씀(마 11:11)을 인용하여 그가 지옥에 있다고 주장한다. 이 주장이 틀린 이유는 ①오실 그이가 당신이냐고 묻는 것은 죄, 나아가 배도가 결코 아니며, ②바람에 흔들리는 갈대라는 말은 세례 요한을 지칭한 것이 아니라 광야에 보러 나간 것이 무엇인가를 물으며 들었던 하나의 예시다. ③왕의 정치에 대해 하나님의 뜻을 선포하고 죄를 지적하는 것은 선지자의 역할이다. 따라서 헤롯이 간음한 것에 대하여 꾸짖은 것은 정당한 예언자의 행위이며 이로 인한 죽음은 순교다. ④중요한 것은 '천국에서는'이다. 이는 극히 작은 자도, 세례 요한도 모두 천국에 있다는 전제다. 극히 작은 자가 세례 요한보다 크다고 한 이유는 신약 시대 복음으로 구원받은 성도의 특권이 구약 시대에 가장 크다고 일컫는 세례 요한이 누리는 은혜에 비할 바 없이 크다는 것을 말하기 위함이다.

여섯째, 배도, 멸망, 구원은 이단 단체에서 자신이 배웠던 전임자를 부정하고, 자신이 세운 단체야말로 새 시대에 구원을 주는 단체임을 강변하기 위한 일종의 거짓 틀이다. 현재 교주는 이전 장막(단체)을 설립했던 교주 밑에서 배웠던 이다. 하지만 자신이 그 아래서 배웠다고 말할 수 없으니, 이전 교주를 나쁜 배도자로, 멸망당한 자로 만든다. 그리고 이 시대에 새 구원을 가져온 구원자가 바로 자신이라고 말하기 위함이다. 결국 자신이 만든 이단 단체가 이 시대의 최종 구원이라고 주장하기 위함이다.

3.3 다양성과 통일성

성경은 모두 66권의 책으로 이루어져 있다. 이 가운데 구약이 39권, 신약이 27권이다. 이 책들은 40명의 다양한 저자들에 의해 무려 1500년 이상에 걸쳐 기록되었다. 다양한 시대에 다양한 계층의 사람들이 다양한 방식으로 하나님의 언약을 증언하는 책이다. 또한 증언하는 방식도 다양하다. 놀라운 것은 이러한 다양성 가운데 하나님의 언약과 이 언약을 통해 나타난 메시아 예수를 관통하는 통일성이 있다는 사실이다. 따라서 우리는 모든 성경에서 하나님의 언약과 그 안에 약속된 예수 그리스도를 발견할 수 있어야 한다.

★특정 편향성은 위험하다

이단들은 성경을 취사선택한다. 이들은 비유, 종말에 관한 내용인 마태복음 24장, 요한계시록, 율법 절기에 관한 부분, 요한1서 등 늘 성경을 부분적으로 취사선택하여 반복하여 가르친다. 그래야 자신들이 주장하는 다른 복음을 꿰어 맞출 수 있기 때문이다. 그렇기에 성경의 다른 부분은 거의 제대로 파악하지 못한다. 흔히 이단에 빠진 사람과 논쟁을 하면 쩔쩔맬 때가 있다. 이는 그들이 자신들의 교리를 뒷받침하기 위해 왜곡하여 주장하는 성경 구절들을 반복적으로 외우며 논쟁에서 이기는 법만 훈련받았기 때문이다. 언뜻 보기에는 마치 성경을 통달한 것 같지만 그렇지 않다. 그들은 반복적으로 말하는 것만 알지 성경 전체의 다양성과 통일성을 모른다. 오히려 특정 편향성에 사로잡혀 있다. 이는 위험하다. 이단들이 말하는 것 외에는 다른 것을 보지 못하기 때문이다. 전에 이단에 빠졌던 어떤 성도는 성경을 전체적으로 통독하다가 자기가 몸담고 있는 단체가 잘못되었다는 것을 깨닫고 나온 적도 있다. 이런 면에서 우리는 성경 전체에 대한 흐름을 잡고 성경을 반복해서 읽고 배울 필요가 있다.

이단들은 왜 특정한 내용에 열광할까? 그 내용들이 마지막 성약 시대 혹은 계시록 시대의 구원을 위해 반드시 필요하다고 주장하기 때문이다. 대표적인 것이 비유에 관한 주장이다. 이들은 왜 이토록 비유 풀이에 열광할까? 이들은 처음 성경 공부를 시작할 때 성경의 내용을 역사, 교훈, 예언으로 나눈다. 언뜻 볼 때 그렇게 보인다. 그런데 이들은 성경이 하나님의 말씀인 것이 예언 때문이고 예언된 것은 반드시 성취되는데, 예언은 예수님 초림 시대 때 상당 부분 성취되었고, 이제 마지막 예수님의 재림 시대, 즉 계시록 시대에 성취될 것들이 남아 있다고 한다. 그런데 이 예언은 비유로 감추어 두었다고 한다. 이 마지막 시대의 내용이 우리의 구원을 좌지우지할 중요한 내용이라는 것이다. 따라서 비유를 깨닫지 못하면 구원받지 못할 수 있다. 나중에 주님이 다시 오셔도, 예수님 시대의 바리새인과 서기관들이 예수님을 알아보지 못하고 핍박했던 것처럼 우리도 재림하시는 예수님을 몰라보고 그럴 수 있다는 것이다. 예수님을 알아보고, 종말에 감추어진 하나님의 구원 역사를 깨닫기 위해서는 결국 비유를 깨달아야 한다. 이렇게 되면 비유에 몰두하게 된다. 비유 공부를 마치면 계시록의 세계가 열린다. 왜? 난해한 계시록은 비유로 계시되었기 때문이다. 이렇게 계시록의 비유를 공부하게 되면 결국 교주가 이 시대 새 언약의 목자임을 믿게 된다.

우리는 이러한 이단들의 교묘한 논리에 주의해야 한다. 성경을 교훈, 역사, 예언, 비유 등으로 나누는 것은 엉터리다. 이는 문학적 형식과 성경의 내용을 혼동한 것이다. 성경을 증언의 형식으로 나누는 정식 구분은 토라(모세오경), 역사서, 예언서, 시편과 지혜문학, 복음서, 서신서, 계시록 등이다. 내용의 핵심은 하나님의 언약과 복음이다. 성경 전체를 관통하는 하나님의 언약이 예수 그리스도의 복음을 통하여 우리에게 계시되었다(롬 1:16-17). 언약과 복음을 제대로 붙들고 있으면 다른 이단 사설에 흔들리지 않는다. 기억하라. 성경의 핵심은 예수 그리스도 안에 성취된 하나님의 구원 역사, 즉 복음이다.

3.4 성경의 영감과 무오성

성경이 증언의 책이라는 점은 성경이 갖고 있는 독특한 두 가지 특징을 보여 준다.

첫째는 역사성이다. 성경은 저자들이 살았던 당대의 역사적, 문화적, 언어적 상황을 반영한다. 구약 다니엘서의 경우, 성경 원문으로 보면 히브리어로 기록되다가 2장 4절부터 7장 28절까지는 고대 시리아어인 아람어로 기록되었다. 또 신약성경에 오면 당시 헬라 시대의 국제어인 코이네 헬라어로 기록되었다. 또한 복음서와 바울서신, 계시록의 많은 부분은 당시 로마제국의 상황을 반영한다. 이러한 사실들은 성경이 갖고 있는 역사성을 반영한다. 이는 저자들이 처한 환경과 지위에 따라 성경에 역사적이고도 인간적인 요소가 있음을 보여 준다.

둘째는 영감성이다. 영감이야말로 성경이 하나님의 말씀인 이유가 된다. 여기서 영감이란 성경의 저자들이 하나님의 특별계시의 내용들을 잘 이해하고 오류 없이 기록하게 하신 성령의 독특한 감동과 간섭을 말한다. 모든 성경이 하나님의 영감으로 기록되었다(딤후 3:16).

여기서 우리가 깊이 생각해야 할 부분이 있다. 성경의 영감은 그야말로 정확무오한가? 오류가 없는가?

1) 성경의 영감성

이 문제를 이해하려면 먼저 영감의 정확무오성이 무엇인지를 정의해야 한다. 여기에는 크게 세 가지 정의가 있다.

첫째, 기계적 영감설이다. 이는 성경을 기록할 때 저자가 마치 받아쓰기를 하는 것처럼 하나님의 영감 그대로를 받아서 기록했다는 주장이다. 그렇다면 시편은 어떤가? 여기에는 하나님의 직접적인 음성도 들어 있지만, 시편 기자의 간절한 기도의 음성도 들어 있다. 또 잠언의 말씀을 보면 지혜의 말씀이지만 여기에는 하나님의 직접적인 음성이 결여된 것 같다. 그렇다면 이런 말씀들은 영감인가 아닌가? 이렇게 볼 때 성경의 영감을 기계적 영감으로 이해하는 것은 무리가 있다.

둘째, 동력적(dynamic) 영감설이다. 이는 성경을 기록하는 데 있어 성령의 직접적인 활동을 부인하고, 저자들의 일반적인 영감에 의한 것임을 주장한다. 시인이나 음악가들은 작품 활동을 할 때 영감이 떠오른 다고 한다. 이런 종류의 영감은 신적 개입이 아닌 인간적 통찰과 직관 들을 의미한다. 따라서 동력적 영감설은 성경 기록의 초자연적 요소를 제거시킨다. 여기에는 종교의 본질을 절대자에 대한 절대의존의 감정으로 보고 종교의 초자연적 요소를 제거한 슐라이어마허의 영향이 크다. 슐라이어마허에 따르면 '영감'(inspiration)이란 인간의 합리적 또는 영적 의식을 비추는 하나님의 자연적인 작용으로, 인간이 자기 자신의 기독 교적 이해 및 감정의 충만함으로부터 자기 종교적 삶과 신념의 산물들을 말하거나 기록한 것이다. 따라서 성경은 인간적 통찰의 산물이며 오류의 가능성을 갖고 있다고 주장한다. 성경은 탁월한 진리들을 담고 있지만 다른 한편으로 인간의 통찰이기에 불완전하고 오류 가능한 것으로 본다. 이렇게 볼 때 성경은 하나님의 말씀이 아니라 사람의 기록으로 전락한다.

셋째, 유기적 영감설이다. 이것은 하나님의 영감이 기계적으로 각 저자에게 임한 것이 아니라 각 사람의 삶의 자리, 지식, 교양, 문화, 은사, 재능, 직업, 성품, 용어, 문체, 스타일 등을 최대한 존중하고 사용하시는 가운데 영감을 주셨다는 주장이다. 인간의 개성과 역량이 드러나면서도 매 순간 성령의 영감으로 조명하시고 격려하시면서 죄의 영향력을 억누르시고, 언어를 선택하고 영감을 표시하는 일을 유기적으로 인도하셨다. 그래서 성경 각 권에는 저자마다의 독특성이 살아난다. 예를 들어 마태복음은 유대인이었던 저자 마태의 정체성과 유대적 특성이 고스란히 반영되어 있다. 누가복음은 의사 누가의 직업적 특징과 동시에 이방적 특성이 그대로 담겨 있다. 바울서신은 바리새인 출신의 뛰어난 지식과 열심이 성경의 영감을 통해 반영되어 있다. 시편은 고난의 상황 가운데 하나님 앞에 간절히 부르짖는 영감 어린 기도를 표현한다. 이처럼 하나님께서는 각 저자의 삶의 자리와 개성을 고스란히 담는 가운데 영감을 주셨다. 각 성경에는 저자의 특징과 시대적 특성이 담겨 있으면서 동시에 통일된 하나님의 계시적 특징이 담겨 있다. 이러한 유기적 영감설은 성경이 갖는 다양성과 통일성의 기초가 된다.

2) 영감의 범위

그렇다면 성경의 영감은 성경의 기록 가운데 어느 정도까지 미칠까? 여기에는 크게 세 가지가 있다.

첫째, 부분적 영감이다. 이는 성경의 진리를 반영하는 교리적인 부분은 하나님의 영감으로 인정하지만, 역사적 부분들은 계시와는 무관한 비본질적 진리를 담고 있음을 주장하는 것이다.

둘째, 사상(思想)적 영감이다. 이는 성경에 담겨 있는 사상은 영감되어 있지만, 이 사상을 표현한 인간의 언어는 불완전하고 오류가 있다고 주장한다.

이러한 부분적 영감과 사상적 영감은 모두 성경을 완전한 하나님의 계시로 받아들이기를 거부하는 입장이다. 일부는 인정하지만 일부는 오류가 있고 모순투성이인 것으로 본다. 그래서 성경의 권위를 다른 책과 동일한 것으로 끌어내리려 한다. 그러나 우리는 하나님의 영감이 사상과 교리뿐 아니라 이를 담고 있는 언어에까지 온전히 미치고 있음을 받아들여야 한다.

셋째, 축자적(verbal) 영감이다. '축자적'이란 표현을 '기계적'과 혼동하면 안 된다. '기계적'은 하나님이 불러 주시는 그대로 받아쓰기를 하는 것이라면, '축자'란 뜻은 어떤 글의 글귀를 그대로 따라 본래의 뜻에 충실하게 풀어내는 것을 말한다. 이는 하나님께서 성경의 사상과 교리 뿐 아니라 인간의 언어와 기록 활동 전반에 특별한 섭리로 완전하게 역사하셨음을 주장한다. 이렇게 볼 때 '축자적'이라는 표현은 성령의 영감이 저자들이 영감을 기록할 때 성경 66권 전체에 미치며 이들이 선택한 단어 하나하나에까지 개입하셨음을 의미한다. 이를 완전영감 혹은 완전축자 영감이라고도 한다.

성경에는 축자적 영감을 반영하는 표현들이 있다.

예수께서는 '천지가 없어지기 전에는 율법의 일점일획도 결코 없어지지 아니하고 다 이루리라'고 말씀하셨다(마 5:18). 일점일획이란 히브리 문자에 찍는 점을 말한다. 이는 성경의 모든 기록이 심지어는 방점 하나까지도 하나님의 주권적인 영감으로 기록된 것이기에 말씀 모두가 의미 있게 성취될 것을 의미한다.

예수께서는 성경의 구절이나 단어가 그냥 우연히 기록된 것이 아니라 특별한 하나님의 구원계획 안에서 섭리 가운데 기록된 것임을 종종 말씀하셨다. 예수께서는 성전 안 솔로몬 행각에서 시편 82편 6절의 '내가 너희를 신이라 하였노라'는 언뜻 듣기에 애매한 구절이 의미 있는 구절이며 이것이 예수님에게 어떻게 적용되는지를 가르치셨다. 바리새인들과의 논쟁에서도 시편 110편 1절을 인용하시며 다윗이 어찌 그리스도를 주라 하였느냐고 물으신다. 이는 성경에 기록된 표현 하나하나가 하나님의 섭리 안에 성취되어야 할 의미 있는 구절임을 보여 준다. 갈라디아서 3장 16절에도 하나님께서 아브라함과 그 자손에게 약속하실 때 '그 자손들'이라고 하지 않고 '네 자손'이라는 표현을 쓴 이유와 목적이 있다고 말씀한다(참조 창 13:15, 17:8). 이렇게 볼 때 성경은 대명사 하나도 허투루 사용하지 않고 정확하게 사용했음을 알 수 있다.

예수께서 광야에서 사탄에게 시험받으실 때도 항상 "기록되었으되"라고 하시며 구약 신명기 말씀을 축자적으로 그대로 인용하여 사탄을 물리쳤다. 이러한 축자적 언급은 종종 성경에 "여호와께서 이르시되"라는 표현으로 자주 등장한다. 이는 하나님의 말씀을 문자적으로 그대로 전달함을 의미한다. "예수께서 말씀하시기를"이나 "성령이 이르시되"와 같은 표현들도 마찬가지다. 또한 하나님의 말씀을 전달하는 선지자들도 "여호와의 말씀을 들을지니라" 혹은 "여호와께서 가라사대"와 같은 표현을 사용하여 하나님의 말씀을 가감 없이 전달하는 데 힘썼다. 이렇게 볼 때 하나님께서는 언어 없이 영감으로 말씀하신 것이 아니라, 언어를 통해 말씀하셨고 성경의 저자들은 이를 문자 그대로 기록하였음을 보여 준다.

성경을 하나님의 영감된 말씀으로 믿는다는 것은 성경이 정확무오한 하나님의 진리임을 믿는 것이다. 이는 성경이 축자적 영감의 측면에서, 신적 권위에 있어서, 또 하나님의 구원 목적에 있어서 정확무오한 하나님의 계시의 말씀임을 의미한다. 그렇기에 인간적인 판단의 잣대로 성경의 일부를 더해서도 안 되고 필요 없다고 제거해 버려도 안 된다. 그런데 이단들은 성경 중에 일부의 성경만을 정말 중요하다고 선택하고 다른 부분은 거의 불필요하게 여겨 가르치지 않는다. 이것은 건강하지 않다. 우리는 모든 성경이 하나님의 영감으로 기록된 신적 권위를 갖는 완전한 계시로 받아들여 성경 전체를 읽고 듣고 알아가야 한다.

3.5 정경, 외경, 위경

성도들 가운데 외경과 위경에 대해 궁금해하는 이들이 의외로 많다. 성경이 하나님의 말씀, 즉 정경(正經)이라면 외경은 무엇이고 위경은 무엇인가?

우선 정경에 대해 살펴보자. 정경은 영어로 '캐논'(Canon), 헬라어로 '카논'이라고 하며 원래는 '치수를 재는 갈대나 긴 나뭇가지'를 의미했다. 여기서 카논이란 '어떤 것을 재는 기준 또는 척도'라는 뜻을 갖는다. 즉 성경의 정경이란 하나님의 계시의 척도가 되는 표준적인 경전을 말한다.

오늘날 우리가 갖고 있는 성경은 구약 39권, 신약 27권으로 구약 정경은 주전 5세기경 에스라와 공회원들이 최종적으로 결정했다. 신약의 경우에는 주후 367년경 아타나시우스에 의하여 확립되었다. 물론 이전에도 신약성경 27권은 하나님의 말씀으로 널리 읽혔지만, 이것이 397년 히포레기우스 공의회에서 공식으로 확정된다. 이렇게 정경을 확정한 것은 시간이 갈수록 성경의 인물을 자칭하며 나온 거짓 경전들이 나왔기 때문이다. 그렇다면 정경을 결정한 기준은 무엇일까?

1) 정경의 기준

정경의 확정 기준은 크게 다섯 가지다.

첫째, 영감성이나. 본문이 하나님의 계시로 일점일획도 틀림없이 하나님의 영감으로 기록되어야 한다. 둘째, 목적성이다. 본문이 인간 구원을 위한 하나님의 뜻을 전달하는 데 목적이 있어야 한다. 셋째, 신뢰성이다. 하나님의 영감을 받아 기록한 저자의 신뢰성이 입증되어야 한다. 모세, 다윗, 이사야 같이 하나님의 소명과 기름 부으심으로 신뢰성이 입증된 저자이어야 한다. 신약의 경우는 예수 그리스도와 함께 있던 사도들 혹은 사도들의 가르침을 받은 신실한 저자의 기록이어야 한다. 넷째, 보편성이다. 이는 성경의 어느 한 책이 교회에 널리 읽히고 사용되고 있음이 보편적으로 확증되어야 함을 의미한다. 다섯째, 보존성이다. 성경 본문이 훼손되지 않고 신적 간섭에 의하여 온전히 그대로 전달되어야 함을 의미한다.

2) 신약 정경의 기준

특별히 신약 정경은 여기에 더해 다음과 같은 기준이 적용된다.

첫째, 중심 내용이 예수 그리스도의 인격과 사역이어야 한다. 둘째, 사도성이다. 신약 정경은 사도나 사도들과 직접 접촉이 있었던 저자가 기록해야 한다. 사도와 직접적 관계가 없는 이가 기록했다면 정경으로 인정하지 않았다. 셋째, 영감이다. 사도들의 교훈과 글이 사람의 견해가 아니라 성령의 감동이어야 한다. 넷째, 보편성이다. 초대교회에서 신적 권위를 부여하여 널리 받아들였던 책이어야 한다.

이러한 기준으로 정경에 외경과 위경을 대조해 볼 때 정경은 확연하게 드러난다. 외경과 위경은 그 내용과 영감성, 신뢰성에 있어서 그 질 (quality)에 커다란 차이를 보인다.

3) 외경이란?

그렇다면 외경은 무엇인가? 외경은 한마디로 '부분적 정경성'을 가진 책이다. 대표적인 책으로 바나바 서신과 열두 사도의 교훈으로 알려진 디다케 등이 있다. 바나바 서신은 클레멘트나 오리게네스와 같은 교부들도 인용할 정도로 좋은 내용들이지만 이 책의 저자가 사도행전에 나오는 바나바가 아니라 다른 바나바라는 것이 문제가 되었다. 또 디다케의 경우 열두 사도의 교훈을 지침으로 사용한 일종의 교리문답책이지만, 저자가 열두 사도가 아니었다는 점이 문제가 되었다. 또 초대 교부의 영감 있는 글들도 있었지만 이것 역시 정경에 포함되지 못했다. 그 외에도 클레멘트 1서, 헤르마스의 목자서 등은 초대교회에서 널리 읽혔던 외경이었다.

4) 가톨릭의 외경은 무엇인가

가톨릭 성경은 개신교 성경과 다르게 구약 외경 여덟 권을 포함시키고 있다. 이들이 포함시킨 외경들은 다음과 같은 것들이다. '토비트, 유딧, 에스델(에스더 10장 3절 이후의 추가분), 마카베오 상/하, 지혜서, 집회서, 바룩, 다니엘 추가분(13, 14장) - 세 아이의 노래, 수산나, 벨과 뱀.'

이러한 경전들은 대부분 주전 2세기에서 주후 3세기에 아람어나 헬라어로 기록되었으며 허구의 내용들도 포함하고 있다. 일반적으로 히브리어로 기록된 구약성경과는 상당한 연대 차이가 난다. 그렇다면 이러한 외경들은 왜 후대에 추가되었을까? 중요한 것은 이러한 외경들의 추가를 결정한 것이 1546년 트렌토 공의회였다는 점이다. 트렌토 공의회는 종교개혁 이후 개신교에 대한 대응을 논의한 회의였다. 따라서 여기서 결정한 외경 역시 종교개혁자들의 비난에 대응하기 위한 성격이 크다. 종교개혁자들은 '오직 성경으로'를 외치며 성경에 없는 것을 가르치는 가톨릭을 맹비난하였다. 그 대표적인 것이 연옥과 죽은 자에 대한 속죄의 기도와 면벌부의 정당화였다.

가톨릭이 추가한 마카베오 하 12장 38-45절을 보자. 유다 마카베오가 전사자들의 시신을 묻기 위하여 전사자들의 시신을 수습하는데, 그들의 몸에서 율법에서 금하는 우상을 지닌 채 죽어 있는 것이 발견되었다. 이때 마카베오와 그의 부하들은 '죽은 자들이 범한 죄를 모두 용서해 달라고 애원하면서 기도를 드렸다'(마카베오 하 12:42), 그리고는 은 2천 드라크마를 모아 죽은 자를 위한 속죄의 비용으로 예루살렘에 보냈다. 죽은 자들이 부활할 때 이 비용으로 속죄받도록 하기 위한 것이다. 마카베오 하 12장 45절은 죽은 자들을 위한 속죄 제물은 죽은 자들이 죄에서 벗어날 수 있도록 하는 효과가 있다고 말한다. 하지만 이는 '한 번 죽는 것은 사람에게 정해신 것이요 그 후에는 심판이 있으리니'(히 9:27)라는 말씀과 정면으로 배치된다. 이는 오늘날까지 가톨릭이 행하는 죽은 자들을 위한 기도와 헌금을 정당화하는 구실이 된다.

또한 외경은 가톨릭의 사제 제도를 정당화시켜 주기도 한다. 집회서(38:24-39:11)는 농부, 직공과 기술자, 대장장이, 옹기장이 등을 소개하며 이들은 모두 자기들이 하는 일에 열중하고 잘되기를 바랄 뿐이지만, 온 정력과 정신을 기울여 지극히 높으신 분의 율법을 연구하는 사람은 다르다고 주장한다. 따라서 아무나 율법학자가 될 수 없다는 것을 주장한다. 이는 만인 제사장설을 주장하던 개신교에 대한 반박으로, 사제 제도에 대한 특별한 의식을 고양하는 데 도움이 된다.

트렌토 공의회는 원래 이것 외에도 1-2세기에 작성된 에스드라 1, 2서, 므낫세의 기도서 등도 외경에 포함하는 것을 고려하다가 대상에서 제외시켰다. 무엇 때문일까? 이를 짐작하게 하는 내용이 에스드라 2서에 나온다. 여기에는 죽은 자를 위한 기도를 강력히 반대하는 내용이 들어 있다. 에스드라 2서 7장 102-115절에는 의인이 불의한 자를 위하여 중보할 수 있는가에 대한 물음이 제기된다. 이에 대해 에스드라 2서는 다음과 같이 대답한다.

> … 심판의 날은 진리의 모든 봉인을 깨끗하게 풀어줄 결정적인 사건이다. 아버지가 아들을 위탁할 수 없고 아들이 아버지를 혹은 주인이 노예를 위탁할 수 없다. 친구가 그에게 가장 소중한 사람을 대신하여 아플 수 없고, 건강을 회복하도록 대신 자거나 음식을 먹을 수 없는 것과 같다. 따라서 누구도 다른 이를 위해 기도할 수 없다. 모두가 각각 자기 자신의 불의 혹은 의를 갖고 나아갈 뿐이다(에스드라 2서 7:104-105)

이 대답은 신명기 신학과 동일한 흐름에 있다.

> 아버지는 그 자식들로 말미암아 죽임을 당하지 않을 것이요 자식들은 그 아버지로 말미암아 죽임을 당하지 않을 것이니 각 사람은 자기 죄로 말미암아 죽임을 당할 것이니라(신 24:16)

각 사람은 자기 죄로 인해 심판받는다. 다른 사람의 죄로 심판받지 않고 동일한 논리로 다른 사람의 의나 공덕으로 구원받지 못한다. 이런 정경적 논조로 인해 초대교회 교부인 클레멘트는 에스드라 2서를 정경으로 간주할 정도였다. 이렇게 볼 때 우리는 하나님께서 교회에 허락하신 신구약 성경에 나온 정경에 대한 확신을 가져야 한다.

★ 예수께서 지옥에 있는 영들에게도
다시 구원받을 기회를 주셨는가

연옥설을 주장하는 가톨릭은 마카베오 하 12장 38-45절과 더불어 베드로전서 3장 19-20절을 유력한 근거로 제시한다. 이 구절은 언뜻 읽기에 정말 그들의 주장을 지지하는 것 같다.

> 그가 또한 영으로 가서 옥에 있는 영들에게 선포하시니라 그들은 전에 노아의 날 방주를 준비할 동안 하나님이 오래 참고 기다리실 때에 복종하지 아니하던 자들이라 방주에서 물로 말미암아 구원을 얻은 자가 몇 명뿐이니 겨우 여덟 명이라(벧전 3:19-20)

이것을 문자 그대로 이해한다면 지옥에 간 영혼들에게 예수께서 찾아가셔서 그들에게 복음을 전하셔서 다시 믿고 구원받을 기회를 준다는 뜻으로 읽힌다. 게다가 이어지는 베드로전서 4장 6절은 이를 더욱 강화시켜 주는 것 같다.

> 이를 위하여 죽은 자들에게도 복음이 전파되었으니 이는 육체로는 사람으로 심판을 받으나 영으로는 하나님을 따라 살게 하려 함이라

여기 분명히 죽은 자들에게도 복음이 전파되었다고 한다. 그렇다면 정말 예수께서는 십자가에서 죽으신 이후 영으로 지옥에 내려가셔서 복음을 전파하고 이들을 구원하신 것일까? 이 구절을 어떻게 이해해야 할까?[12]

---

12 —— 톰 라이트, 김명희 외 역, 《모든 사람을 위한 공동서신》 (서울: IVP, 2015), 121-124; Ciampa, R. E., & Rosner, B. S. (2010). *The First Letter to the Corinthians* (pp. 784-785). Grand Rapids, MI; Cambridge, U.K.: William B. Eerdmans Publishing Company; 참조 Michael F. Hull(2005), *Baptism on Account of the Dead* (1 Cor 15:29); *An Act of Faith in the Resurrection*. SBL, Leiden: Brill.

쟁점은 두 가지다. '옥에 있는 영들'은 누구이며 이들에게 '선포'했다는 의미는 무엇일까? 첫째, 옥은 지옥(헬. 게헨나)이 아닌 임시적인 감금 장소인 감옥(헬. 필라케)을 의미한다. 둘째, 옥에 있는 영들은 지옥에 간 사람들의 영혼이 아니라 타락한 천사들, 즉 사탄과 그의 졸개들의 세력을 말한다. 셋째, 이들에게 '선포했다'(헬. 케뤼소)는 말은 '복음을 전파했다'(헬. 유앙겔리조)와 다르다. 여기서 선포했다는 것은 예수께서 십자가에 죽으심으로 사탄의 세력을 깨뜨리고 승리하셨음을 선포했다는 의미다. 하나님께서는 이런 예수를 지극히 높여 모든 이름 위에 뛰어난 이름을 주사 하늘에 있는 자들과 땅에 있는 자들과 땅 아래에 있는 자들로 모든 이름을 예수의 이름에 꿇게 하셨다(빌 2:10). 여기서 옥에 있는 영들에게 전파한 것은 땅 아래에 있는 자들로 예수의 이름에 무릎 꿇게 하신 것이다.

이렇게 이해할 때 베드로전서 4장 6절의 '죽은 자들'의 의미가 명확해진다. 여기서 죽은 자들은 예수를 믿지 않고 죽은 자들이 아니다. 전후의 문맥을 볼 때 오히려 예수를 신실하게 잘 믿던 자들을 의미한다. 베드로는 세상의 음란과 정욕과 방탕으로 치닫는 풍조 속에서 꿋꿋이 믿음을 지키는 이들을 격려하고 있다. 세상 사람들은 이런 성도들을 이상히 여기며 비방한다. 이들에게는 그리스도인들이 어리석고 패배자인 것처럼 보인다. 이들이 비난하는 대상에는 지금 고난을 받는 성도뿐 아니라 살아 있을 때 복음을 받고 믿음을 지키다 죽은 그리스도인들도 포함된다. 이들에게 죽음이 때로는 심판처럼 다가왔어도, 이들은 살아 있을 때 복음을 믿었기에 다가올 성도의 온전한 부활을 기다리며 살고 있다.

이렇게 볼 때 우리는 사도신경에서 생략된 그가 '장사되어 지옥에 내려간 지' 사흘 만에 죽은 자 가운데서 다시 살아나셨다는 표현을 보다 명료하게 이해할 수 있다. 이는 예수께서 지옥에 내려가서 복음을 전파했다는 의미가 아니다.

이는 첫째, 예수께서 사흘이 지날 때까지 죽음의 상태와 권세 아래 놓였다는 것을 의미한다. 하이델베르크 교리문답 44번은 이 구절이 첨가된 이유를 다음과 같이 설명한다.

　내가 큰 고통과 중대한 시험을 당할 때에도 나의 주 예수 그리스도께서 나를 지옥의 두려움과 고통으로부터 구원하셨음을 확신하고 거기에서 풍성한 위로를 얻도록 하기 위함입니다. 그분은 그의 모든 고난을 통하여 특히 십자가에서 말할 수 없는 두려움과 아픔과 공포와 지옥의 고통을 친히 당하심으로써 나의 구원을 이루셨습니다.[13]

강조점은 하나님의 아들이 나를 위하여 사망의 고통과 권세 아래 놓이셨다는 데 있지 그가 지옥에 갔다는 데 있는 것이 아니다.

둘째, 베드로전서(3:19-20, 4:6)의 말씀을 기초로 할 때, 이는 그리스도께서 죄와 죽음의 상태에서 사탄의 세력을 깨뜨리고 승리하셨음을 선언하는 것을 의미한다.

이 표현에 너무 비중을 두지 말아야 할 것은 원래의 사도신경에는 들어있지 않았을 가능성이 크기 때문이다. 이 표현은 주후 390년경에 발견된 파피루스 사본 중 하나에 나타나고, 그 이전에는 보이지 않는다. 이는 초대교회 이후로 예수께서 지옥에 내려가셨다는 사상은 생소한 것임을 반영한다.

5) 위경

위경은 신구약 중간기 시대, 즉 말라기에서 마태복음 사이의 기간동안 유대인들이 남긴 글들이다. 위경(Pseudepigrapha)이라고 부르는 이유는 저자나 내용에 있어서 정경의 범위를 벗어나 있기 때문이다. 위경의 지지자는 유명한 성경의 인물들, 예를 들이 에녹, 아브라함, 이삭, 야곱, 모세, 솔로몬, 엘리야, 다니엘, 베드로, 도마 등등을 빙자하여 자신이 기록했다고 주장하거나, 성경에 나와 있지 않은 당시 로마제국 지배의 종말과 이스라엘의 재건을 예언하는 거짓 내용들이 많다.

위경은 자칫 성경을 이해하는 데 치명적인 오류를 줄 수 있다. 성

---

13 ─── 하이델베르크 요리문답, http://www.heidelberg-catechism.com/ko/lords-days/16.html

I. 계시론 백신

경에서 언급하지 않았던 것을 다양한 상상력을 동원하여 설명하기 때문이다. 대표적인 것이 에녹1서다. 에녹1서 6장과 7장은 창세기 6장에 나오는 하나님의 아들과 사람의 딸들 사이의 결혼을 경건한 셋의 자손의 아들과 가인 후손의 딸 사이의 결혼을 설명하는 말씀이다.[14] 그런데 에녹1서는 이것을 타락한 천사들이 사람의 딸과 결혼한 사건으로 설명한다. 구체적인 내용은 다음과 같다.

6장

그 무렵 사람의 자손이 계속 번성하여 아주 아름다운 미인의 딸들이 태어났다. 이것을 본 천사들 즉, 하늘의 아들들은 그 여자들에게 미혹되어 "자, 저 사람의 딸들 중에서 각자 아내를 택하여 아들을 낳기로 하자"라고 서로 말하였다. 그들 가운데에 우두머리인 세미하사가 말하였다. "사실 너희들은 어쩌면 이런 일이 실행되기를 원하지도 않는데 나 혼자만이 용서받지 못할 악한 일이 꼬리를 잡고 미궁에 빠지는 것이 아닌가 걱정이다." 그들은 모두 이구동성으로 대답하였다. "이 계획을 불시에 하지 말고 다 함께 실행할 것을 분명히 맹세하고 (맹세를 파기한 자는) 우리에게서 제외하기로 하자." 그리하여 모두 서약하고 이탈하는 자는 벌하기로 맹세하였다. 거기에 합세한 사람은 모두 이백 명이었다. 그들은 [야레데의 시대]에 헐몬산의 꼭대기에 내려섰다. 이 산을 헐몬이라고 이름 지은 것은 거기에서 배반하는 자를 벌한다는 맹세를 하였기 때문이다. 다음은 천사들의 이름이다. 그들의 우두머리인 세미하사, 아라키바, 라멜, 코카비엘, 아키베엘, 다니엘, 라므엘, 다넬, 에세게엘, 바라크엘, 아사엘, 알메르스, 바트라엘, 아나니엘, 사키엘, 샴샤엘, 사르타엘, 도우르엘, 요므야엘, 사하리엘. 이상은 이백 명의 천사 중 수장 들이고 그 외는 모두 이에 동의하고 따랐다.

7장

그들은 각자 한 여자를 택하여 아내로 삼고 이와 관계하며 교접하기 시작하였다. 또 여자들에게 의료와 저주를 가르치고 약초의 뿌리와 관목의 절단 방법을 가르

---

14 ──── 이에 대한 상세한 설명은 양형주, 《평신도를 위한 쉬운 창세기 1》, 207-218을 참조하라.

쳤다. 그 여자들은 잉태하여 어처구니없게도 모두 키가 삼천 엘(ell)이나 되는 거인을 낳았다. 그들은 모든 인간이 땀 흘려 수확한 열매를 하나도 남김없이 먹어 버렸으므로 인간은 이제 그들을 더 이상 양육할 수가 없게 되고 말았다. 그러자 거인들은 인간을 잡아먹으려고 인간에게 눈길을 돌렸다. 그들은 새와 짐승과 땅에 기어 다니는 생물과 물고기에게 죄를 범하고 서로를 잡아먹으며 피를 빨기 시작하였다. 그때 땅은 이 무법한 자들에 대한 비행을 책망하였다.

이런 내용을 접하면 우리가 궁금해하는 점을 나름대로 속 시원하게 풀어주는 느낌을 받을지 모르겠다. 그러나 이런 해석은 성적 타락론의 근거가 된다. 《원리강론》에 따르면 하와는 뱀과의 성적 관계를 통하여 타락하였다.[15] 이는 더 나아가 구원을 위해서는 새 피를 가져다주어야 한다는 왜곡된 주장을 펼치는 근거가 된다.

이처럼 왜곡된 위경의 내용을 분별없이 받아들이게 되면 성경을 그릇 해석하는 치명적인 바이러스에 감염될 수 있다. 이것을 잘 보여 주는 대표적인 사례가 바로 《다빈치 코드》라는 소설이 일으킨 센세이션이다.

6) 《다빈치 코드》 배후의 비밀문서들

사실과 허구를 긴장감 있게 섞은 미국 작가 댄 브라운(Dan Brown)의 소설 《다빈치 코드》는 2003년 3월 출간된 이후 미국에서 138주 연속으로 베스트셀러에 올랐다. 전 세계적으로 44개 언어로 번역되어 4천 3백만 부 이상 팔렸으며, 미국에서 하드커버 원작만 1천 2백만 부가 팔렸다. 한국에서도 21주 이상 베스트셀러 1위에 오르며 300만 부 이상이 팔려 나갔다. 이런 뜨거운 호응에 힘입어 할리우드 영화제작사인 소니 픽처스에서는 한화로 약 60억 원을 저작권료로 지불하고, 1억 3천만 달러(한화 1250억 원)의 제작비를 투입하여 톰 행크스 등 유명배우를 내세워 동명 영화로 제작하였다. 물론 흥행에는 실패했지만, 이 영화가 상영하기 전, 전 세계 기독교계에서는 우려를 표명했다. 우리나라에서도 한

---

15 —— 세계기독교통일신령협회, 《원리강론》 (서울: 성화사, 1978), 82-87.

I. 계시론 백신

국기독교총연합회가 상영금지가처분 신청을 낼 정도였다.

그렇다면《다빈치 코드》에 대해 기독교계에서 우려했던 점은 무엇일까? 이는《다빈치 코드》에서 주장하는 소위 '역사의 숨겨진 진실'이 기독교를 심각하게 왜곡하는 내용이기 때문이다.《다빈치 코드》의 주장에 따르면 예수는 하나님의 아들로 부활한 것이 아니라, 훌륭하고 위대한 인간이었을 뿐이다. 그는 단지 한 인간으로서 막달라 마리아와 결혼하였고 자녀를 두었으며, 그 자녀의 후손이 바로 프랑스 왕족과 결혼했다.《다빈치 코드》는 수천 년의 역사를 통해 이 비밀을 감추기 위해 예수의 자손을 찾으려는 교회 비밀단체의 음모와 예수의 자손을 지키고 숨기기 위한 쪽의 갈등이 있었고, 그 갈등이 지금도 계속되고 있다고 주장한다.

저자 댄 브라운이 이러한 주장을 아무것도 없는 진공 상태로부터 상상으로 꾸며 낸 것은 아니다. 그가 자신의 책에서 묘사하는 '진실'은 나름대로의 역사적 자료에 근거하고 있다. 그러나 그가 주장하는 근거가 과연 역사적으로 정확하고 진정성 있는가에 대해서는 진지하게 검토할 필요가 있다. 왜냐하면 그가 소설에서 역사적 진실이라고 주장하는 문서들은 이미 초기 기독교 교부들이 이단으로 규정하며 반박했던 것들이기 때문이다.

그렇다면《다빈치 코드》가 예수의 원래 모습에 대하여 진실이라고 주장하는 것이 무엇인지 살펴보자.[16]

①성경과 다른 주장을 하는 복음서들이 있다.

②이러한 문서들을 지식의 복음서, 즉 영지주의 복음서들(The Gnostic Gospels)이라고 한다.

③영지주의 문서들에는 1945년에 이집트에서 발견된 콥트어로 쓰인 나그함마디와 1950년 사해에서 발견된 두루마리가 있다.

④이러한 문서들은 예수를 위대한 인간으로 그리고 있으며, 마리아와

---

16 ─── 양형주, "다빈치 코드 배후의 비밀문서들", 동안교회 문화포럼─다빈치 코드와 유다복음서 깨기 발표논문, 2006. 10. 28.

결혼했던 사이였음을 알려 주고 있다.

⑤ 영지주의 문서들은 교회의 수위권이 베드로가 아니라 막달라 마리아에게 있음을 밝히고 있다.

⑥ 교회는 이런 진실을 은폐하고 예수를 신격화시켜 진리를 왜곡하였다. 그러나 영지주의의 수많은 문서들은 예수가 진정한 인간임을 알려 주고 있으며, 콘스탄티누스 대제는 이를 억누르려 하였다. 그래서 영지주의 문서들을 금지시켰고, 수집해서 불태워 버렸다. 그리고 영지주의의 가르침을 따르는 사람들을 이단으로 정죄하였다.

⑦ 그러나 영지주의 복음서의 내용이 복음서보다 더 오리지널이고, 진리를 택한 사람들이 역사상 최초로 '이단'으로 정죄받는다.

《다빈치 코드》 한글판은 영어판에서 'The Gnostic Gospels'이라고 쓴 것을 '지식의 복음서들'로 번역했다. 그러나 보다 정확한 번역은 '영지주의 복음서들'이다. 정확한 용어를 사용하지 않았기에 더 큰 혼란이 초래된 것이다. 《다빈치 코드》에 등장한 영지주의 문서로는 나그함마디 문서로 알려진 것들이 있다. '나그함마디'는 이집트의 나일강 유역에 있는 지명 이름이다. 나그함마디 문서는 1945년 12월, 이집트의 한 시골 농부에 의해 발견되었다. 그는 엘-타리프(El-Tarif)산 중턱에 있는 동굴에서 밀봉된 채 묻혀 있던 항아리를 발견했는데, 그 안을 열어 보니 옛 콥트어 필사본이 가득 담겨 있었다. 여기에는 가죽끈이 달린 파피루스 서적들이 있었는데, 지금까지 알려지지 않은 52개의 문헌들이 보존되어 있었다. 이후 여러 우여곡절을 거쳐 이집트 정부가 이 필사본들을 수집하여 카이로 콥트 박물관에 안치하였다.

나그함마디 문서는 성경의 세계관과는 다른 세계관, 즉 영지주의 세계관을 전제하고 있다. 여기서 성경은 영지주의 세계관을 인용하기 위한 증거문서(proof text) 정도로 산만하게 사용되었다.

영지주의 문서와 관련하여 한때 화제가 되었던 유다 복음서는 탄소연대측정, 나그함마디 문서들과의 문(어)법 상 비교 분석, 잉크 분석법 등을 통하여 유다의 것이 아닌 3-4세기 것으로 추정하고 있다. 그러나 이미 180년에 초기 교회의 교부 이레니우스가 그의 《이단 논박》을 통해 이단으로 규정한 바 있기에 유다 복음서는 적어도 2세기 말에는 존재했을 것으로 추정된다.

7) 영지주의

나그함마디 문서가 전제하는 영지주의는 기독교와는 전혀 다른 세계관을 전제하고 있다. 따라서 우리가 영지주의 체계를 제대로 알지 못하면 이들의 주장이 옳은 것 같기도 하고 이상하기도 한 혼란을 경험할 수 있다.

A. 영지주의

먼저 영지(gnosis)란 무엇인가 살펴보자. 영지는 헬라어 'gnosis'에서 유래했다. 이를 번역하면 지식(knowledge)이라 할 수 있다. 그러나 이는 단순히 정보를 전달받아 아는 지식이 아니라, 독특한 체험을 통해 얻게 되는 지식을 의미한다. 이 지식은 인간으로 하여금 영적 해방과 구원에 이르게 해주는 참되고 비밀스런 종류의 인식 혹은 깨달음이다. 영지는 그 자체로 구원하는 앎이라 할 수 있다. 영지는 인간의 비참한 현실을 자각하고 이로부터 벗어나 대자유와 해방으로 이르는 길을 알려 준다.

영지주의는 고대 헬라지역과 로마 제국에서 이러한 '영지'의 개념을 중심으로 발달한 하나의 종교적 사상 운동(movement)이며, 세계관(world view)이라 할 수 있다. 여기서 영지주의를 사상 운동, 혹은 세계관으로 밝힌 것은 영지주의가 종교적 성격은 갖고 있지만, 그 자체로 어떤 체계화된 교리나 신학을 갖고 있지 않기 때문이다. 즉 영지주의는 그 구체적 형성에 있어서는 다양하지만 기본 구조에 있어서는 일관된 하나의 틀을 갖는 종교사적 현상이라 할 수 있다. 영지주의에는 영지는 무엇때문에, 어떻게 주어지는지, 어떻게 영지의 소유자가 구원받는지에 대해서는 구체적이고 논리적인 설명이 없다. 오히려 직관과 깨달음의 체험에 근거한 가르침이 있다고 하는 것이 옳다.

영지주의는 흔히 주후 2-3세기 로마제국을 중심으로 활발하게 움직였다가 5세기 이후 사라진 것으로 알려져 있다. 그러나 영지주의에 대한 다양한 연구는 영지주의가 단순히 기독교의 한 이단으로 활동하면서 생겨난 것이 아님을 밝혀 주고 있다. 영지주의는 기독교 이전에 헬라철학과 다양한 종교적 전통을 흡수하여 형성되었다.

B. 영지주의 세계관의 기독교적 적용

영지주의 세계는 무엇이며 이것은 기독교 신앙에 어떻게 적용되었을까? 다양한 영향을 받은 영지주의의 세계관은 기본적으로 플로티노스의 사상 체계와 유사한 틀을 갖는다. 우선, 모든 것의 충만이라 할 수 있는 절대적인 자존자인 일자(一者)가 세계의 중심에 있다. 그리고 일자로부터 정신이 유출되고, 이어서 로고스, 소피아가 유출된다. 이처럼 일자로부터 유출되는 천상의 존재들을 애온(aeon)이라 부른다. 그런데 소피아가 일자로부터 멀어지면서 어둠으로 계속해서 나아가다가 그 내부에서 분열이 일어난다. 소피아의 높은 자아는 분열되어 일자의 충만함으로 돌아가지만, 낮은 자아는 어둠 가운데 남아 계속해서 유출한다. 이 낮은 자아를 아카모스(Achamoth)라고 한다. 아카모스는 여러 존재를 유출하는데, 그중 잘못 낳은 사생아 같은 존재 중 하나가 '데미우르고스'라고 부르는 괴물 같은 존재다. 데미우르고스는 자신만의 왕국을 만드는데, 그는 열두 개의 천계(天界)를 만들고, 각각의 천계에 아르콘(Archon)이라 불리는 지배자를 두었다. 그리고 그는 이어 인간을 만들고 인간을 자신의 왕국 아래 가둔다. 영지주의자들은 데미우르고스는 소피아의 불완전한 사생아이고, 이는 곧 구약의 하나님이라고 한다. 그러나 인간 안에는 일자로부터 분여받은 영혼이 있고, 이 영혼은 감옥 같은 육체를 벗어나 일사에게로 돌아가 하나가 되어야 한다. 그러나 데미우르고스는 인간을 자신의 왕국 아래 가두어 놓길 원한다. 그래서 인간의 영혼이 천계를 벗어나 일자에게로 돌아가는 것을 방해한다. 열두 층의 천계를 지나가기 위해서는 '비밀 지식'이 필요한데 이것이 바로 '영지'(gnosis)다.

육체의 감옥에서 무지몽매한 상태로 있는 사람들에게 이 영지가 주어져야 한다. 이 영지는 구원을 가져다주는 매우 심원하고 비밀스런 지식이다. 빛의 충만(일자)으로부터 영지를 지닌 메신저가 보내지는데 예수가 바로 이 메신저다. 예수는 이 비밀 지식을 소유한 예언자다. 예수는 그의 제자들에게 그들의 영혼이 상승하여 천계를 지나 일자로 회귀할 수 있도록 비밀 지식을 전해 준다. 그래서 영지주의 문서 첫 부분은 종종 '이것은 ~와 ~가 나눈 비밀스런 대화'라는 말로 시작된다. 이는 영지주의 복음서들이 영지를 전해 주고 알려 주기 위해 쓰인 것임을 암시한다. 누구든지 영지를 획득하면 더 이상 한 명의 그리스도인이 아니고 그리스도가 된다.

이 비밀 지식은 천계를 지날 때 방해하는 데미우르고스를 비롯한 여러 아르콘들의 방해를 지나가게 해준다. 이런 관점으로 영지주의 문서인 《제1, 2 야고보 묵시록》의 주요 부분을 살펴보면 이해하기가 쉽다.

> 주께서 그에게 말씀하셨다: "야고보야, 보아라! 내가 너에게 너의 구원을 계시할 것이다. 네가 체포되고 이 고난이 너를 엄습하게 될 때, 무리가 너를 체포하려고 너를 대항할 준비를 할 것이다. 특히 그들 중 셋이 너를 체포할 것인데 그들은 세리로서 앉아 있다. 세금을 요구하는 자들뿐 아니라 혼을 강제로 빼앗는 자들도 있다.
>
> 네가 그들에게 체포되면, 그들 중에 하나, 감시자가 너에게 말할 것이다: '너는 누구이며 누구의 자식이냐?' 너는 그에게 말해야 한다: '나는 아들이며 아버지의 자식이다.' 그가 너에게 말할 것이다: '너는 어떤 아들이며 어떤 아버지의 자식이냐?' 너는 그에게 말해야 한다: '나는 선재하시는 아버지의 자식이며 선재자 안에 존재하는 아들이다.' … 너는 그에게 말해야 한다: '그들은 완전히 낯설지 않고 여성인 아카모스(Achamoth)의 자식들이다. 그가 선재자로부터 성(Geschlecht)을 가지고 내려왔을 때, 그들을 창조했다. 그러나 그들은 낯선 자가 아니라 우리 편이다. 왜냐하면 그들을 지배하는 자가 선재자의 자식이기 때문이다.' … '나는 내가 왔던 그곳으로 다시 갈 것이다.' 네가 이것들을 말하면 그들의 공격을 모면할 것이다.
>
> 만약 네가 혼을 강제로 빼앗는 세 체포자에게 체포되면, … '나는 …보다 더 …한 존재이다.' … 그러나 나는 멸망치 않는 지식(Gnosis), 즉 아버지 안에 있고 아카모스(Achamoth)의 어머니인 지혜(Sophia)를 부를 것이다. … 그러면 그들은 혼란에 빠져 그들의 어머니의 성을 비난하게 될 것이다. 그리고 너는 너의 것으로 올

라갈 것이다[17]

나는 불멸의 플레로마로부터 계시를 받은 자로다(제2 야고보 묵시록, 46:6-9)

[… 그] 육체 […] [그리고] 나는 [육체]를 벗어나리니, 이는 지식에 의한 것이니라(제2
야고보 묵시록, 48:5)

이상으로 이해하는 영지주의 세계관을 도표로 나타내면 다음과
같다. 각각의 계층과 에온, 아르콘들을 지칭하는 명칭들은 영지주의 문
서마다 조금씩 다르나 기본적인 뼈대는 어느 정도 통일성을 갖추고 있
다. 영지주의 체계에 대한 다음의 도표를 참조하라.

앞서 언급한 《유다복음서》는 위의 영지주의 체계를 잘 반영하는
문서다. 여기서 예수는 아르콘들을 벗어나 빛으로 회귀하는 것을 돕는
조력자로 비추어진다. 《유다복음서》에는 천계의 세계와 그곳을 뚫고 지
나가는 것에 관한 여러 서술이 들어 있다.

---

17 ─── 위의 인용은 유병우, "영지(Gnosis)의 계시", 《신약논단》 제8권, 2001 봄, 185-
186에서 재인용.
18 ─── 이 도표는 유병우, "영지(Gnosis)의 계시", 195쪽의 도표를 수정한 것이다. 이 도
표는 2-3세기 유력했던 영지주의의 한 분파인 발렌티누스파의 영지주의 사상을 표로 나타
낸 것인데, 모든 영지주의 사상이 이것과 똑같지는 않지만, 대표적인 한 모델을 보여 주기에
는 충분하다.

영지주의 체계[18]

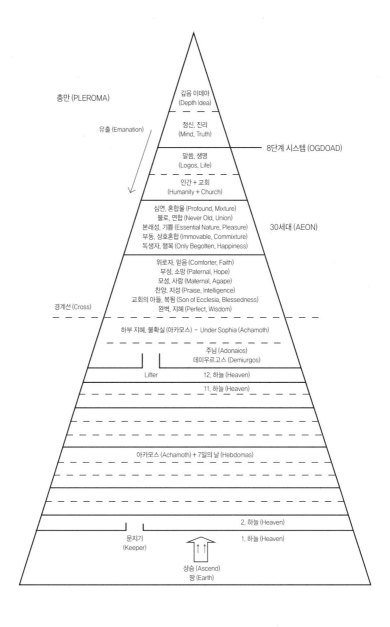

충만 (PLEROMA)

깊음 이데아
(Depth Idea)

유출 (Emanation)

정신, 진리
(Mind, Truth)

8단계 시스템 (OGDOAD)

말씀, 생명
(Logos, Life)

인간 + 교회
(Humanity + Church)

심연, 혼합물 (Profound, Mixture)
불로, 연합 (Never Old, Union)
본래성, 기쁨 (Essential Nature, Pleasure)
부동, 상호혼합 (Immovable, Commixture)
독생자, 행복 (Only Begotten, Happiness)

30세대 (AEON)

위로자, 믿음 (Comforter, Faith)
부성, 소망 (Paternal, Hope)
모성, 사랑 (Maternal, Agape)
찬양, 지성 (Praise, Intelligence)
교회의 아들, 복됨 (Son of Ecclesia, Blessedness)
완벽, 지혜 (Perfect, Wisdom)

경계선 (Cross)

하부 지혜, 불확실 (아카모스) – Under Sophia (Achamoth)

주님 (Adonaios)
데미우르고스 (Demiurgos)

Lifter

12. 하늘 (Heaven)

11. 하늘 (Heaven)

아카모스 (Achamoth) + 7일의 날 (Hebdomas)

2. 하늘 (Heaven)

문지기
(Keeper)

상승 (Ascend)
땅 (Earth)

1. 하늘 (Heaven)

C. 기독교적 시각으로 본 영지주의

이러한 영지주의는 기독교적 시각으로 보았을 때 여러 상충하는 부분이 있다.

먼저, 하나님에 대한 개념이다. 영지주의자들은 이스라엘의 하나님을 부정한다. 영지주의자들이 돌아가려는 궁극적 실재는 여호와 하나님과 같은 인격적인 하나님이 아니다. 그는 모든 것의 근원이요, 모든 것이 충만한 '무엇'일 뿐이다. 이스라엘의 하나님은 영지주의자들의 관점에서 볼 때 열등하고 불완전한 하위 신이다. 또한 영지주의자들의 하나님은 모든 것의 충만이라고 하지만, 알지 못하는 신이다. 따라서 우리는 영지주의의 신 개념으로부터 우리 인격의 근거를 갖기 어렵다.

둘째, 예수 그리스도에 대한 이해가 다르다. 이들에게 예수는 영지를 소유한 훌륭한 예언자, 즉 인간일 뿐이다. 예수 그리스도의 십자가에서의 대속 죽음은 영지주의자들의 관점에서 볼 때 의미가 전혀 달라진다. 그들에게 예수의 죽음은 육체로부터의 해방이요, 다시 일자에게로 돌아가는 회귀의 출발점이 된다. 따라서 예수 그리스도의 신성, 성육신, 부활, 십자가의 구속 사역은 모두 부정된다.

셋째, 선행의 필요가 결여되어 있다. 이들에게 가장 중요한 것은 영지이기 때문에, 이들이 영지를 소유하게 되면 그 이후에 하는 행동은 무엇이든 부패될 수 없다. 이런 경향은 두 가지 양극단으로 나타나는데, 극도의 금욕 생활 아니면 극도의 방종 생활이 바로 그것이다.

넷째, 이들에게는 악에 대한 개념이 다르다. 영지주의자들에게 악은 전적 타락으로 말미암은 총체적인 인간의 부패가 아니다. 이들에게 악은 영지를 모르는 '무지'다. 따라서 만약 누군가가 영지를 소유하면 그는 더 이상 악하지 않고, 영적 본성도 악하지 않다. 이러한 관점으로 그들은 신구약 성경을 해석하였으며, 그 많은 흔적이 나그함마디 문서에 보관되어 있다.

다섯째, 이들에게 구원은 전적인 하나님의 은혜로 말미암는 구원이 아니라, 인간 스스로의 깨달음 혹은 인식을 통해서다.

이러한 특징들은 처음에는 기독교 신앙에 관해 말하는 것 같아 보이지만, 결국 기독교 신앙에 정면으로 배치된다. 또한 이 양자의 간극은 심원하다.

8) 성경의 충족성

위경을 비롯한 영지주의 문서는 성경이 침묵하는 부분에 대하여 인간적인 상상력과 전설을 더하여 구체적인 설명을 제공하려 한다. 그러나 성경은 지금 우리에게 주어진 신구약 66권 이외에 어떤 보충물을 추가적으로 더 필요로 하지 않는다. 성경은 우리에게 주어진 하나님의 특별계시의 절정으로 예수 그리스도를 통한 구원의 길을 알려 주는 데 있어서 그 자체로 충분하다. 이것이 성경의 충족성이다. 성경의 충족성에 기초하여 우리는 본문의 침묵을 존중해야 한다. 본문이 멈춘 곳에서 우리도 멈추어야 하고 본문이 나아가는 곳에 우리도 나아가야 한다. 만약 본문이 멈춘 곳에서 추측과 엉뚱한 상상력을 동원하면 본문을 넘어서게 되고 거기서부터 잘못된 성경 해석과 오독의 가능성이 시작된다.

모세가 느보산에 올라가 죽었다면 그것으로 본문을 존중해야 한다. 모세가 죽지 않고 살아서 승천했다고 추측하면 안 된다. 이런 내용이 외경에 나와 있어도 혹해선 안 된다. 성경이 아담 이전의 사람에 대하여 말하지 않음에도 아담 이전에 인류가 있다는 소위 이중아담론을 전개해서도 안 된다. 마리아가 예수님을 사랑하여 무덤에까지 가서 부활의 첫 증인이 되었지만, 마리아가 예수님과 결혼했다고 억측해도 안 된다.

이단들은 본문이 멈춘 곳에 숨겨진 계시가 있다는 엉뚱한 해석과 비유 풀이를 통해 성경이 말하지 않는 내용을 억지로 꾸며 낸다. 그러나 우리는 성경의 충족성을 신뢰하고 나아가야 한다.

일부 단체들은 오늘날의 시대를 종말의 시대로 규정하고, 마지막 때에는 하나님이 성령을 부으면서 초성경적인 새로운 계시를 주실 것이라고 주장한다. 새로운 삶의 기준, 새로운 예배에 대한 계시들이 주어질 것인데, 그중 일부는 비성경적인 것은 아닐지라도 초성경적인 것이 될 것이라 한다.[19] 하지만 이런 주장은 성경의 충족성을 의심한다. 하나님

---

19 ──── 변승우, 《특별히 예언을 하려고 하라》 (서울: 큰믿음, 2010), 275.

의 구원 사역을 위해 우리에게 주신 성경 그 자체로 충분함에도 불구하고, 새로운 계시가 자신들을 통하여 제공되어야 한다고 주장한다. 그러나 이러한 주장은 성경의 충족성을 의심하는 일이다. 결국 성경 외에 새로운 계시가 필요하다는 이단적 주장에 불과하다.

3.6 비유

1) 비유란 무엇인가

상당수의 이단은 모든 성경이 비유로 되어 있기에 비유를 제대로 깨달아야 구원에 이른다고 주장한다. 비유의 핵심은 비유하는 것이 무엇을 의미하느냐 하는 것이다. 이단들은 이것들을 딱딱 맞아 들어가게 해석하는데, 논리적으로 이가 착착 맞아 들어가는 것 같은 비유 해석에 많은 이들이 열광하며 빠져든다. 이단들이 하나같이 비유 풀이를 강조하고, 심지어는 구원의 존폐와도 연결시키는 이유는 무엇일까?

그것은 성경 보는 관점을 왜곡시키기 위해서다. 이단 교주가 메시아 노릇을 하려면 꼭 필요한 것이 있다. 자신이 성경에 예언된 바로 그 보혜사임을 증명해야 하는 것이다. 그런데 그냥 보통 성경 보는 식으로 보면 아무리 봐도 교주가 메시아가 될 수 없다. 그래서 교주가 메시아임을 믿게 하려고 성경을 교묘하게 왜곡한다. 어느 정도 논리적인 설득력을 갖고 자신이 메시아라고 주장해야 하는데, 그렇게 왜곡하기에 제일 좋은 통로가 바로 비유 풀이다.

원래 비유라는 것은 어려운 것을 쉽게 이해하도록 하기 위한 것이다. 비유라는 뜻의 헬라어 단어 '파라볼레'도 전치사 '파라'(곁에)와 '볼레'(던져놓다)가 결합된 단어다. 이해하기 쉽게 곁에 다른 것을 보여 주며 설명하는 것이다. 낫 놓고 기역 자를 가르치는 것이다. 따라서 비유는 쉬운 것이고 쉽게 이해해야 한다. 그런데 이단들은 교묘하게 말을 바꾸어 비유를 어려운 것으로, 특별히 계시를 받아야 풀 수 있는 것으로 왜곡시킨다. 이들은 비유를 특별한 것으로 만들기 위해 처음부터 성경개론 시간에 이 부분을 가르친다. 신천지 강사였다 이탈한 한 강사와의 만남에서 그가 설명했던 성경개론의 내용은 다음과 같았다.

여러분, 성경은 내용상 크게 세 가지로 나눌 수 있습니다, 역사, 교훈, 예언입니다. 역사와 교훈은 이미 일어난 일이고, 예언은 장차 될 일들인데, 특별히 마지막 시대까지 감추인 예언이 있습니다. 바로 비유입니다. 그래서 우리는 비유를 온전히 깨달아야 합니다. 이 비유는 아무나 알 수 없습니다. 감추어졌기 때문입니다.

그러나 실상은 그렇지 않다. 인터넷을 조금만 뒤져 봐도 여기저기 잘못된 비유 풀이와 그 반증들이 공개되어 있다. 이들이 가르치는 비유와 그 반증이 공개될수록 이들이 가르치는 내용들이 엉터리라는 것이 드러난다. 그래서 이단들은 신도들에게 인터넷을 선악과라고 비유하며 보지 못하게 한다.

복음서에 보면 예수님께서 비유로 가르치실 때 제자들이 모르도록 감추신 것이 아니라, 이해할 수 있도록 가르치셨다고 말씀한다.

예수께서 이러한 많은 비유로 그들이 알아 들을 수 있는 대로 말씀을 가르치시되(막 4:33)

또 예수께서는 알아들을 수 있도록 최대한 쉽게 가르치셨다.

이는 선지자로 말씀하신 바 내가 입을 열어 비유로 말하고 창세로부터 감추인 것들을 드러내리라 함을 이루려 하심이니라(마 13:35)

이 말씀에 따르면 감추어진 것을 것들을 드러내는 것이 비유다. 그렇다면 이단들의 주장대로 예수님 주변의 사람들이 비유를 못 알아듣는 이유는 무엇인가? 이는 예수님의 말씀을 들었던 대적자들의 마음이 완악해져서 그렇다.

이 백성들의 마음이 완악하여져서 그 귀는 듣기에 둔하고 눈은 감았으니(마 13:15)

이는 우상 숭배하는 자의 특징과 같다. 우상을 숭배하는 자들은 듣기는 들어도 듣지 못하고, 보기는 보아도 보지 못한다. 자기가 숭배하는 것을 따라하다 보면 자기도 모르게 우상을 닮기 때문이다.[20]

> 그들의 우상들은 은과 금이요 사람이 손으로 만든 것이라 입이 있어도 말하지 못하며 눈이 있어도 보지 못하며 귀가 있어도 듣지 못하며 코가 있어도 냄새 맡지 못하며 손이 있어도 만지지 못하며 발이 있어도 걷지 못하며 목구멍이 있어도 작은 소리조차 내지 못하느니라 우상들을 만드는 자들과 그것을 의지하는 자들이 다 그와 같으리로다(시 115:4-8)

> 그 나머지로 신상 곧 자기의 우상을 만들고 그 앞에 엎드려 경배하며 그것에게 기도하여 이르기를 너는 나의 신이니 나를 구원하라 하는도다 그들이 알지도 못하고 깨닫지도 못하는 그들의 눈이 가려서 보지 못하며 그들의 마음이 어두워져서 깨닫지 못함이니라(사 44:17-18)

이렇게 볼 때 예수님의 대적자들은 겉으로는 하나님을 섬기는 척 외식하면서 속으로 우상을 섬기고 따랐음을 알 수 있다. 그랬기에 예수님의 말씀을 들어도 듣지 못하고 보아도 보지 못하고 깨닫지 못한 것이다. 성경은 예수께 마음을 열고 이 비유의 말씀을 들었던 제자들은 모두 이해했다고 기록한다.

> 이 모든 것을 깨달았느냐 하시니 대답하되 그러하오이다(마 13:51)

비유를 이해하는 것은 제자들만이 아니다. 대적자들도 예수님의 비유가 무엇을 의미하는지 알고 있었다.

> 대제사장들과 바리새인들이 예수의 비유를 듣고 자기들을 가리켜 말씀하심인 줄 알고(마 21:45)

---

20 ——— 그레고리 K. 비일, 김재영 외 역,《예배자인가, 우상숭배자인가?: 성경신학적으로 바라본 우상숭배와 하나님 형상의 의미》(서울: 새물결플러스, 2014), 65-69.

그들이 예수의 이 비유가 자기들을 가리켜 말씀하심인 줄 알고 잡고자
하되 무리를 두려워하여 예수를 두고 가니라(막 12:12, 참조 눅 20:19)

이처럼 예수의 비유는 대적자들도 알아들을 정도로 내용이 쉽고
명확했다. 그랬기에 예수님은 할 수 있는 한 하나님 나라의 메시지를 비
유로 쉽게 풀어 설명해 주려고 하셨다. 이런 예수님의 고민을 엿볼 수
있는 것이 '우리가 하나님의 나라를 어떻게 비교하며 또 무슨 비유로 나
타낼까'라고 하신 말씀이다(막 4:30). 여기서 비유는 감추는 도구가 아니
라 밝히 드러내는 도구다. 예수께서 '내가 입을 열어 비유로 말하며 예
로부터 감추어졌던 것을 드러내려 하니'라는 시편(78:2) 말씀을 인용하
여 말씀하신 것(마 13:35)은 예로부터 감추어졌던 것을 밝히 드러내는 도
구로서 '비유'를 강조하기 위해서다. 비유가 너무나도 쉽고 명백하였기
에 예수께서 제자들에게 씨 뿌리는 비유를 제외한 다른 비유들은 따로
풀이해 주지 않으셨어도, 제자들은 이 모든 비유를 듣기만 해도 곧바로
알아들을 수 있었다(13:51).

그런데 이단 단체들은 이 비유가 마치 대단한 것인 양, 자신들만
이 소유한 천국의 특별한 비밀인 것처럼 풀이한다고 하면서 엉뚱한 알
레고리적 풀이를 한다. 그런데 그렇게 풀이하면 결국 이단들이 안내하
는 대로 성경을 해석하게 되고 결국은 교주가 메시아로 탈바꿈한다. 비
유는 서로 간에 유사점을 찾는 것이다. 그러나 이 유사점을 곧 그것의
전부인 것처럼 규정하면 엉뚱한 결론이 난다. 우리가 어릴 때 배웠던
5천만 국민의 비유 풀이가 있다. "원숭이 엉덩이는 빨개, 빨가면 사과,
사과는 맛있어, 맛있으면 바나나, 바나나는 길어, 길으면 기차, 기차는
빨라, 빠르면 비행기, 비행기는 높아, 높으면 백두산!"

원숭이 엉덩이가 비유 풀이를 통해서 결국 백두산으로 둔갑한다.
그런데 문제는 그다음이다. 백두산에서 무엇으로 가느냐 하는 것이다.
크게 몇 가지 속설이 있는데 두 가지만 소개한다. 첫째, 백두산은 뾰족
해, 뾰족하면 바늘, 바늘은 무서워, 무서우면 벌레, 벌레는 더러워, 더러
우면 똥! 결국 원숭이 엉덩이가 배설물로 바뀐다. 둘째, 높으면 백두산,
백두산은 유명해, 유명하면 서울, 서울은 임금, 임금은 나! 그러면 원숭

바이블 백신 1

이 엉덩이가 자기로 바뀐다.

결국 비유는 알레고리적 풀이 방식을 통해 코에 걸면 코걸이, 귀에 걸면 귀걸이가 되기 쉽다. 비유 풀이에 은혜받고 쏙 빠지면 그다음에는 어떤 말을 해도 곧이곧대로 받아들이기 쉽다. 그대로 가다 보면 결국 교주를 믿게 된다.

2) 건강한 비유 해석이란?

비유를 이해할 때 중요한 원칙이 두 가지 있다.[21]

첫째, 비유는 한 가지를 특징적으로 곁에 견주어 설명하는 방식이다. 그래서 세세하게 다 대조하여 풀어내지 말고 전체의 큰 특징, 주요 메시지를 붙잡아야 한다.

둘째, 비유가 한 가지 주요 메시지 이상의 여러 가지를 상징하며 알레고리적으로 해석될 때는 예수께서 풀어주신 것 이상을 넘어가면 안 된다.

이 두 가지가 비유를 해석할 때 반드시 기억해야 할 원칙이다.

예를 들어 '천국은 마치 사람이 자기 밭에 심은 겨자씨 한 알과 같다. 또 천국은 마치 전부 부풀게 한 누룩과 같다'는 비유를 보자. 여기서 '천국은 마치 ~과 같다'고 한 메시지는 '~과 같다'에 해당하는 중심 메시지를 찾아야 한다. 겨자씨 한 알은 작은 것이다. 이것이 예상을 뛰어넘는 큰 성장으로 이어진다. 이것이 천국의 특징이다. 이는 누룩 비유도 마찬가지다. 크게 전부가 부풀어 오르는 확장과 성장에 주요 메시지가 있다. 만약 이것을 일대일로 대입하여 해석하면 엉뚱한 결론이 나온다. 겨자씨는 무엇이고 한 알은 무엇이고 공중은 무엇이고 나무는 무엇이고 새는 무엇이고를 다 해석해야 한다. 이렇게 일일이 각각의 상황에 대입해서 비유한 것을 풍유 또는 알레고리라고 한다. 그런데 이 풍

---

21 ——— 건강한 비유 해석에 관한 제언에 대해서는 정훈택, "비유를 어떻게 설교할 것인가", "비유해석에 관한 대담(해돈 로빈슨·크레그 블룸버그)",《그 말씀》(서울: 두란노), 1998. 7; 로버트 H. 스타인, 오광만 역,《예수님의 비유 어떻게 읽을 것인가》(서울: 따뜻한 세상, 2011), 14-51을 참조하라.

I. 계시론 백신

유 또는 알레고리식 비유는 그 풀이에 있어서 상당히 신중해야 한다(이에 관한 보다 구체적인 반증은 2권 〈VI. 교회론 백신〉의 〈3.2 교회의 본질에 대한 오해〉를 참조).

초대 교부 중에 비유 해석에 탁월한 재능을 보였던 오리게네스가 있었다. 오리게네스는 성경에 나오는 모든 이야기를 일일이 알레고리적으로 대조해서 비유를 풀어냈다. 예를 들어 누가복음 10장 30절 이하에 나오는 선한 사마리아인의 이야기가 있다. 내용은 다음과 같다.

> 어떤 사람이 예루살렘에서 여리고로 내려가다가 강도를 만나 쓰러져 있다. 제사장이 지나가다가 이 사람을 보고 못 본 체하고 지나간다. 또 레위인도 지나가다 못 본 체 지나간다. 그런데 사마리아 사람은 그를 보고 불쌍히 여겨 주막으로 데려가 치료해 주고 회복시켜 준다. 그리고 두 데나리온을 주면서 비용이 모자라면 나중에 다시 올 때 갚아 주겠다고 한다.

오리게네스는 이 이야기를 다음과 같이 알레고리식으로 풀었다.

> 길을 가다 도적들에게 변을 당한 사람은 영적으로 아담을 상징한다. 예루살렘은 하늘을 상징하고 여리고성은 세상을 가리킨다. 도적들은 마귀와 그의 졸개인 귀신들이며, 제사장은 율법을 나타내고, 레위인은 선지자들을 비유한다. 그러면 선한 사마리아인은 누구냐? 바로 그리스도다. 주막은 교회를 의미한다. 데나리온 둘은 아버지와 아들이다. 사마리아인이 다시 들르겠다고 약속한 것은 그리스도께서 재림하실 것을 의미한다.[22]

자, 이렇게 듣다 보면 참 신기하고 은혜도 되는 것 같다. 그러나 예수님께는 이 말씀 다음에 무엇이라고 말씀하시는가? '누가 강도 만난 자의 이웃이 되겠느냐? 너도 사마리아 사람처럼 자비를 베푸는 사람이

---

22 —— 로버트 H. 스타인, 《예수님의 비유 어떻게 읽을 것인가》, 70; Origen, *Commentary on Luke 10:30-35* (Homily XXIV).

돼라'고 한마디로 요약하신다. 이 단순한 메시지가 예수님 비유의 중심 내용이다.

이런 단순한 예수님의 메시지를 알레고리식으로 일일이 대입하여 비유 풀이를 하다 보니까, 하나하나 다 영적으로 해석한다. 이런 해석은 들을 때는 그럴듯하고 은혜롭다. 그러나 정작 예수께서 성경에서 말씀하시고자 하는 것과는 다른 해석으로 치닫는다. 풍유적 해석, 알레고리 해석의 위험성이 여기에 있다. 영적으로 풀려고 하다가, 오히려 성경의 중심 메시지를 놓친다. 이렇게 엉뚱한 풍유적 해석을 시도하다가, 중세에는 '바늘 하나에 천사가 몇 명이나 앉을 수 있는가?'라는 논쟁까지 벌였다.

알레고리 해석, 풍유적 해석을 할 때는 화자의 해석 이상을 넘어가지 말아야 한다. 예수께서 사마리아 사람 이야기를 하시고 '누가 강도 만난 자의 이웃이겠느냐?'라고 물어보시면 그 핵심 메시지를 힘들고 어려운 사람들에게 이웃이 되어 주자는 것으로 받아들여야지, 오리게네스의 영적 해석과 같은 정도까지 가지 않아야 한다.

비유는 종종 그 앞뒤로 해석의 중심 메시지를 밝히는 경우가 있다. 누가복음 18장에 나오는 과부와 재판장의 비유를 보라(1-8절). 그 처음 시작에 아예 해석의 중심 메시지를 밝힌다. '항상 기도하고 낙심하지 말아야 할 것을 비유로 말씀'한 것이다(1절). 마태복음 25장에 나오는 열 처녀 비유(1-13절)의 경우에는 해석의 중심 메시지가 제일 끝에 나온다(13절). 그렇다면 이 전체 비유 이야기를 통해 핵심 메시지를 찾으면 된다. 그런데 여기서 미련한 다섯은 누구냐, 슬기로운 다섯은 누구냐, 등 볼은 무엇이냐, 기름은 무엇이냐, 기름 파는 자는 누구냐, 다 졸며 잔다는 것은 무엇이냐, 더디 온다는 것은 무엇이냐 등등 이런 식으로 비유를 알레고리적으로 하나하나 풀어가기 시작하면 해석이 왜곡되기 쉽다.

성경을 비유 알레고리로 푸는 것은 중독성이 있다. 이것에 익숙해지면 모든 성경이 비유로 보이기 시작한다. 그렇게 되면 나중에 이단에서 나와도 성경이 잘 읽히지 않는다. 창세기부터 계시록까지 다 비유로만 보이기 때문이다. 이들은 '예수께서 비유가 아니면 아무것도 말씀하지 않으셨다'(마 13:34)며 모든 성경을 비유로 풀어야 한다고 주장한다. 하지만 우리는 이런 논리에 말려들지 말아야 한다. 첫째는, 이렇게 비유로만 가르치신 것은 마태복음 13장에서 비유를 가르치셨던 그날만이다. 결코 항상 비유로만 가르치신 것이 아니다. 물론 다른 곳에서는 비유로도 말씀하셨지만, 대부분 직접적인 가르침으로 많이 말씀하셨다. 둘째, 예수께서는 가능한 쉽게 말씀하시려고 비유로 말씀하셨다. 이단들의 억지 주장은 마땅히 배척되어야 한다.

나아가 이들은 모든 말씀 속에서 비유에 들어맞는 짝을 찾으려 한다.

> 너희는 여호와의 책에서 찾아 읽어 보라 이것들 가운데서 빠진 것이 하나도 없고 제 짝이 없는 것이 없으리니 이는 여호와의 입이 이를 명하셨고 그의 영이 이것들을 모으셨음이라(사 34:16)

언뜻 읽으면 성경 속의 모든 말씀은 짝이 있다는 생각이 든다. 그리고 이 말씀의 짝을 찾으려면 여호와의 영으로 인도받은, 즉 특별한 계시받은 분의 인도가 있어야 한다는 생각이 든다. 그러나 이 말씀은 전후의 문맥을 무시한 해석이다. 여기서 '짝'은 말씀의 짝이 아니라 짐승의 짝이다. 원래 이 말씀(이사야 34장)의 배경은 이스라엘을 괴롭혔던 에돔 족속의 심판에 관한 내용이다. 하나님께서 강대국 앗수르의 앞잡이가 되어 이스라엘의 멸망을 재촉한 형제 나라 에돔을 심판하셔서 이 땅을 황폐하게 할 것인데, 그때 에돔에는 사람들이 살지 못하고, 당아새, 고슴도치, 이리, 숫염소, 부엉이, 올빼미, 솔개 등과 같은 짐승들이나 사는 곳으로 전락하게 된다. 이때 어떤 짐승들이 사는지를 이 예언된 말씀에서 찾아보라는 뜻이다. 따라서 여기서 '짝'은 말씀의 짝이 아니라 짐승의 짝이다.

이처럼 이단들은 비유 풀이를 위해 성경의 문맥을 무시한다. 그리고 단어 중심으로 해석한다. 그래서 특정 단어, 문맥의 정황을 무시한 특정 구절만 빼어 이것들을 서로 연결하여 교묘한 논리를 만들어 낸다. 그러나 이들의 주장은 전후의 문맥을 자세히 살피고 단어의 원래 의미

를 추적하면 거짓임이 고스란히 드러난다. 따라서 성도는 성경 전체의
주요 맥을 잡으며 정독할 필요가 있다.

이단에 빠진 사람은 최대 200만 명 정도로 추산된다. 과거 이단
에서 성경 공부를 하다가 나온 사람까지 합치면 더 많을 것이다. 이단
에 있다가 나온 사람들 중에 아직까지 비유적 성경 해석에서 벗어나지
못한 이들이 많다. 성경을 단어 중심으로 읽지 말고 알레고리적 해석을
지양해야 하는데, 자꾸 이런 쪽으로 보게 된다. 혹 아직 성경이 비유로
만 보인다면 이단상담소에 상담을 신청해 이 문제를 해결받길 바란다.

3.7 건강한 성경 해석을 위한 제언

1) 구속사적 기본 틀을 갖추라

성경은 신실하신 하나님께서 그의 백성에게 하신 언약을 성취해
가는 이야기다. 이는 구체적으로 창조, 타락, 구원의 순서로 전개된다.
언약적 관점에서, 구약성경의 성취가 신약성경에서 이루어졌고, 구원은
예수 그리스도 한 분으로 완전하게 이루어졌음을 확신하라.

2) 단어의 의미를 문장의 흐름 가운데 파악하라

단어의 의미는 문장과 단락의 흐름 가운데 결정되어야 한다. 그렇
지 않고 단어의 뜻을 비유 풀이로 기계적으로 적용하면 결론이 엉뚱한
곳으로 흐른다. 예를 들어 '씨'는 문맥에 따라 다양한 의미가 있다. 말
씀을 의미하는 씨도 있지만, 실제로 심는 씨도 있고, 사람의 자손을 씨
로 비유해서 표현하기도 한다. 그 정확한 의미를 결정하려면 문장과 문
단의 흐름을 파악해야 한다. 대표적인 사례가 앞서 언급한 이사야 34장
16절이다.

3) 구절은 단락의 흐름 가운데 파악하라

성경의 어느 한 구절만을 떼어 다른 상황에서 제시할 경우, 그 구
절은 원래의 단락에서 의도했던 바를 벗어나 전혀 다른 의미가 된다. 이
단들이 대표적으로 사용하는 성경 구절 중 하나가 '나더러 주여 주여
하는 자마다 다 천국에 들어갈 것이 아니요'(마 7:21)라는 구절이다. 이

구절을 들이대며 천국에 갈 자신이 있느냐고 묻는다. 자신이 없어 우물 쭈물하면 곧바로 내가 정말 좋은 성경 공부 모임을 알고 있는데 함께하자고 제안한다.

언뜻 들으면 이 구절은 신앙 생활을 한다고 하지만 제대로 하지 못하면 천국에 가지 못한다고 말하는 것 같다. 그러나 그 전후의 문맥을 살펴보면 이 말씀은 '거짓 선지자들'에 대한 경고의 말씀임을 알 수 있다(마 7:15, 22). 따라서 우리는 항상 성경의 구절 하나만을 떼어 생각할 것이 아니라 그 전후 내용의 흐름과 문맥을 잘 살펴야 한다.

4) 단어, 구절, 문장의 이해가 어려울 경우 다른 역본들과 대조하라

하나님이 우리에게 서로 다른 역본들을 주신 이유가 있다. 이는 개역성경이 난해하게 해석한 것들을 다양한 관점에서 정확하게 이해하도록 하기 위함이다. 우리는 이것들을 적극적으로 활용할 필요가 있다. 대표적인 것이 이단들이 신인합일의 근거로 말하는 요한계시록 20장 4절이다.

> 또 내가 보좌들을 보니 거기에 앉은 자들이 있어 심판하는 권세를 받았더라 또 내가 보니 예수를 증언함과 하나님의 말씀 때문에 목 베임을 당한 자들의 영혼들(A)과 또 짐승과 그의 우상에게 경배하지 아니하고(B) 그들의 이마와 손에 그의 표를 받지 아니한 자들(C)이 살아서 그리스도와 더불어 천 년 동안 왕 노릇 하니

이단들은 이 구절을 순교자의 영혼(A)과 이단 단체의 신도들(B, C)의 육체가 합체하여 소위 말하는 신인합일을 일으키는 것으로 해석한다. 신인합일이 되면 죽음을 보지 않는 영생불사를 하게 되고 왕 같은 제사장이 되어 이 세상을 1천 년간 통치한다고 한다. 그러면 전 세계의 부자들이 돈을 싸가지고 진리의 말씀으로 가르침을 받기 위해 찾아온다고 한다.

그러나 이 구절은 신인합일을 의미하는 구절이 아니다. 다른 역본으로 보면 분명하게 드러난다.

〈새번역〉

또 나는, 예수의 증언과 하나님의 말씀 때문에 목이 베인 사람들의 영혼 (A)을 보았습니다. 그들은, 그 짐승이나 그 짐승 우상에게 절하지 않고 (B), 그들의 이마와 손에 그 짐승의 표를 받지 않은 사람들입니다(C). 그들은 살아나서, 그리스도와 함께 천 년 동안 다스렸습니다.

〈공동번역〉

또 예수께서 계시하신 진리와 하느님의 말씀을 전파했다고 해서 목을 잘리운 사람들의 영혼을 보았읍니다(A). 그들은 그 짐승이나 그의 우상에게 절을 하지 않고(B) 이마와 손에 낙인을 받지 않은 사람들입니다(C). 그들은 살아나서 그리스도와 함께 천 년 동안 왕노릇을 하였읍니다.

여기서 A, B, C는 모두 같은 사람, 곧 순교자를 지칭한다. 개역성경의 번역이 어색하다고 이것이 신인합일을 나타내는 구절은 아닌 것이다. 이처럼 성경 구절 해석이 애매할 때는 다른 역본들의 도움을 받을 필요가 있다.

II. 신론 백신

삼위일체 하나님을 붙들어야
다른 하나님에 미혹되지 않는다

액수와 상관없이 미국 화폐 후면에는 공통적으로 'IN GOD WE TRUST'라는 어구가 들어 있다. 처음 이 화폐를 발행할 때는 청교도 신앙의 유산으로 이 어구를 넣었다. 그러나 오늘날 미국에서 'GOD'이란 단어는 기독교의 하나님만을 의미하지 않는다. 미국의 무슬림들에게는 알라이고, 미국의 유대인들에게는 야훼 하나님이 되었다. 또한 그 밖의 다른 신들을 믿는 여러 종교인에게 이 'GOD'이란 각자의 신을 의미하게 되었다.

신론(神論)은 '하나님은 누구신가'에 관한 내용이다. 저마다 하나님을 믿는다고 하지만 그들에게 하나님이 누구신가 물어보면 성경에서 말하는 하나님과 너무나도 다른 하나님이 많을 것이다. 따라서 우리가 믿는 하나님이 누구인가를 정확하게 아는 것이 너무나도 중요하다. 왜냐하면 하나님이 누구인가에 따라 구원에 이르는 길 또한 달라지기 때문이다. 다른 종교들이 말하는 하나님과 기독교의 하나님은 다르다. 또 이단들이 주장하는 하나님과 우리가 믿는 하나님도 다르다. 그래서 구원의 길도 저마다 다르다. 따라서 우리는 이단 사이비를 비롯한 여타 종교들이 말하는 다른 하나님에 현혹되지 말아야 할 것이다. 그렇다면 어떻게 해야 할까? 무엇보다 우리가 믿는 하나님이 누구인지 제대로 알아야 한다. 위조지폐를 제대로 분별하려면 진짜 지폐를 많이 봐야 분별력이 생긴다. 마찬가지로 우리가 믿는 하나님을 제대로 알고 믿어야 한다.

1. 하나님의 존재

1.1 하나님이 존재하심을 어떻게 알 수 있는가

사람은 하나님의 존재를 알 수 있을까? 만약 그렇다면 어느 정도까지 알 수 있을까? 피조물인 사람은 창조주를 알 만한 내적 감각을 가지고 있다(롬 1:19). 그러나 어렴풋이 보이는 것과 정확하게 아는 것에는 커다란 차이가 있다. 사람은 어렴풋이 갖고 있는 창조주에 대한 감각을 죄로 인해 심하게 왜곡시키기 때문이다. 진리에 대한 감각을 욕심을 따라 '거짓 것'으로 바꾸어 버렸다(1:25). 나아가 하나님을 멸시하고, 심지어는 하나님이 없다고 부인하기까지 하였다(시 10:3-4, 롬 1:18, 시 14:1, 53:1).

그렇다면 하나님께서 사람에게 주신 내적 인식의 통로는 무엇일까?

첫째, 인간의 이성을 통해서다. 합리적이고 논리적인 사고를 통해서 우리는 하나님의 존재하심에 대한 타당한 인식을 가질 수 있다. 둘째, 종교적 직관을 통해서다. 사람에게는 종교성이 있고 이 종교적 직관을 통해 막연하더라도 절대자에 대한 인식과 의존의 마음을 갖는다. 셋째, 도덕 의식이다. 사람에게는 도덕과 윤리 의식이 있고, 이것을 통해 참된 도덕과 윤리의 이상을 추구한다.

이러한 내적 인식의 수단들을 통해 하나님을 발견하는 전통적인 신 존재 증명들이 있다.

1) 우주론적 논증

우주에 있는 모든 존재와 운동은 그것이 생겨나게 된 선행하는 원인이 있어야 한다. 그 원인을 거슬러 올라가면 우주 자체를 시작하게 만드는 더 이상의 원인이 될 수 없는 근원적이고도 궁극적인 원인이 있어야 한다. 이 궁극적 제1원인, 부동(不動)의 동자(動子)(=unmoved mover)가 바로 하나님이다.

2) 목적론적 논증

우주에 있는 모든 존재는 질서정연하고 정교한 조화를 이루며 존재하는데, 이는 아무런 존재 이유 없이 우연히 생겨난 것이 아니라 창조주의 창조 목적을 반영한다. 18세기 영국의 페일리(Williman Paley)는 유명한 시계 비유를 든다. 사하라 사막 한가운데 시계 하나가 떨어져 있다. 이것이 과연 우연히 그곳에 존재하게 된 것일까? 길고 긴 시간 동안 수억 번 바람에 불려 다니며 모래 가운데 있는 철분들이 모여지고, 그것들이 깎여 온갖 모양이 다 생겼는데, 그 가운데 어떤 것은 톱니바퀴처럼 만들어지고, 그렇게 우연하게 만들어진 톱니바퀴들이 우연하게 연결되어 시계가 만들어져 사막 한가운데 놓이게 될 수 있을까? 이것은 불가능하다. 이는 특별한 지능을 가진 시계공이 계획과 설계에 따라 시계를 만들어서 사막 가운데 두지 않고는 불가능한 일이다. 그런데 인간의 인체나 우주를 들여다보면 이런 정교한 질서와 운동을 발견할 수 있다. 이렇게 볼 때 이 세상은 창조주의 특별한 지능과 계획과 설계와 목적에 따라 창조되었다.

3) 존재론적 논증

존재론적 논증은 존재에 대한 우리의 논리적 사유를 통해 하나님을 인식하도록 하는 과정이다. 하나님은 우리가 상상할 수 있는 그 어떤 것보다 더 큰 존재다. 그런데 이런 하나님에 대한 개념이 인간의 지성 속에 존재하고 이런 개념을 인간이 이해한다. 그런데 실제로 존재하는 것은 그것이 상상 속에만 존재하는 것보다 더 크다. 만약 하나님이 실재가 아닌 우리의 마음속에만 존재한다면 하나님이 우리가 상상할 수 있는 것보다 더 크고 완전한 존재라는 개념과 모순된다. 마음에 존재하는 것보다는 실제로 존재하는 것이 더 완전한 존재다. 따라서 하나님은 실제로 존재해야만 한다.

근대 철학의 초석을 놓은 데카르트의 이성적 사유를 통한 존재론적 신 증명도 유명하다. 데카르트는 이 증명에 방법론적 회의를 도입한다. 그는 먼저 존재하는 모든 것을 의심한다. 그러다가 도저히 의심할 수 없는 자명한 결론에 도달하는데 그것은 다른 모든 것은 다 거짓이고 환영일 수 있어도 생각하는 내가 존재한다는 것은 의심할 수 없다는 것이다. 그래서 '나는 생각한다, 고로 나는 존재한다'(Cogito ergo sum)는 유명한 명제가 성립되었다. 그런데 놀라운 것은 이렇게 생각할 줄 아는 내가 하나님이라는 나보다 더 큰 존재를 생각한다는 것이다. 어떻게 한계 있는 내가 나보다 더 큰 존재를 생각할 수 있을까? 하나님은 완전한 존재이고 인간은 불완전한 존재다. 불완전한 인간이 사유를 통해 완전한 존재를 임의로 만들어 내는 것은 모순이고 불가능하다. 그렇다면 필연적으로 인간보다 더 크고 완전한 하나님이 존재해야 한다. 따라서 하나님은 존재한다.

4) 도덕론적 논증

인간의 개개인에는 선과 악에 대한 의식이 있고, 악을 미워하는 도덕적 성향을 갖고 있다. 또한 이러한 도덕성은 우리가 마땅히 행동해야 하는 도덕적 당위성 혹은 의무감을 형성한다. 또한 이런 도덕성은 객관성을 갖고 있다. 따라서 인간이 모여 사는 사회에도 권선징악에 대한 객관적인 도덕적 판단의 기준이 있다. 또한 이 세상에 존재하는 불의에 대하여 공의가 이루어질 필요성을 느끼고 최고의 선(summum bonum)을 지향한다. 이처럼 인간의 도덕성과 이에 따른 의무감 그리고 실천원리들은 필연적으로 이러한 것들의 원인이 되는 궁극적인 최고선을 지닌 도덕적 존재를 요청한다. 결국 세상에 공의를 이루고 참과 거짓의 근원이 되시는 하나님의 존재를 요구하고 입증한다.

1.2 하나님의 인식에 따른 서로 다른 구원의 길

모든 종교는 진리를 추구하기에 결국 어떤 종교를 통해서든지 진리의 정상에서 만난다고 하는 이들이 있다. 이들에 따르면 불교를 통해서도 구원에 이르고, 유교를 통해서도 구원에 이르고, 기독교를 통해서도 구원에 이르기에 어떤 종교든지 진리를 추구하는 것을 존중하고 그들을 통해서도 구원받는다는 것을 인정하자고 한다. 그러나 이것은 논리적으로 모순이 있다. 모든 종교는 저마다의 신을 상정하고, 그 신이 어떤 신이냐에 따라 저마다 다른 구원을 제공하기 때문이다. 각 종교가 제공하는 구원이 동일한 것이 아니라, 저마다 구원의 정상이 다르다. 따라서 산 아래서 각각 다른 종교의 길을 선택하여 정상에 올라가면 결국 저마다 다른 봉우리의 정상에 올라가게 된다. 어떤 종교를 통해서든지 동일한 산 정상에 올라간다는 말은 거짓이다. 각자의 산봉우리로 올라갈 뿐이다. 진리란 그 의미 자체로 궁극적이고 절대적인 참이다. 이것은 다른 한편으로 진리는 진리 아닌 것에 대한 선명한 배타성을 갖는다. 진리는 성격상 진리 아닌 것을 진리로 포함시킬 수 없다.

그렇다면 타종교를 포용하고 인정하는 것은 어떻게 가능한가? 그것은 타종교가 그 종교가 추구하는 진리관에 부합할 때 한해서만 가능하다. 진리를 추구하는 모든 종교는 진리를 추구하는 특성 자체로 인해 배타성을 포함한다. 따라서 힌두교는 힌두교 진리 체계 안에서 설명과 이해가 가능한 한도만큼 기독교를 인정한다. 불교가 가톨릭을 수용하고 인정하는 것은 불교의 진리 체계 안에서 부합하는 정도 만큼이다.

그렇다면 인간에게 주어진 이성과 도덕 의식, 그리고 종교적 직관 등을 통해 발견할 수 있는 하나님의 존재는 어느 정도일까? 분명한 것은 우리가 세상의 지혜로는 하나님을 절대로 정확하게 알 수 없다는 점이다(고전 1:21). 또한 이 세상의 신이 믿지 아니하는 자들의 마음을 혼미케 하여 하나님을 제대로 알지 못하게 방해한다(고후 4:4). 인간이 자기 지혜로 하나님을 발견한 이론들은 다음과 같다.

1) 존재 방식에 따른 구원 양식

하나님의 존재는 어떤 존재인가에 따라 구원의 길도 달라진다. 여기시 제시되는 대부분의 신론은 인간의 지혜로 발견하고 추론한 것들이다.

A. 하나님의 존재를 부인하는 이론

A.1 무신론

무신론은 하나님의 존재를 부인한다. 무신론은 물질세계를 초월하는 것은 아무것도 없다고 주장한다. 따라서 하나님도, 천사도, 영혼도, 지옥도, 천국도 없다. 이러한 무신론은 대부분 세속적·비종교적인 특징을 갖지만, 종교적 자기수양의 형태로 나타나기도 한다. 불교가 바로 그것이다. 불교는 고통 가운데 있는 인간의 현실을 주목하고 고통으로부터 벗어나기 위한 자기 수행을 격려한다. 물론 오늘날 대중에게 일반화된 불교는 인도 힌두교와 샤머니즘이 혼합되어 초월적인 요소를 도입하기도 하지만, 원래는 무신론적 세계관을 갖고 있다. 이들에게 현실세계 너머의 구원은 없다. 세속적 무신론의 경우는 현실세계에서의 성공과 부요함이 구원이다. 자기수양 형태의 구원은 현실세계의 고통에서의 벗어남, 즉 해탈이 목표다.

A.2 불가지론

불가지론은 하나님의 존재에 대해 알 수도 없고 그렇다고 없다고 할 수도 없다고 주장한다. 이는 인간이 갖고 있는 능력의 한계 때문이다. 인간은 물리적 세계를 관찰하고 연구하여 알 수 있지만, 영적 세계는 결코 접근할 수 없기 때문에 하나님의 존재를 알 수 없고 확신할 수 없다. 여기서 이른바 '교도권의 분리'(Nonoverlapping Magisteria)라는 주장이 나왔다. 하버드 대학에서 진화생물학을 가르쳤던 스티븐 제이 굴드가 제창한 이 주장에 따르면 과학과 종교의 영역 사이를 넘나들지 말고 이 사이에 분명한 선을 그어 과학의 영역에서는 신앙의 영역을 배제하자고 했다.[1] 불가지론은 하나님 존재에 대한 사람의 인지 가능성을 배제하기에, 하나님이 우리에게 자신을 계시할 수 있는 가능성마저 배제시킨다. 이는 비성경적이다. 따라서 불가지론은 구원의 영역을 미지의 세계로 밀어 넣고 아무 손을 쓰고 있지 않다. 하나님의 존재도 확신하지 못하는데 어떻게 구원까지 확신하겠는가?

---

1 ——— Stephen Jay Gould, *Rocks of Ages: Science and Religion in the Fullness of Life*, The Library of Contemporary Thought (New York: Ballantine Pub. Group, 1999); 양형주, 《평신도를 위한 쉬운 창세기 1》, 38-40 참조.

B. 하나님의 존재를 잘못 이해하는 이론

B.1 다신론(유한신론)

다신론은 여러 신이 존재함을 전제한다. 이는 자연에 있는 여러 사물이나 천체 혹은 천체 현상을 신격화한 것이다. 고대 이집트의 경우 물의 신 눈, 태양신 라, 공기의 신 슈, 불의 신 테프누트 등이 있다. 그리스 신화에도 태양신 아폴론, 바다의 신 포세이돈, 하늘의 신 우라노스, 대지의 신 가이아, 미와 사랑의 여신 아프로디테 등등이 있다. 다신론을 숭배하는 인도의 힌두교에는 신의 수가 무려 3억 3천만이나 된다. 이러한 신들은 인간보다 뛰어나지만 능력에 분명한 한계가 있다. 태양의 신은 태양만을 주관할 뿐 물이나 천둥을 주관할 수 없다. 또한 인격적이기는 하지만 도덕적으로 불완전하여 서로 미워하고 싸우고 죽이기까지 한다. 이러한 다신론에서 구원은 내가 어떤 신을 택하느냐에 따라 달라진다. 더 강한 신을 선택하면 승리가 어느 정도 보장되지만, 약한 신을 선택하면 많은 어려움을 겪게 된다. 그러다 섬기던 신을 버리고 다른 신에게로 가면 신의 노여움을 사기도 한다. 이것은 샤머니즘과도 유사하다. 샤먼(무당)은 산이나 강 혹은 자연과 만물을 다스리는 다양한 귀신 중 하나를 자기 신으로 모시고, 그의 힘을 의지하여 재액을 몰아내려 한다. 이렇게 볼 때 무속신앙도 일종의 다신론(무한신론)에 속한다. 다신론은 신이 갖고 있는 힘과 그 힘이 미치는 영역에 한계가 있기에 그가 베푸는 구원도 역시 힘, 범위에 있어 한계를 지닌다.

어떤 단체는 히브리어로 하나님을 뜻하는 엘로힘이 복수형이란 사실에 착안하여 삼위일체 하나님이 아닌 다수의 하나님이라고 주장한다. 이늘은 태초에 하나님들의 총회가 있었고, 하나님들이 함께 모여 세상을 창조하고 세상에 사람을 거주하게 하며 번성하게 하려는 계획을 세웠다고 주장한다.[2] 많은 하나님 가운데서 최고의 신이 우리를 위해 한 하나님을 지명해 주셨고, 이 하나님은 원래 우리와 같이 살과 뼈를 가진 인간이었다고 주장한다.[3] 여호와의 영을 입은 인간 예수가 어느 순

---

2 ──── 진용식,《여호와의 증인·몰몬교는 과연?》 (서울: 백승프린팅, 2012), 66.
3 ──── 위의 책, 68.

II. 신론 백신

간 하나님의 아들이 된 것처럼, 우리 또한 누구든지 하나님이 될 수 있다고 한다. 이들에게 영생이란 인간이 하나님 되는 것이다. 인간은 장막을 쓴 영혼으로, 결코 창조되거나 만들어지지 않았으며 영원 전부터 존재하였기에 인간은 영원한 신적 존재라고 주장한다.

B.2 범신론

범신론(Pantheism)은 창조주와 피조물 사이의 구분을 없애고 우주 자체를 일종의 비인격적인 신으로 여긴다. 여기서 온 세상은 신의 다양한 현존이다. 신이 현실 속에 드러난 모습이 바로 우리 앞에 펼쳐진 우주 만물이다. 따라서 온 세상의 다양한 양태에는 신성이 깃들어 있고, 이들의 총합이 곧 신이 된다. 삼라만상의 모든 것이 신이 된다. 또한 온 세상이 신이기에 우주는 영원불변해야 한다. 이런 범신론에서의 구원은 영원한 자연과 하나가 되는 것이다. 그러나 인격적인 신이 아니기에 세상을 주관할 수 없고, 선악의 기준이 없는 한계가 있다.

B.3 범재신론

범재신론(Panentheism)은 범신론과 명칭이 유사하지만 내용에 있어서는 차이가 있다. 단어의 문자적 뜻으로 볼 때 범신론(汎神論)은 '모든 것이 신'(all is god)이지만, 범재신론(汎在神論)은 '모든 만물이 신 안에 있다'(all is in god)는 뜻이다. 여기서의 신은 인격적 신이 아니라 만물을 생성하는 하나의 근원적인 원리이자 법칙이다. 이것이 동양 철학에서는 태극과 음양오행으로 표현되었다. 태극을 통하여 만물이 생성하고 그 원리가 주역의 음양오행의 법칙을 따라 나타난다. 만물은 이 태극의 음양오행 원리를 따라 생성되어 나타난다. 여기서 음양오행은 일종의 만물을 생성하는 신적 원리로 작용한다. 서양 철학에서는 신플라톤주의의 플로티누스의 철학이 이와 유사하다. 플로티누스에 따르면 우주는 일자(一者)의 충만으로부터 유출되어 형성되었다. 이것이 현대에 와서는 화이트헤드의 과정철학을 통해 보다 정교하게 다듬어졌다. 과정철학에서 신은 이 세상에 있는 모든 실현가능성을 가진 잠재태를 현실 속에 끊임없이 실현 또는 합생하여 현실태(actual entity)로 드러내는 원리다.[4] 범재신론에서의 구원은 신과의 합일이다. 이는 태극의 원리를 따라 사는 것이고, 태극의 기운을 내 안에 받아들여 태극과 하나가 되는 것이다. 또한 이는 우주의 일자와 합일하는 것이기도 하다. 우주의 일자와 합일하기 위해서는 특별한 지식과 수련이 필요한데, 여기서 영지주의의 전통이 발전한다.

B.4 이신론(理神論)

이신론(deism)은 하나님이 우주를 창조한 것은 인정하지만, 창조 이후 하나님은 우주 만물을 자연법칙에 의해 정교하게 작동하도록 하고서는 한발 뒤로 물러서 더 이상 세상을 다스리거나 보존하는 데 관여하지 않는다고 주장하는 관점이다. 하나님은 세상을 일종의 거대한 기계처럼 만드시고 기계를 돌아가게 한 후 멀리서 이 기계가 스스로 잘 돌아가는 것을 팔짱을 끼고 지켜보고만 계신다는 것이다. 이신론은 하나님이 온 세상을 초월한 창조주임을 인정하지만 더 이상 인간의 삶에 간섭하지 않기에 하나님의 인격적 활동과 계시, 기적과 같은 것들은 더 이상 일어나지 않는다. 자연법칙에 의해 움직이고 있기에 더 이상 초자연적인 신의 간섭은 없다. 하나님의 창조는 인정하지만 섭리와 보전, 기적의 역사는 부인한다. 이런 면에서 이신론은 특별계시는 부인하고 자연계시만을 인정한다. 이신론에서의 구원은 이성을 통한 자연법칙의 깨달음이다. 그러나 더 이상 구원을 위한 특별계시는 없다.

어떤 단체는 하나님을 초월적인 영으로만 강조하지, 인격적인 하나님의 임재성은 말하지 않는다. 이렇게 하는 이유는 하나님을 자신들과 관계없는 초월적 영역 인에 묶어 둠으로써 자신들의 특권을 강화하기 위함이다.[5] 이들은 사람이 자기의 인격적 활동 곧 지, 정, 의로 영이신 하나님과 접하는 것은 불가능하다고 주장한다.[6]

---

4 —— 과정철학의 이러한 이론에 관해서는 A. N. 화이트헤드, 오영환 역, 《과정과 실재》 (서울: 민음사, 1991)를 참조하라.

5 —— 정동섭, 《구원 개념 바로잡기》 (서울: 새물결플러스, 2015), 91.

6 —— 권신찬, 《양심의 해방》 (일류사, 1977); 정동섭, 《구원 개념 바로잡기》, 79에서 재인용.

하나님의 인격성을 제한하면 자연스럽게 예배와 기도관에 문제가 생긴다. 예배란 무엇인가? 하나님께 최고의 가치와 존경을 드리는 인격적 행위다. 그러나 하나님의 인격성을 제한하면 예배의 가치가 사라진다. 하나님은 비인격에 가까운 영이기에 형식을 갖추어 예배할 필요가 없게 된다. 그래서 이들은 예배가 아닌 집회, 성도의 교제만을 강조하게 된다. 십자가를 통해 예배는 폐지되었고(참조 요 4:24), 예배의 형식이 필요하지 않기에 축도나 신앙고백과 같은 일체의 예전을 배제한다. 이들은 성도들의 교제가 곧 예배라고 주장한다. 찬송도 하나님의 성품을 높이는 경배의 찬송은 배제하고, '나 자유 얻었네, 너 자유 얻었네'와 같은 구원과 죄 사함에 관한 찬송만을 부른다. 여기에는 이들을 자유케 하고 죄 사함을 주신 주님에 대한 인격적 고백과 찬양은 배제된다.

이들은 우리가 흔히 하는 신앙 행위인 기도 또한 배격하는데, 합심기도는 물론이거니와 통성기도를 '개구리 울음소리'라고 비난한다. 이들은 예수 시대에는 기도가 필요했으나 지금은 기도할 필요가 없으며, 하나님은 한 분이시기에 수만 명이 한꺼번에 기도하면 들으실 수 없다는 해괴한 논리를 전개하며 하나님을 인간 수준으로 끌어내렸다.[7] 이들은 성도가 교제하는 것이 기도이며, 이단 단체의 성도가 함께 모여 하나님의 사업을 논의하는 것이 기도라고 주장한다.

C. 하나님의 존재를 부족하게 이해하는 이론

C.1 일신론

일신론은 인격을 가진 한 분 하나님이 세상을 창조했을 뿐 아니라 창조한 피조세계를 보존하고 다스리며 그의 백성들과 함께하며 다양한 방식으로 소통하고 계시하는 분임을 주장한다. 전통적으로는 유대교, 이슬람교가 있다. 유대교는 여호와 하나님을 유일한 하나님으로 받아들이고, 이슬람교는 알라 외에 다른 신이 없다고 주장한다.

이러한 일신론들에 나타나는 공통적인 구원론이 있다. 구원을 얻기 위해 매우 철저하게 신의 계율에 순종해야 한다는 점이다. 유일하신

---

7 ——— 정동섭, 《구원 개념 바로잡기》, 181–182.

바이블 백신 1

하나님의 뜻이 명확하기에 이 하나님 앞에 구원을 얻으려면 그 뜻에 철저하게 순복하는 것 외에는 다른 길이 없다. 이러한 일신론은 매우 율법적이고 획일적인 의무 준수를 강조한다.

C.2 삼신론 혹은 이신론(二神論)

삼신론은 성부, 성자, 성령 하나님을 각각의 독립된 하나님으로 보고 총 세 분의 하나님이 계시다고 보는 관점이다. 문제는 이 성부, 성자, 성령이 동등한 하나님이 아니라 우열이 있다는 점이다. 성자는 하나님으로부터 가장 먼저 피조된 천사 중 하나에 불과하고, 성령은 일종의 비인격적 활동력이라고 주장한다. 성자는 성부로부터 피조되었고, 성령은 성부의 활동력 또는 힘에 불과하다. 결국 삼신론은 세 분의 동등한 독립적인 하나님이 아니라 성부 하나님만이 유일한 참된 하나님이라는 왜곡된 일신론으로 집중된다. 요즘에는 삼신론보다는 이신론적 주장에 현혹되는 사람들도 많다. 아버지 하나님과 더불어 어머니 하나님이 있다는 주장이다. 이들은 이미 죽은 교주의 살아 있는 부인이 어머니 하나님이라고 주장한다. 이 주장에 대한 구체적인 것은 잠시 후에 다루기로 하자. 이러한 삼신론 혹은 이신론의 구원은 철저한 율법주의다.

D. 하나님의 존재를 바르게 이해하는 이론

D.1 삼위일체 신론

삼위일체 신론은 각각 독립된 인격으로 존재하시는 성부, 성자, 성령 세 위격(位格)의 하나님이 한 본질을 갖고 계신 하나의 하나님임을 주장한다. 여기서 위격이란 삼위 하나님의 인격(person)을 가리킨다. 삼위일체는 한 분 하나님이 세 분의 인격으로 계시는 존재 양식이다.

2) 성품에 따른 구원 양식

위에서 언급한 여러 다양한 신에 대한 이론을 살펴보면 신이 어떤 인격이냐에 따라 구원의 성격과 양식도 달라짐을 알 수 있다. 이를 간략하게 다시 살펴보면 다음과 같다.

A. 비인격

신이 범재신론의 일자나 태극 혹은 합생을 일으키는 근본 원리로서의 신이라면 여기서의 구원은 신의 원리를 깨닫고 그 원리에 자신을 일치시키는 것이 된다. 이러한 신은 비인격적 신이기에 여기에는 믿음, 소망, 사랑과 같은 인격적 요소의 구원은 배제된다. 범신론이나 범재신론의 경우 구원의 통로로써의 기도는 배제된다. 대신 구원의 원리를 깨닫고 이 원리에 자신을 일치시키기 위한 명상이 장려된다.

B. 공의와 심판

다신론이나 일신론의 경우 엄격한 율법 준수와 행위가 요구된다. 기준에 미치지 못할 경우 심한 형벌이 따르고 구원에서 배제되기 쉽다.

C. 공의와 자비

삼위일체 신론은 공의의 요구와 함께 이를 만족시키기 위한 하나님의 자비와 사랑이 뒤따른다. 공의와 자비가 균형을 이루는 인격적 구원이다.

2. 우리가 믿는 하나님은 어떤 하나님인가

성경은 삼위일체 하나님을 증거한다. 이것이 기독교의 핵심이다. 삼위일체 하나님 외에 다른 하나님을 증거하는 것은 이단이고 거짓된 것이다. 삼위일체 하나님이 특히 중요한 이유는 삼위일체 하나님이 베푸시는 구원 역사 때문이다. 하나님의 공의와 자비를 동시에 만족시키는 은혜의 구원 역사는 삼위일체 하나님만이 베푸실 수 있다. 그렇다면 성경은 삼위일체 하나님을 어떻게 증거하고 있는가?

2.1 성경은 삼위일체 하나님을 증거한다

1) 삼위일체 하나님이란?

삼위일체 하나님에 대한 전통적인 설명에는 부정 혹은 긍정의 방법을 통한 설명이 있다. 먼저 부정의 방법이다. 성부는 성자가 아니고,

성자는 성령이 아니며, 성령은 성부가 아니다. 둘째, 긍정의 방법이다. 그러나 성부는 하나님이고, 성자는 하나님이며, 성령도 하나님이다. 이 구별과 일체됨을 이해해야 하나님의 구원 사역을 보다 온전히 이해할 수 있다.

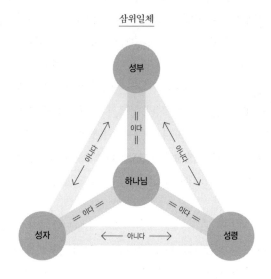

삼위일체

A. 하나님의 삼위 되심—성부, 성자, 성령의 구별

하나님이 삼위 되신다는 것은 삼위일체 하나님이 서로 구별된다는 말이다. 성부는 성자가 아니다. 성부는 성령이 아니다. 또한 성자는 성령이 아니다. 그들은 독립된 인격체로 세 분의 위격으로 존재한다. 그렇다면 이를 구체적으로 살펴보자.

성부 하나님은 성자 하나님이 아니다. 요한복음 1장 1-2절은 이를 잘 보여 준다.

태초에 말씀이 계시니라 이 말씀이 하나님과 함께 계셨으니 이 말씀은 곧 하나님이시니라 그가 태초에 하나님과 함께 계셨고

여기서의 말씀은 곧 성자 하나님을 말한다. 태초부터 성부와 성자는 구별되었다. 또한 그가 육신이 되어 이 땅에 온 것은 성부 하나님과 성자 하나님이 구별되는 분임을 나타낸다(요 1:14). 성부 하나님은 그

의 영광을 성자 하나님과 나누었을 뿐 아니라 서로 사랑하는 관계를 갖고 있었다.

> 아버지여 내게 주신 자도 나 있는 곳에 나와 함께 있어 아버지께서 창세 전부터 나를 사랑하시므로 내게 주신 나의 영광을 그들로 보게 하시기를 원하옵나이다(요 17:24)

성부는 창세전부터 성자를 사랑하셨고 그의 영광을 성자와 나누셨다. 그리고 성부와 함께 거하였다. 사랑을 나누고 영광을 나누는 관계는 상호 독립적인 인격 간의 관계성을 전제한다. 이 말씀은 성부와 성자의 인격적 구별을 보여 준다. 이런 인격적 구별은 성자의 중보사역에서도 잘 드러난다.

> 그러므로 자기를 힘입어 하나님께 나아가는 자들을 온전히 구원하실 수 있으니 이는 그가 항상 살아 계셔서 그들을 위하여 간구하심이라 (히 7:25)

성자는 자기를 의지하는 자들을 위하여 하나님께 중보하는 우리의 '대언자'(요일 2:1)가 된다. 성자는 성령이 아니다. 성령은 성자와는 '또다른 보혜사'다(요 14:16). 성자가 제자들을 떠나갈 때 그 빈자리를 채우며 그들을 돕고 위로하고 말할 수 없는 탄식으로 중보한다(16:7, 롬 8:26).

성령은 성부가 아니다. 성령은 성부께서 성자의 이름으로 파송한다. 예수께서는 성령을 '보혜사 곧 아버지께서 내 이름으로 보내실 성령'이라고 했다(요 14:26). 이렇게 볼 때 성경은 성부, 성자, 성령의 인격적 구별을 증거한다. 성부, 성자, 성령은 각각 독립적 위격이다. 마태복음 28장 19절은 삼위 하나님의 구원 역사를 다음과 같이 보여 준다.

> 그러므로 너희는 가서 모든 민족을 제자로 삼아 아버지와 아들과 성령의 이름으로 세례를 베풀고

여기서 본문은 아버지, 아들, 성령의 사역을 구별하여 언급하고 있다. 이처럼 삼위 하나님은 독립적인 인격을 갖고 서로 구별된다(참조 고후 13:13).

B. 각 삼위의 하나님 되심
각 삼위는 독립된 인격체인 동시에 온전한 하나님이다.

성부 하나님은 천지를 창조하신 하나님이며, 만물을 다스리시는 하나님이다.

성자 하나님도 분명히 완전한 하나님이다. 그는 태초부터 하나님과 함께 계셨던 말씀이었고, 이 말씀은 하나님이었으며, 만물이 그로 말미암아 지음받았다(요 1:1-4). 그는 전능하신 하나님이며(사 9:6), 그 안에 신성의 모든 충만이 육체로 거하신다(골 2:9).

성령 또한 온전하신 하나님이다. 어떤 이단은 성령을 '선(善)령', 즉 하나님께 속한 선한 영을 통칭하는 것이라고 주장한다. 그래서 천사도 성령, 순교자의 영도 성령이라고 하며 삼위 하나님 중 한 분이신 성령 하나님을 은연중에 지워 버린다. 하지만 성령은 삼위 하나님 중 한 분이다. 성령도 성부와 같이 온 세상에 충만하며 어디에든지 성도들과 함께한다(시 139:7-8, 마 28:20). 그는 하나님의 성전에 거하시는 하나님이며(고전 3:16), 하나님의 깊은 것이라도 통달하시고(2:10) 성도에게 새 생명을 주시는 한 분 하나님이시다(요 3:5-7).

C. 삼위 하나님의 한 분 되심
삼위 하나님은 한 본질로 한 분 되신다. 성경은 하나님의 한 분 되심을 반복적으로 강조한다.

> 이스라엘아 들으라 우리 하나님 여호와는 오직 유일한 여호와이시니 너는 마음을 다하고 뜻을 다하고 힘을 다하여 네 하나님 여호와를 사랑하라(신 6:4-5)

따라서 우리가 예배하는 하나님은 유일하신 하나님이고, 하나님한 분만이 우리의 찬양과 경배를 받기에 합당하다(출 15:11, 왕상 8:60, 사 45:5-6, 45:21-22, 딤전 2:5, 롬 8:30, 고전 8:6, 약 2:19).

D. 세 요소의 균형

이상으로 살펴본 삼위일체 하나님에 관한 세 가지 요소는 다음과 같다.

첫째, 하나님은 삼위 되심, 둘째, 각 삼위의 하나님 되심, 셋째, 삼위 하나님의 한 분 되심이다. 이를 문장으로 풀면 다음과 같다.

① 하나님은 삼위다.
② 삼위 각각은 온전한 하나님이다.
③ 하나님은 한 분이다.

이 세 명제 중 어느 하나도 부인할 수 없다. 균형 잡힌 삼위일체 하나님을 이해하기 위해서는 이 세 명제를 동시에 붙들어야 한다.

E. 삼위 하나님 간의 관계성

삼위 하나님의 독특한 관계성은 어떻게 이해해야 할까? 특별히 성경은 성부와 성자의 관계를 독생하는(헬. 모노게네스, begotten) 관계로 설명한다.

> 본래 하나님을 본 사람이 없으되 아버지 품 속에 있는 독생하신 하나님이 나타내셨느니라(요 1:18)

여기서 '독생한다'는 일종의 피조 행위를 말하는 것이 아니다. 만약 이를 인간적인 출생이나, 혹은 헬라 철학의 유출(emanation) 개념으로 이해한다면 성자는 성부보다 열등한 피조물로 여겨질 수 있다(93쪽 '영지주의 체계' 참조). '독생한다'는 것은 행동 방식이 아니라 성부와 성자와 성령의 삼위일체 안에서의 존재 방식을 말한다. 성부는 성자와의 영원한 관계 속에서 영원히 성자를 낳으시는 분이다. 반면 성자는 영원히 성부로부터 낳아지는 관계다. 홀로(헬. 모노) 낳는(헬. 기노마이) 관계란 과거 완료형의 일회적 관계가 아니라 지속적인 관계, 즉 영원한 관계를 말한다. 낳아짐은 어느 순간부터의 시작이 아니고 영원한 존재 방식이자 관계 방식이다(참조 시 2:7, 몬 1:10). 이는 삼위의 존재 방식이기도 하다. 낳아짐의 관계 속에서 성자는 성부의 형상을 반영한다(고후 4:4). 성부에 대한 것이 성자에게로 성자를 통해 드러난다.

이런 가운데 성령은 성부와 성자로부터 나아온다(proceed). 나아옴은 성령의 존재 방식이다. 성령은 성부의 영이면서 성자의 영으로서, 성부와 성자로부터 나아옴의 존재 방식을 취한다(겔 37:14, 욜 2:28-29, 사 42:1, 참조 마 12:18). 이것이 신약으로 오면 성령은 그리스도 중심적인 강조점을 갖는다. 즉 성령은 그리스도의 영으로 오셔서 그리스도의 사역을 하며 그리스도의 영광을 나타내는 분으로 묘사된다.

> 보혜사 곧 아버지께서 내 이름으로 보내실 성령 그가 너희에게 모든 것을 가르치고 내가 너희에게 말한 모든 것을 생각나게 하리라(요 14:26)

> 그가 내 영광을 나타내리니 내 것을 가지고 너희에게 알리시겠음이라 (요 16:14)

이것이 신약에서는 주의 영, 그리스도의 영, 예수의 영 등으로 나타난다(행 5:9, 8:39, 16:7, 고후 3:17-19, 롬 8:9). 이러한 강조점은 성령이 그리스도 때문에 알게 되고 오시는 분임을 말해 준다. 사도행전 2장에서 일어나는 성령 강림의 역사는 그리스도의 영을 받은 이들이 그리스도를 대리하여 그리스도의 영으로 그리스도의 일을 수행하는 것을 보여 준다.

2) 구약이 말하는 삼위일체

삼위일체 하나님의 역사는 인간의 창조 때부터 나타난다.

> 하나님이 이르시되 우리의 형상을 따라 우리의 모양대로 우리가 사람을

만들고 그들로 바다의 물고기와 하늘의 새와 가축과 온 땅과 땅에 기는
모든 것을 다스리게 하자 하시고(창 1:26)

여기서 하나님은 '우리'라는 남성 복수형으로 사용되었다. 고대
근동에서는 위엄 있는 신의 등장을 복수형으로 사용하기도 한다. 이
를 '장엄의 복수'(magnificent plural)라고 한다. 여기서 하나님은 자신을
'우리'로 표현하며 '우리의 형상'을 따라 사람을 만들자고 하신다. 그리
고 복수의 남, 여를 만드셨고, 삼위일체 하나님이 갖고 있는 공동체성을
사람에게 창조하셨다. 여기서의 '우리'는 삼위일체 하나님의 위엄을 강
조한다. 그러나 위엄만을 강조하는 데 그치지 않는다. 초기 교부들로부
터 종교개혁자들에 이르기까지 '우리'는 일관되게 삼위일체 하나님으
로 해석되고 있으며, 여기서 '우리가 ~하자'는 것은 삼위일체 하나님 간
의 내적 대화를 나타낸다.[8]

주 여호와의 영이 내게 내리셨으니 이는 여호와께서 내게 기름을 부으사
가난한 자에게 아름다운 소식을 전하게 하려 하심이라(사 61:1)

이 성경 구절은 예수께서 처음 사역을 시작하시기 전에 선언하셨
던 일종의 사명선언문으로 이 말씀이 예수님의 사역을 통해 성취되고
있음을 말씀하신 바 있다(눅 4:17-21). 이 말씀에 따르면 성부 하나님을
'주 여호와'로, 성자 하나님을 '기름 부음 받은 자'로, 성령 하나님을 '여
호와의 영'으로 묘사한다.

너희는 내게 가까이 나아와 이것을 들으라 내가 처음부터 비밀히 말하
지 아니하였나니 그것이 있을 때부터 내가 거기에 있었노라 하셨느니라
이제는 주 여호와께서 나와 그의 영을 보내셨느니라(사 48:16)

---

8 ─── 장엄의 복수와 삼위일체 하나님에 대한 자세한 논의는 다음을 참조하라. Mathews,
K. A. (1996), *Genesis 1-11:26* (Vol. 1A, pp. 160-161), Nashville: Broadman & Holman
Publishers.

여기서 주 여호와는 성부로, 나는 성자로, 그의 영은 성령으로 나타난다. 또 성경에는 삼위 하나님 중 성부와 성자만을 표현한 것도 있다.

여호와께서 내 주께 말씀하시기를 내가 네 원수들로 네 발판이 되게 하기까지 너는 내 오른쪽에 앉아 있으라 하셨도다(시 110:1)

이는 예수께서 친히 자신에게 적용한 말씀이기도 하다. 여기서 '내 주', '너'는 성자를, '여호와', '나'는 성부로 나타난다. 예수께서는 이 말씀을 언급하시면서 다윗이 하나님의 보좌에 두 분의 위격 또는 두 위격을 주라고 부르고 있음을 지적하면서 하나님 자신이 아니고는 누가 하나님께 나의 오른편에 앉으라고 할 수 있겠느냐고 말씀하신다(마 22:41-46).

이는 한 아기가 우리에게 났고 한 아들을 우리에게 주신 바 되었는데 그의 어깨에는 정사를 메었고 그의 이름은 기묘자라, 모사라, 전능하신 하나님이라, 영존하시는 아버지라, 평강의 왕이라 할 것임이라 그 정사와 평강의 거함이 무궁하며 또 다윗의 왕좌와 그의 나라에 군림하여 그의 나라를 굳게 세우고 지금 이후로 영원히 정의와 공의로 그것을 보존하실 것이라 만군의 여호와의 열심이 이를 이루시리라(사 9:6-7)

성자의 성육신을 예고하는 이 말씀은 그가 기묘자, 모사, 전능하신 하나님, 영존하시는 아버지임을 선언한다. 이는 성자가 성부 하나님과 동등하신 하나님임을 보여 준다. 그리고 이 성육신의 역사를 만군의 여호와의 열심이 이루실 것을 선언한다. [성자의 이름이 '기묘자'로 등장한 것은 '여호와의 사자'와 연관되기도 한다. 삼손의 아버지 마노아에게 여호와의 사자(messenger)가 나타나서 자신의 이름을 '기묘자'로 밝히는데, 이는 성자를 암시한다(삿 13:18). 성경에는 천사와 분명히 구분되는 여호와의 사자가 활동하는 모습을 종종 보여 주기도 한다.]

구약에는 하나님의 말씀을 인격적으로 표현한 구절도 있다.

II. 신론 백신

그가 그의 말씀을 보내어 그들을 고치시고 위험한 지경에서 건지시는도
다(시 107:20)

여호와의 말씀으로 하늘이 지음이 되었으며 그 만상을 그의 입 기운으
로 이루었도다(시 33:6)

내 입에서 나가는 말도 이와 같이 헛되이 내게로 돌아오지 아니하고 나
의 기뻐하는 뜻을 이루며 내가 보낸 일에 형통하리라(사 55:11)

내가 그 곁에 있어서 창조자가 되어 날마다 그의 기뻐하신 바가 되었으
며 항상 그 앞에서 즐거워하였으며(잠 8:30)

또 성령을 인격적으로 표현하기도 한다.

그들이 반역하여 주의 성령을 근심하게 하였으므로 그가 돌이켜 그들
의 대적이 되사 친히 그들을 치셨더니(사 63:10)

그 마음을 금강석 같게 하여 율법과 만군의 여호와가 그의 영으로 옛 선
지자들을 통하여 전한 말을 듣지 아니하므로 큰 노가 만군의 여호와께
로부터 나왔도다(슥 7:12)

3) 신약이 말하는 삼위일체
신약에는 삼위일체 하나님의 활동이 구약보다 훨씬 더 풍부하고
선명하게 등장한다.

예수(성자)께서 세례를 받으시고 곧 물에서 올라오실새 하늘이 열리고
하나님의 성령이 비둘기 같이 내려 자기 위에 임하심을 보시더니 하늘로
부터 소리가 있어 말씀하시되 이는 내 사랑하는 아들이요 내 기뻐하는
자라 하시니라(마 3:16-17)

그러므로 너희는 가서 모든 민족을 제자로 삼아 아버지(성부)와 아들(성자)과 성령의 이름으로 세례를 베풀고(마 28:19)

주 예수 그리스도(성자)의 은혜와 하나님의 사랑과 성령의 교통하심이 너희 무리와 함께 있을지어다(고후 13:13)

때가 차매 하나님(성부)이 그 아들(성자)을 보내사 여자에게서 나게 하시고 율법 아래에 나게 하신 것은 율법 아래에 있는 자들을 속량하시고 우리로 아들의 명분을 얻게 하려 하심이라 너희가 아들이므로 하나님이 그 아들의 영(성령)을 우리 마음 가운데 보내사 아빠 아버지라 부르게 하셨느니라(갈 4:4-6)

우리 구주 하나님(성부)의 자비와 사람 사랑하심이 나타날 때에 우리를 구원하시되 우리의 행한 바 의로운 행위로 말미암지 아니하고 오직 그의 긍휼하심을 따라 중생의 씻음과 성령의 새롭게 하심으로 하셨나니 우리 구주 예수 그리스도(성자)로 말미암아 우리에게 그 성령을 풍성히 부어 주사(딛 3:4-6)

사랑하는 자들아 너희는 너희의 지극히 거룩한 믿음 위에 자신을 세우며 성령으로 기도하며 하나님(성부)의 사랑 안에서 자신을 지키며 영생에 이르도록 우리 주 예수 그리스도(성자)의 긍휼을 기다리라(유 1:20-21)

요한은 아시아에 있는 일곱 교회에 편지하노니 이제도 계시고 전에도 계셨고 장차 오실 이(성부)시며 그의 보좌 앞에 있는 일곱 영(성령)과 또 충성된 증인으로 죽은 자들 가운데에서 먼저 나시고 땅의 임금들의 머리가 되신 예수 그리스도(성자)로 말미암아 은혜와 평강이 너희에게 있기를 원하노라 우리를 사랑하사 그의 피로 우리 죄에서 우리를 해방하시고(계 1:4-5)

그 밖에도 신약에는 삼위일체 하나님의 역사가 선명하게 드러나는 구절들이 많이 있다(요 1:1-2, 14:16-26, 15:26, 16:5-15, 17:24, 고후 12:4-6, 엡 1:3-14, 2:18, 4:4-6, 벧 1:2, 요일 1:1-3 등).

4) 삼위일체 하나님의 구원 사역

삼위일체 신론은 믿음으로 말미암는 구원을 이해하는 데 적합한 토대를 제공한다. 인간이 하나님의 뜻을 벗어나 범죄하자 심판에 처하게 되었다. 그러자 하나님께서는 친히 죄 없는 성자를 보내셨다. 성자는 성부에게 순종하여 십자가에서 모든 인류의 죄를 대신 지고 죽으심으로 죄에 대한 하나님의 심판을 대신 받았다. 이로써 하나님이 인류에게 요구하시는 의를 대신 이루셨다. 이후로 누구든지 하나님의 아들이 이루신 '하나님의 의'를 믿음으로 받아들이는 이는 구원을 얻는다. 이후 성령께서 세상 끝날까지 그와 동행하신다. 이처럼 이신칭의의 구원은 삼위일체 하나님이 협력하여 이루시는 역사다. 만약 하나님이 삼위일체 하나님이 아니라면 하나님의 구원 역사에는 다음과 같은 문제가 생긴다.

첫째, 하나님께서 인간의 죄를 공의로 심판하시지만, 동시에 은혜로 살릴 수 없다. 즉 공의와 사랑을 동시에 만족시키는 구원 사역이 불가능하다.

둘째, 삼위 하나님의 신성을 인정하지 않는다면 이신칭의의 교리가 불가능하다. 성자가 피조물이고 천사에 불과하다면 그는 과연 우리가 믿을 대상이 될 수 있는가? 피조물을 믿는 것은 우상 숭배다. 그리고 우상을 믿음으로 구원받는 것은 논리적 모순이다. 결국 이신칭의가 불가능해지면 강력한 행위와 공로를 통한 구원만이 강조된다.

셋째, 이는 우리의 예배관에도 심각한 위기를 초래한다. 성자가 피조물이라면 우리는 성자의 이름으로 기도하면 안 되고, 성자에게 영광과 찬양과 예배를 드려도 안 된다.

2.2 양태론적 삼위일체론 - 이단으로 빠지는 지름길

많은 이단이 교주를 재림주, 보혜사라고 주장한다. 문제는 사람들이 이 말도 안 되는 주장을 믿는다는 것이다. 도대체 어떤 논리가 숨어 있기에 사람을 하나님으로 믿는 것일까? 이것을 가능하게 하는 사전 작업이 바로 삼위일체 신관을 왜곡시키는 것이다. 이단들은 교주가 하나님임을 주장하기 위해 공통적으로 '영육합일교리' 또는 '신인합일교리'를 주장한다.

쉽게 말하면 이런 것이다. 신약 시대 때 예수님의 육체에 하나님의 영이 임하여 초림주가 된 것처럼, 재림 때 예수님의 영이 교주에게 임하여, 재림주가 된다. 그래서 교주에게는 초림 때 임했던 예수의 영이 임하여 있고, 그의 육체에 예수의 영이 임하여 있기에 재림 예수가 된다. 이렇게 되면 재림주가 정말 눈앞에 실재하는 희한한 역사가 일어난다.

그래서 이단에 빠진 이들은 재림주를 보면 감격하여 눈물을 흘린다. 그의 육체 때문이 아니다. 그 속에 하나님의 영, 예수의 영이 있다고 믿기 때문이다. 여러 이단 교주가 초등학교나 중학교 이하의 학력을 갖고 있다. 그래서 맞춤법도 틀리고, 게다가 겉모습도 평범하다 못해 꼭 시골 농부처럼 보인다. 어떻게 저런 사람을 메시아로 믿고 빠져드나 싶다. 그러나 교주가 이런 모습일수록 이단에 빠진 이들은 교주에 열광한다. 하나님이 저렇게 연약한 인간을 들어 재림주로 쓰시기 때문이다. 이것은 이사야 53장의 예언이 성취되는 실상이다.

> 그는 주 앞에서 자라나기를 연한 순 같고 마른 땅에서 나온 줄기 같아서 고운 모양도 없고 풍채도 없은즉 우리의 보기에 흠모할 만한 아름다운 것이 없도다(사 53:2)

이들은 이 구절에 근거하여 예수님의 외모가 이렇게 고운 모양도 없고, 풍채도 없고, 흠모할 만한 아름다운 것이 없었다고 주장하며, 다시 오는 재림주도 이와 같을 것이라고 주장한다. 무식하고 투박하게 생긴 교주는 이런 메시아상에 딱 들어맞는다.

이런 왜곡된 신앙으로 열어 주는 관문이 바로 '양태론'이라 불리는 왜곡된 삼위일체 신관이다.

어릴 때 교회학교에서 흔히 삼위일체에 대해 들었던 역할의 유비가 있다. 필자는 집에 가면 한 가정의 아버지다. 또 교회에 오면 목사다.

동시에 대학교에 가면 교수다. 동일한 한 사람이지만 각각 다른 역할을 수행한다. 서로 다른 신분의 사람이 되지만 동일한 한 사람인 것이다. 언뜻 듣기에는 이해가 쉬울 것 같다. 이런 이해는 삼위일체의 삼위(三位)라고 할 때 '위격'(位格)의 Person을 '페르조나'(가면)로 이해하기 때문이다. 라틴어 '페르조나'는 원래 그리스로마 시대에 연극배우들이 쓰던 가면(mask)을 가리킨다. 배우는 동일한 한 사람이 역할이 바뀔 때마다 다른 가면을 쓴다. 인격 중에도 다중인격이라는 말이 있지 않은가? 사람에 따라 환경에 따라 다른 인격의 가면을 바꿔 쓰는 것이다.

　이러한 삼위일체 이해는 성부, 성자, 성령 하나님을 사역의 시기와 형태에 따라 다르게 오셨을 뿐, 본질적으로 같은 한 분으로 보게 한다. 성부, 성자, 성령 하나님을 인격적으로 구분하지 않고 다 같은 동일한 한 분으로 본다. 이것이 '양태론'이다. 양태는 겉으로 드러난 모습을 말한다. 양태론은 삼위일체 하나님이 본질은 그대로이지만 겉으로 드러나는 형태만 바뀌었다는 주장이다. 이단들은 양태론을 이용하여 하나님께서 구약 시대에는 성부 혹은 여호와로, 신약 시대에는 성자로, 종말시대에는 예수의 영을 입고 오신 교주로 온다고 주장한다. 결국 같은 하나님이 형태만 다르게 오신 것이다. 이러한 형태의 삼위일체 하나님에 관한 해석은 초대교회 때의 영지주의와 많은 이방 종교의 영향으로 만연하게 되었고 이후 초대교회에 많은 혼란을 주었다. 그래서 초대교회는 많은 논의와 토론을 거쳐 주후 325년 니케아 공의회 때 이단으로 규정하여, 삼위일체 하나님에 관한 교리를 확립한다.

　따라서 그동안 자연스럽게 받아들였던 양태론은 이단의 교묘한 논리를 받아들이는 통로 역할을 했다. 물은 추우면 얼음이 되고, 상온에는 물이 되며, 더워지면 수증기가 된다. 또 태양은 빛, 열, 둥근 형체를 가지고 있지만 하나의 태양이다. 이런 주장들은 모두 일종의 양태론이다. 그렇다면 삼위일체는 성부, 성자, 성령이 모두 다른 분이고 따로 계신 것인가? 이렇게 되면 삼신론으로 간다. 흔히 농담 삼아 가정에 가면 이런 형태의 삼위일체를 볼 수 있다고 한다. 신랑, 소파, 리모콘, 이 세 개가 하나로 연결되어 삼위일체가 된다! 딱 붙어서 마치 하나처럼 존재하는 것이다. 그러나 각각의 존재는 같은 본질이 아니다. 신랑은 인간이고,

소파는 가구고, 리모콘은 전자제품이다. 그저 같이 있다고 일체가 아니다. 일체는 본질과 존재에서의 일체다. 그런 일체가 각각의 구별된 위격으로 존재한다. 그래서 삼위일체는 인간의 지각으로 다 이해할 수 없는 하나님의 신비다. 그러나 이것을 막연한 신비로만 돌리면 이단 교리들에 속수무책으로 당할 가능성이 너무나도 크다. 지금보다는 구체적인 이해가 필요하다.

그렇다면 삼위일체 하나님을 어떻게 이해해야 할까?

첫째, 성부, 성자, 성령 하나님은 모두 한 본체, 한 본질이시지만, 성부는 성자가 아니고, 성자는 성령이 아니며, 성령은 성부가 아니다. 다 각각 구별되는 위격을 갖고 계시다. 그런 면에서 우리의 이해를 초월하는 신비로운 존재 방식인 것이다. 중요한 것은 하나님이 예수님이 아니고 예수님이 성령이 아니라는 것이다. 다 각각 구별된다. 둘째, 이 세 분은 각각 구별되는 분이지만 서로 안에 깊이 침투하시며 함께하신다. 이러한 존재 방식을 '페리코레시스'(perichoresis), 즉 상호침투라고 한다. 마치 한 쌍의 댄서들이 하나를 이루어 춤을 추듯, 성부, 성자, 성령께서는 서로의 사역에 깊이 함께하시며 하나 됨을 이루시는 것이다. 셋째, 그런 가운데 삼위 하나님은 본질에 있어 일체를 이루신다. 그렇기에 한 하나님이 되시는 것이다. 하나님은 성부, 성자, 성령의 세 위격이 한 분의 하나님으로 존재하신다.

이러한 이해는 정말 중요하다. 만약 형태만 다른 양태론으로 가면 구약 시대의 성부가 신약 시대에 성자가 되고, 부활 이후에는 성령이 된다. 형태만 다를 뿐 다 같은 하나님인 것이다. 이런 양태론적 이해를 갖고 있다면 교주를 예수의 영이 임한 하나님이라고 해도 아무런 저항 없이 거짓을 받아들이고 그를 추종하게 된다. 그러나 삼위일체 하나님 이해에 따르면 성부가 신약 시대에 성자가 될 수 없고, 성자가 이후에 교주가 될 수 없다. 양태론이 더 위험한 이유가 있다. 예수 그리스도의 십자가의 대속 사역이 결국은 하나님의 1인 드라마가 되고 만다는 것이다. 양태론을 따르면 성부 하나님이 성자 예수를 이 땅에 보내고, 그가 인류의 죄를 대신하여 죽어 성부 하나님의 진노를 대신 받았다는 것은 논리적으로 성립할 수 없다. 성부가 그리스도가 되어 고난을 받고 죽었다가 스스로 부활한 것이 된다. 이것이 주후 3세기경 노에투스가 주장한 '성부수난설'이다. 양태론을 주장했던 대표적인 양태론자였던 사벨리우스는 한 존재인 하나님이 창조와 율법을 수여할 때는 성부로, 성육신에서는 성자로, 중생과 성화에서는 성령으로 나타난다고 주장하였다. 결국 이런 양태론은 하나님의 아들인 예수 그리스도의 대속 역사와 효력을 모두 부인하는 결과를 초래한다. 이러한 양태론에 따르면 성부가 활동할 때는 성자가 활동하지 않는다. 성자가 활동하기 이전에는 성령이 활동할 수 없다. 각각 다른 형태로 나타나지 함께 활동할 수 없는 것이다. 그러나 성경은 삼위일체 하나님이 함께 활동하는 것을 종종 기록한다.

2.3 삼신론적 삼위일체론 - 예수는 피조물이다

삼위일체를 왜곡하는 또 다른 형태의 이단으로는 삼신론(三神論)을 주장하는 이들이 있다. 삼신론은 말 그대로 세 분의 다른 하나님이 각각 다른 세 본질을 갖고 있다는 것이다. 언뜻 듣기에는 말도 안 되는 것 같지만, 구체적으로 살펴보면 흔히 우리가 제기할 수 있는 의문을 확장하여 왜곡시킨 것이기에 솔깃할 수 있다. 그리고 이런 신론을 주장하는 이단들이 여전히 활동하고 있다.

삼신론은 오랜 역사를 갖고 있다. 역사적으로는 주후 4세기 초 알렉산드리아의 감독이었던 아리우스가 있다. 아리우스에 따르면 삼위일체 하나님은 모두 동일본질(homoousios)이 아니라 유사본질(homoiousios)이다. 동일본질과 유사본질은 어떤 차이가 있을까?

동일본질은 삼위일체 하나님이 동등한 본질을 갖고 계시는 한 하나님임을 말한다. 반면 유사본질은 본질에 있어서 유사하지만 동일하지는 않다는 것이다. 삼위 하나님이 유사한 본질을 갖고 있다면 삼위 하나님 사이에 본질에 있어서 우열이 있다는 말이다. 그렇다면 열등한 본질이 우열한 본질에 종속된다. 이것이 성자종속설이다. 쉽게 말하면 성자 예수는 하나님의 말씀, 즉 로고스로서 태초부터 있었던 것이 아니라 성부 하나님으로부터 창조된 피조물이라는 것이다. 성부 하나님은 무에서부터 스스로 영원토록 존재하는 분이었지만 성자는 존재하지 않았던 때가 있었다. 성자는 성부와 같은 본성에서 난 것이 아니라 성부에 의해 창조되었기에 본질에 있어서 성부의 그것과 다르다. 따라서 본질에 있어서 유사한 신성이지만 하나님과 동일하지는 않다. 여기서 '아들'이란 '비유'적 표현이며, 본질에 있어서 하나님보다 열등함을 보여 준다. 성자종속설에 의하면 성자는 하나님과 같은 존재이거나 같은 지위를 나누지 않는다. 또한 성령은 성자의 첫 피조물이자 비인격적 활동력이다. 따라서 성자는 성부에 종속되고, 성령은 성자에 종속된다. 결국 유사본질은 성부 하나님만이 참된 하나님이란 결론에 도달하게 한다. 이러한 유사본질은 삼신론의 형태지만, 결국 성부 하나님만을 참된 하나님으로 인정하는 일신론으로 귀결된다.

성경은 성자가 성부께 순종하여 이 땅에 내려왔고(빌 2:6-8), 성자의 이름으로 성령이 오신다는 사실을 부인하지 않는다(요 14:26). 하지만 이는 본질에 있어서의 우열을 의미하는 것이 아니다. 삼위 하나님은 본질에 있어서는 동등하다. 그러나 삼위 하나님 간에는 질서가 있다. 이를 '존재론적 동등성과 경륜적 종속'(ontological equality but economic subordination)이라고 한다.[9] '경륜'(헬. 오이코노미아)이란 '집'(헬. 오이코스)과 '경영 혹은 다스림'(헬. 이코노미아)이 결합된 단어로, 하나님의 집을 다스리는 것 혹은 경영하는 것을 말한다. 즉 경륜이란 온 세상의 주인이신 하나님이 피조물인 인류의 구속과 회복을 위해 통치하시는 행위다. 이렇게 볼 때 '경륜적 종속'이란 것은 존재와 지위에 있어서 우위와 통치, 종속을 의미하는 것이 아니라 하나님의 구속과 통치를 위해 질서와 직분과 각자의 역할을 수행하는, 기능에 있어서의 종속을 의미한다. 본질의 종속을 의미하는 것이 아니다. 이러한 경륜적 질서를 잘 보여 주는 것이 에베소서 2장 18절 말씀이다. 우리는 '예수 그리스도로 말미암아 한 성령 안에서 아버지께 나아간다.'

오늘날 이러한 삼신론을 주장하는 단체들에 따르면 여호와 하나님과 예수는 다르다. 예수를 하나님보다 열등한 하나의 신(a god)이요 천사장 미가엘이자 피조물이라고 한다. 또한 성령은 인격적인 하나님이 아니요 하나님의 활동력이자 기운에 불과하다고 한다. 결국 서로 다른

---

9 ——— 웨인 그루뎀, 노진준 역,《조직신학 (상)》(서울: 은성, 1996), 361.

II. 신론 백신

본질을 가진 다른 신이다.

1) 예수 그리스도는 피조물인가

어떤 단체는 그리스도의 신성을 부인하기 위해 여러 성구들을 인용한다. 먼저 성자의 열등성이다. 이들은 '아버지는 나보다 크심이라'(요 14:28), '보냄을 받은 자가 보낸 자보다 크지 못하고'(13:16), '아들이 아버지의 하시는 일을 보지 않고는 아무 것도 스스로 할 수 없느니라'(5:19)와 같은 구절을 예로 든다. 그리고 예수 그리스도는 '하나님과 동등되지 않으신 분'(빌 2:6)이며 '모든 피조물보다 먼저 나신 자'(골 1:15)라고 하며 성부와 동등하지 않은 분으로 본다. 단지 하나님의 천사장 미가엘로 본다. 이들은 '말씀은 곧 하나님'이라는 요한복음(1:1)의 주장에 대해 '하나님'(헬. 테오스) 앞에 정관사(헬. 호)가 빠져 있다는 사실을 들어 예수님은 단지 하나의 신(a god), 즉 천사와 같은 천상적 존재에 불과할 뿐 완전한 하나님이 아니라고 주장하기까지 한다.

그렇다면 이들의 주장은 과연 얼마나 타당할까?

성경은 예수님은 하나님과 동등한 하나님임을 분명히 말씀하고 있다. 예수 그리스도를 '크신 하나님'(딛 2:13), '찬양받으실 하나님'(롬 9:5), '참 하나님'(요일 5:20), '나의 주시며 나의 하나님'(요 20:28)으로 고백한다. 또한 하나님과 마찬가지로 알파와 오메가요, 처음과 마지막이며, 시작과 마침이 되신다(계 1:8, 22:13). 그렇기에 예수 그리스도는 찬송받기에 합당한 하나님이다(5:12-14). 하나님의 천사들은 마땅히 그에게 경배해야 한다(히 1:6). 그러나 예수께서는 인간을 구원하기 위해 이 땅에 성육신하여 내려오시려고 하나님과 동등됨을 취할 것으로 여기지 않으셨다(빌 2:6). 난하주를 보면 이 표현을 '보류'하셨다고 해설한다. 이는 예수 그리스도가 하나님과 동등한 분이 아니라는 뜻이 아니라 성육신 하는 기간 동안 잠시 동등됨을 보류하셨음을 의미한다. 그래야 한계 있는 육신이 되어 이 땅에 올 수 있기 때문이다. 하지만 예수께서는 이 땅에서 사역하시는 동안 자신이 아버지와 동등한 분임을 종종 말씀하셨고(요 5:18), 유대인들로부터 커다란 오해를 받으셨다.

물론 성경은 예수 그리스도를 모든 피조물보다 '먼저 나신 이'로

135

소개한다(골 1:15, 참조 히 1:5). 여기서 낳았다는 표현은 생식적인 방법으로 피조된 존재라는 의미가 아니다. 이는 존재론적으로 동등하지만, 경륜적으로 종속되었음을 의미한다. 이것은 뒤에 나오는 구절(16절)에 의해 뒷받침된다. 세상의 모든 만물이 예수 그리스도를 통해서, 그를 위하여 창조되었다. 예수 그리스도는 피조물과 구별되는 분일 뿐 아니라 모든 피조물을 존재하도록 만드신 분이다. 여기서 '먼저 나신 이'라는 표현은 성경에서 종종 아버지 하나님의 사랑 속에서 특별한 위치를 나타내기 위한 표현으로 사용되었다. '먼저 나신 이'는 헬라어로 '프로토토코스'인데, 문자적으로는 '초태생'(first born)을 말하기도 하며 신분상 앞서는 '장자 혹은 독생자'를 의미하기도 한다. 여기서는 예수 그리스도가 초태생이라는 뜻이 아니라 영원 가운데 낳아진 관계를 가지신 분으로 신분상 장자 혹은 독생자라는 의미로 사용된다.

하나님은 이스라엘을 종종 '내가 먼저 낳은 아들' 곧 '나의 장자'(출 4:22)라고 불렀는데, 이는 하나님과 이스라엘의 긴밀한 관계를 드러낸다. 이 표현은 성경에서 시간상의 앞섬과 계급상의 주권을 가리키는 데 자주 사용되었다.[10] 이는 하나님과 같은 본질을 의미하는 동시에 모든 시간이 생겨나기도 전에 모든 피조물 위에 뛰어난 주권을 가지신 분을 표현하기 위한 비유적 표현이다. 따라서 먼저 나셨다는 것은 피조된 순서가 아니라 신분에 있어서 가장 먼저라는 뜻이다. 이는 경륜적 종속을 의미한다. 하나님이 세상을 경영하고 구원 역사를 이루어 가는 데 필요한 순종일 뿐, 성경은 예수 그리스도가 여전히 온 세상 만물뿐만 아니라 보이지 않는 천사까지 창조한 창조주라고 말씀한다(골 1:16-17, 요 1:3, 고전 1:6, 히 1:2). 따라서 '독생했다'(begotten)는 것은 일종의 출산 혹은 유출이 아니라 성부, 성자, 성령의 삼위일체 안에서의 존재 방식을 말한다. 성자는 영원히 아버지로부터 낳아지는 관계다. 이는 피조물이란 뜻이 아니다. 어느 순간 낳은 것이 아니라 낳아짐의 관계는 영원하다. 아버지로부터 낳아진다는 것은 영원한 존재 방식이자 관계 방식을

10 ──── 피터 오브라이언, 정일오 역, 《골로새서·빌레몬서》 WBC 44 (서울: 솔로몬, 2008), 135.

말한다. 성부와의 관계에서 성자의 아들 됨의 존재 방식이 바로 낳아짐의 관계다.

우리는 이렇게 특별한 아버지와 아들 됨의 유비를 바울과 노예 오네시모와의 관계에서 볼 수 있다. 바울은 빌레몬에게 편지하며 그의 노예 오네시모를 '갇힌 중에서 낳은 아들'이라 부른다(몬 1:10, 참조. 고전 4:15). 여기서 낳았다는 것은 육체적으로 낳았다는 것이 아니다. 서로 간의 존재 방식이 영적인 아버지와 아들의 관계로 질서 지워졌다는 뜻이다.

이들이 주장하는 헬라어 문법에 대한 이해도 정확하지 않다. 하나님 앞에 정관사(호)가 빠져 있는 표현은 하나님이 문장의 주어가 아니라 서술어임을 보여 주는 일반적인 헬라어 문법에 부합하며, 따라서 이는 하나님이 천사(a god)에 불과하다는 주장을 전혀 입증하지 못한다.[11] 요한복음 1장에는 하나님을 지칭하며 정관사를 생략하는 표현(6, 12, 18절)이 종종 등장한다. 이런 구절들에는 천사 혹은 신(a god)으로 번역하지 않고 다 '하나님'(God)으로 번역했다.

2) 성령은 활동력이나 천사에 불과한가

성령은 인격적인 하나님이다. 결코 비인격적 활동력이 아니다. 이들은 성령을 가리키는 히브리어 '루아흐'가 바람(창 8:1, 민 11:31), 기식(창 6:17, 7:15), 기운(19:13, 19, 45:27), 콧김(출 15:8) 등에 사용되는 단어이고, 또 헬라어 '프뉴마' 역시 바람(요 3:8), 기운(살후 2:8), 생기(계 13:15) 등에 사용되는 비인격적 힘을 나타내는 단어라고 주장한다. 따라서 성령은 하나님의 활동력이며 비인격적이라고 한다.[12]

그러나 루아흐나 프뉴마가 이러한 비인격적 활동으로 표현된 것은 성령의 활동력을 묘사하기 위한 표현에 불과하다. 호세아서에 보면 하나님께서도 '비처럼 임하신다'고 말씀한다(호 6:3). 또 하나님은 영, 즉 헬라어로 '프뉴마'(요 4:24)라고 분명히 동등한 표현을 사용한다. 이뿐만 아니다. 성령은 인격적인 활동을 하는 분이다. 생각하시고(롬 8:27), 탄식

---

11 —— 웨인 그루뎀, 《조직신학 (상)》, 337.

12 —— 진용식, 《여호와의 증인·몰몬교는 과연?》, 9-12.

하며 친히 간구하시고(롬 8:26), 사랑하시고(15:30), 근심하시고(엡 4:30), 시기하신다(약 4:5). 때로는 모욕을 받기도 하신다(히 10:29, 참조 행 5:3).

우리는 인격적인 성령께서 우리를 위해 감당하시는 사역을 단순한 활동력으로 격하시켜서는 안 된다. 성령께서는 우리를 위해 능력을 주시고, 우리를 정결케 하시고, 거룩한 구원을 이루어 가시며, 하나님의 뜻을 계시하고 인도하시고, 주님의 몸 된 교회를 하나 되게 하는 일을 행하시는 인격적인 삼위 하나님 중 한 분이시다.

어떤 이들은 삼위일체 하나님을 부인하기 위해 성령을 '천사'라고 주장한다. 이들은 천지창조 때 수면 위를 운행했던 '하나님의 영'(창 1:2)이 천사에 불과하다고 주장한다. 그러나 이는 창조 활동 가운데 성령 하나님께서 성부 하나님과 함께하심을 보여 주는 표현이지, 결코 천사가 아니다. 부리는 영인 천사는 성도를 섬기며(히 1:14), 하나님의 심부름을 하고 하나님을 경배하는 존재다(1:6, 계 4 :8-11), 천사는 결코 사람의 경배를 받아서는 안 된다(계 22:8-9).

또 어떤 이단들은 성령을 악령과 대조되는 선한 영, 거룩한 영들이라고 주장하고 이 성령의 범주에 천사들을 포함시킨다. 심지어 요한계시록에 등장하는 순교자의 영도 선한 영이기에 성령이라고 한다. 이처럼 성령을 선한 영, 거룩한 영들로 주장하고 이와 대조되는 악령을 범죄한 천사들, 사탄, 귀신들로 주장한다. 그러나 이러한 교묘한 분류는 철저히 잘못된 것이다. 성경에서 성령은 오직 한 분이시다(엡 4:4, 2:18, 고전 12:9, 11, 13). 성령은 창조의 하나님이시고 천사는 명백한 피조물이다.

또 다른 단체는 성령이 하나의 물질로서 그 분자가 인간 속으로 뚫고 들어간다고 주장한다.[13] 성령은 인간의 조직을 꿰뚫고 들어가 물리적인 전기나 빛의 속도를 능가하는 빠른 속도로 공간을 이동하며 마음의 생각과 의도를 분별한다는 것이다. 만약 성령이 이와 같은 활동력에 불과하다면 우리는 세례를 성부와 성자와 성령의 이름으로 받을 필요가 없다. 성자와 성부의 이름만으로 충분할 것이다. 하지만 성령은 삼위 하나님의 이름이다. 우리가 성령의 이름으로 세례받는 것은 성령도

---

13 —— 위의 책, 83.

삼위일체 하나님의 인격적인 이름이기 때문임을 기억해야 한다.

3) 보혜사는 누구인가

성령을 지칭하는 또 다른 명칭으로 '보혜사'가 있다. 이 용어는 수 많은 이단이 자신을 교주로 주장하는 단골 메뉴로 사용된다. 교회사에 서 보혜사를 사람에게 처음으로 적용한 이는 2세기에 이단 운동을 일 으켰던 몬타누스였다. 열광적인 성령 운동을 이끌었던 몬타누스는 요 한복음 14장에 약속된 보혜사 성령이 자기에게 임했고, 그런 자신이 곧 보혜사라고 주장했다. 우리나라에는 자신을 보혜사라고 주장하는 이들 이 약 40여 명 등장하였다. 만약 이들의 주장을 받아들이면 사람이 곧 보혜사 하나님이 된다. 많은 성도들이 보혜사에 대한 정확한 개념이 없 기에 그저 그런가 보다 하고 이런 주장을 받아들이다 보면 자칫 잘못 된 이단에 속아 넘어가기 쉽다. 우리는 이단들의 주장에 대하여 보혜사 란 무엇이고, 보혜사는 어떤 일을 하는가에 대한 명확한 기준을 가질 필요가 있다.

그렇다면 보혜사란 누구인가? 보혜사는 헬라어로 '파라클레토스' 다. 접두어 '파라'는 '곁에'라는 뜻이고, '클레토스'는 '부르다'는 의미의 동사 '클레오'에서 왔다. 이는 일종의 법정 용어로 헬라의 법정에서 재판 관과 피고인 사이에서 중보와 변호, 위로를 해주는 변호인을 의미한다. 이처럼 보혜사는 성도들과 하나님 사이에서 중보, 변호, 위로의 일을 한 다. 성경에서 두 종류의 보혜사가 나온다. 하나는 진리의 성령(요 14:17, 15:26, 16:13)이고, 다른 하나는 하나님의 보좌 옆에 계신 부활하신 예수 그리스도다(요일 2:1).

A. 또 다른 보혜사란?

이단은 예수님이 육체로 온 보혜사이며, 그가 보내실 '또 다른 보 혜사'(요 14:16)도 또 다른 육체로 오는데, 보혜사의 영을 받은 육체가 곧 보혜사 하나님이 된다고 주장한다. 보혜사가 육체를 입고 오는 이유는 보혜사가 영이기 때문인데, 영은 말을 못하기 때문에 육을 빌려 사용한 다고 한다. 예수님이 오실 때 육체로 온 보혜사를 유대인들이 부인하였던 것처럼, 또 다른 보혜사가 육체로 오는 것을 부인하면 곧 적그리스도가 된다. 과연 그럴까?

또 다른 보혜사는 육체로 올까? 이를 위해 이단이 흔히 인용하는 성경 구절을 살펴보자.

> 내가 아버지께 구하겠으니 그가 또 다른 보혜사를 너희에게 주사 영원토록 너희와 함께 있게 하리니 그는 진리의 영이라 세상은 능히 그를 받지 못하나니 이는 그를 보지도 못하고 알지도 못함이라 그러나 너희는 그를 아나니 그는 너희와 함께 거하심이요 또 너희 속에 계시겠음이라 (요 14:16-17)

이 말씀에 따르면 '또 다른 보혜사'는 육체를 입은 사람이 아니다. '또 다른 보혜사'는 '진리의 영'이다. 영은 살과 뼈가 없다. 예수께서도 '영은 살과 뼈가 없다'고 했다(눅 24:39). 이 말을 뒤집으면 살과 뼈가 있는 사람은 절대 '또 다른 보혜사'가 될 수 없다. 그렇다면 이 '또 다른 보혜사'를 받을 대상이 누구인가? '너희', 곧 예수님의 제자들이다. 이 보혜사는 2천 년 전 제자들 때부터 영원토록 함께한다고 했다. 만약 '또 다른 보혜사'가 육체로 왔다면, 보혜사는 2천 살을 먹어야 한다. 이단들은 공통적으로 교주만 예수의 영 또는 진리의 영을 받은 보혜사라고 한다. 그러나 이 말씀에 따르면 진리의 영은 한 사람이 아닌 다수의 제자들에게 임한다. 따라서 교주만 보혜사의 영을 받았다는 말은 성립되지 않는다.

이단은 영은 육을 들어 쓰기 때문에 육을 입고 말한다고 주장한다. 그러나 성령은 삼위 하나님 중 한 분으로 제자들에게 진리의 영으로 임하여서 직접 말씀하시곤 했다. 빌립에게 직접 말씀하셔서 에디오피아의 내시에게로 가라고 지시하셨고(행 8:29), 안디옥 교회가 선교를 위하여 금식할 때 성령께서 바나바와 바울을 따로 세우라고 이르셨다(13:2). 또 성령께서는 아시아에서 복음을 전하려 애썼던 바울을 제지하셨다(16:6). 또 성령께서는 예루살렘으로 향하는 바울에게 각 성에서 결박과 환란이 기다릴 것을 말씀하셨다(20:23). 성령께서는 친히 우리 영으로 더불어 우리가 하나님의 자녀인 것을 증거하신다(롬 8:16). 성령은 친히 교회들에게 말씀하신다(계 2:7).

한편 이단은 보혜사가 육체로 온 것을 시인하여야 하나님께 속한 것이고, 이것을 시인하지 않으면 적그리스도라 주장한다. 그들이 주장하는 요한일서 말씀을 살펴보자.

> 이로써 너희가 하나님의 영을 알지니 곧 예수 그리스도께서 육체로 오신 것을 시인하는 영마다 하나님께 속한 것이요 예수를 시인하지 아니하는 영마다 하나님께 속한 것이 아니니 이것이 곧 적그리스도의 영이니라 오리라 한 말을 너희가 들었거니와 지금 벌써 세상에 있느니라 (요일 4:2-3)

이 말씀을 인용하면서 초림 때 육체로 오신 예수를 부인했던 사람들이 적그리스도인 것처럼 재림 때 육체로 오신 보혜사를 부인하는 기성교회와 목사들이 적그리스도 세력이라고 주장한다. 따라서 예수의 영이 육체에 임한 보혜사 교주를 알아보고 인정해야 적그리스도가 아닌 것이다.

그러나 이단은 이 말씀을 완전히 곡해하고 있다. 이 말씀은 당시 요한공동체 안에 만연했던 영지주의자들을 반박하기 위해 기록되었다. 영지주의에 따르면 영적 세계는 선하고 물질세계는 악하고 하찮은 것이다. 이렇게 볼 때 예수가 입은 하찮은 육체는 껍데기에 불과하다. 중요한 것은 예수의 영이다. 그래서 예수는 영혼의 감옥인 육체를 벗어 버리고 영이 자유롭게 해방되어야 한다. 이것을 구체적으로 묘사한 것이 앞서 언급한 《유다복음서》다.

그런데 사도 요한은 당시 영지주의자들이 갖고 있던 이런 성육신에 대한 그릇된 주장을 반박하려 했다. 요한은 악한 육체에 선한 하나님의 영이 임했다고 주장하는 이원론적 사고를 배격하며 예수 그리스도는 말씀이 육신이 되어 이 땅에 오셨다고 주장한다. 이는 예수 그리스도께서 완전한 하나님이자 완전한 인간으로, 완전한 신성과 완전한 인성으로 오셨음을 의미한다. 이 성육신의 신비를 인정하고 받아들이는 자가 하나님께 속한 자들이요, 오늘날의 이단들처럼 인간 예수의 육체에 하나님의 영이 임했다고 주장하는 이들이 곧 적그리스도라는 것이다! 적그리스도의 주장에 따르면 인간 예수의 육체는 껍데기일 뿐 아무것도 아니다. 다만 그에게 임한 하나님의 영으로 인하여 그가 그리스도가 된 것이다. 이런 동일한 논리가 이단 교주에게도 적용된다. 이단이 인간 교주를 보혜사로 믿고 따르는 것은 그의 인간적인 육체 때문이 아니다. 그에게 임한 예수의 영 때문이다. 그러나 요한일서는 이런 주장을 하는 이들이 적그리스도를 따르는 것임을 이미 예전에 결론지었다.

B. 예수의 영은 누구에게 임하는가

여기서 우리가 분별해야 할 점이 있다. 하나님의 영, 혹은 예수의 영은 특별한 사람에게만 임하는 것인가? 하나님의 영이 임하면 누구나 보혜사가 될 수 있을까? 중요한 것은 하나님의 영은 예수 그리스도를 믿는 모두에게 선물로 주어진다는 사실이다.

> 베드로가 이르되 너희가 회개하여 각각 예수 그리스도의 이름으로 세례를 받고 죄 사함을 받으라 그리하면 성령의 선물을 받으리니(행 2:38)

성령은 구약에서 하나님의 영, 신약에서는 예수의 영(행 16:7), 혹은 아들의 영(갈 4:6)과도 같은 동의어로 사용되었다. 요셉은 하나님의 영에 사로잡혀 감동되었고(창 41:38), 브살렐은 하나님의 영이 충만하여 성막기구를 제작했다(출 31:3, 35:31). 발람 선지자도 하나님의 영으로 감동되었고(민 24:2), 사울도 하나님의 영이 임했다(삼상 10:10, 11:6). 심지어는 사울의 전령들에게도 임했다(삼상 19:20). 바울은 예수의 영에 사로잡혀 선교 사명을 감당했다(행 16:7). 고린도 교회 교인들은 하나님의 영으로 말미암아 그리스도의 편지가 되었다(고후 3:3). 로마 교회 교인들은 하나님의 영으로 인도함을 받은 하나님의 아들이었다(롬 8:9, 14). 나아가 초대교회 성도들 모두 하나님의 영을 받았다(벧전 4:14, 행 2:4). 이단의 논리에 따르면 이들은 모두 보혜사이어야 한다. 기억하라. 예수님 시대에 예수의 영을 받은 성도들은 또 다른 초림 예수들이 된 것이 아니라 예수 그리스도의 신실한 종이 되었다.

C. 대언자 보혜사

보혜사를 가리키는 또 다른 용어는 '대언자'다.

> 나의 자녀들아 내가 이것을 너희에게 씀은 너희로 죄를 범하지 않게 하
> 려 함이라 만일 누가 죄를 범하여도 아버지 앞에서 우리에게 대언자가
> 있으니 곧 의로우신 예수 그리스도시라 (요일 2:1)

여기서 대언자는 난하주 2번을 참조하면 헬라어로 '파라클레토
스', 즉 보혜사다. 여기서 보혜사를 대언자로 번역한 이유는 보혜사가 갖
는 대언자적 특징 때문이다. 대언자는 어떤 일을 하는가? 이단들은 이
말씀에 근거하여 흔히 자기 교주가 하나님의 말씀을 대언하는 대언자
라고 한다. 여기서는 구약의 선지자 혹은 예언자의 개념을 가지고 대언
자라고 하는 것이다. 그러나 여기서 대언자 역할은 미래의 일을 예언하
거나 세계 경영에 대한 하나님의 계획을 선언하는 것과는 거리가 멀다.
여기서의 대언은 하나님 보좌 앞에서 성도들의 죄를 변호하는 역할을
의미한다. 성도가 죄를 짓고 실수를 해도 예수 그리스도께서 하나님 보
좌 앞에서 변호자가 되어 성도들을 변호해 준다. 이를 공동번역은 보다
명확하게 드러낸다.

> … 그러나 혹 누가 죄를 짓더라도 아버지 앞에서 우리를 변호해 주시는
> 분이 계십니다. 그분은 의로우신 예수 그리스도이십니다 (요일 2:1, 공동
> 번역)

부활하신 예수 그리스도는 하나님 보좌 앞에서 항상 성도들을
위하여 변호와 중보 사역을 한다. 그가 변호자가 될 수 있는 이유는 그
만이 인간의 죄에 대하여 대신 형벌을 받고 인간의 죄의 문제를 해결해
준 중보자이기 때문이다. 그가 직접 인간의 죄를 대신하여 대속죄물이
되어 하나님과 인간을 화목하게 했다. 이러한 예수 그리스도의 중보와

변호 사역은 성도에게 큰 위로와 힘이 된다. 지금도 예수 그리스도는 천상에서 성도를 변호하고 보호하는 천상의 보혜사다. 그가 이 땅에 있는 제자들을 위하여 또 다른 보혜사를 보냈는데, 그가 바로 예수의 영인 성령이다. 성령은 지상의 보혜사로 이 땅의 성도들을 위하여 말할 수 없는 탄식으로 중보하고 위로한다.

만약 교주가 이런 보혜사의 사역을 하는 대언자라면, 그는 성도들을 위하여 죄의 문제를 해결해 줄 수 있어야 한다. 적어도 성도의 죄를 대신하여 형벌을 받든지, 대속제물이 되어 성도를 죄에서 구속할 수 있어야 한다. 그러려면 교주는 성도 하나하나를 다 알고 있어야 하고, 그들의 죄를 알고 있어야 한다. 이것이 가능할까? 따라서 교주는 보혜사로서, 대언자로서의 자격이 없다. 우리에게 있는 천상의 보혜사와 이 땅의 보혜사 외에 또 다른 보혜사는 필요 없다. 있어서도 안 된다.

D. 보혜사는 어떤 일을 하는가

그렇다면 보혜사는 어떤 일을 하는가?

첫째, 보혜사는 성도들이 이 땅을 살아가는 동안, 그리고 저 영원한 본향에 이르기까지 영원토록 함께할 것이다(요 14:16). 절대 성도들을 이 땅에 고아와 같이 내버려 두지 않을 것이다(14:18). 둘째, 보혜사는 예수님의 말씀을 생각나게 하고 가르칠 것이고(14:26), 예수님만 증거할 것이다(15:26). 셋째, 보혜사는 죄와 의, 심판에 대하여 세상을 책망할 것이다(16:8). 넷째, 보혜사는 진리의 영이기에 자의로 말하지 않고 오직 예수 그리스도의 말씀만을 말하며 장래 일을 알려 줄 것이다(16:13). 다섯째, 보혜사는 예수 그리스도의 것만으로 예수의 영광만을 나타낼 것이다(16:14).

이렇게 볼 때 교주는 절대로 보혜사가 될 수 없다. 보혜사는 예수 그리스도만 증거해야 하지만 교주는 자기만 증거한다. 보혜사는 예수의 영광만 드러내야 하지만, 교주는 자기가 모든 영광을 다 받는다. 보혜사는 예수 그리스도의 말씀을 생각나게 하고 가르치지만, 교주는 자기가 특별한 계시를 받았다며 예수의 진리 외에 다른 진리로 성도들을 미혹한다.

4) 어머니 하나님은 누구인가

삼위일체 하나님을 부인하고 하나님을 아버지 하나님, 어머니 하나님으로 주장하는 이들이 있다. 우리가 믿는 하나님에 대한 정확한 정리 없이 이들의 주장을 접하다 보면 자칫 이들에게 미혹당할 수 있다. 이 어머니 하나님을 따라다니는 이들이 꽤 있다. 그렇다면 이들은 어떻게 어머니 하나님을 믿게 되었을까? 이들이 주장하는 어머니 하나님의 근거는 무엇일까?

첫째, 하나님은 한 분이 아니다. 하나님을 지칭하는 히브리어 '엘로힘'은 단수가 아니라 복수다. 창세기 1장 26절에도 하나님이 '우리'라고 하지 않는가? 여기서 엘로힘은 아버지 하나님, 어머니 하나님을 가리킨다는 것이다.

둘째, 하나님은 '우리가 우리의 형상을 따라' 사람을 만들자고 하고는 하나님의 형상대로 사람을 만들었다. 쉽게 말하면 하나님을 복사해서 나온 것이 사람이다. 하나님의 형상대로 복사한 사람을 보라. 어떻게 되어 있는가? 남자와 여자가 있다. 고로 하나님도 남자, 여자가 있어야 한다. 사람은 남녀가 있는데 사람 형상의 원본인 하나님도 남녀가 있는 것이 당연하다는 것이다.

셋째, 로마서 5장 14절(개역한글)은 '아담은 오실 자의 표상'이라고 했다. 그렇다면 여기 '오실 자'가 누구일까? '오실 자'는 재림주를 말한다. 아담은 재림주의 표상이 된다. 그런데 아담에게는 부인 하와가 있었다. 그렇다면 재림주도 부인이 마땅히 있어야 한다는 것이다.

넷째, 갈라디아서 4장 26절은 '위에 있는 예루살렘은 자유자니 곧 우리 어머니'라고 했다. 여기서 어머니는 누구일까? 바로 어머니 하나님을 가리킨다는 것이다.

다섯째, 요한계시록 21장 9절과 22장 17절에 보면 어린 양의 아내, 곧 신부가 나온다. '일곱 대접을 가지고 마지막 일곱 재앙을 담은 일곱 천사 중 하나가 나아와서 내게 말하여 이르되 이리 오라 내가 신부 곧 어린 양의 아내를 네게 보이리라 하고'(계 21:9). 여기서 어린 양의 아내는 곧 여자 하나님으로 믿는 여교주를 가리킨다는 것이다. 계시록 22장 17절을 보면 '성령과 신부가 말씀하시기를 오라 하시는도다 듣는 자도 오라 할 것이요 목마른 자도 올 것이요 또 원하는 자는 값없이 생명수를 받으라 하시더라'라고 나온다. 생명수를 주실 수 있는 존재는 반드시 하나님이어야 하기에, 여기서 성령의 신부는 여자 하나님이어야 한다는 것이다.

이러한 주장은 언뜻 볼 때 그럴듯하다. 그러나 구체적으로 살펴보면 성경을 곡해하고 있음이 드러난다.

첫째, 엘로힘은 분명 복수가 맞다. 그런데 히브리어에는 명사의 성이 있다. 남성, 여성, 그리고 공성(common)이다. 만약 하나님이 남자와 여자라면 여기서는 공성 복수로 사용되는 것이 맞다. 그런데 여기서 엘로힘은 공성 복수가 아니라 남성 복수로 사용되었다. 하나님은 남성 복수임이 드러나는데, 이는 어머니 하나님을 보여 주는 증거가 아니라 오히려 삼위일체 하나님을 강화하는 증거다.

둘째, 여기서의 형상은 육체적 형상을 말하지 않는다. 하나님은 영(요 4:24)이시기에 사람의 육체가 아니고 사람의 육체와 전적으로 다르다. 영은 남성과 여성이 없다. 따라서 하나님의 형상대로 사람을 지었다는 것은 하나님이 남자와 여자로 되어 있다는 것을 방증하는 것이 아니고, 삼위일체 하나님의 영적 속성, 즉 인격적 속성과 관계 맺음의 속성을 반영한다는 뜻이다. 우리가 닮아 있는 하나님의 형상을 하나님의 공유적 속성이라고 한다. 공유적 속성에는 지혜, 지식, 선, 사랑, 은혜, 자비, 공의, 능력, 주권(다스림) 등의 특징들이 있고, 또한 공동체적 관계 맺음의 특성이 있다. 이는 삼위일체 하나님이 서로 사랑하고 헌신하며 하나를 이루는 것처럼, 사람에게도 삼위일체 하나님의 관계 맺음의 형상을 반영하도록 허락하셨다는 것이다.

셋째, '오실 자의 표상'이란 교주의 부인에 관한 말이 아니다. 여기 '표상'은 개정개역 성경에서는 '모형'으로 번역되었고, 난하주에는 이것을 '예표'라고 해설하였다. 아담이 장차 오실 자, 즉 예수 그리스도의 예표가 되었다는 것이다. 즉 아담이 온 인류의 대표였던 것처럼, 예수 그리스도가 아담의 후손을 죄에서 건지기 위하여 새로운 인류의 대표로 오셨다는 뜻이다. 아담이 인류의 대표로 죄를 지어 모든 사람이 죄인 되었던 것처럼, 예수께서 인류의 대표로 인류의 모든 죄를 십자가에서 지셨기에, 모든 인류가 구원을 받고 의인이 되기에 이르렀다. 이것은 인류의 대표성을 드러내는 말씀이다. 그래서 로마서 5장 17절에 가면 '한 사람의 범죄로 말미암아 사망이 그 한 사람을 통하여 왕 노릇 하였은즉 더욱 은혜와 의의 선물을 넘치게 받는 자들은 한 분 예수 그리스도를 통하여 생명 안에서 왕 노릇 하리로다'고 말씀한다. 따라서 오실 자의 표상은 장차 온 인류를 대표하여 죄 문제를 해결해 주실 예수 그리스도에 관한 말씀이지 결코 어머니 하나님에 관한 말씀이 아니다.

넷째, '위에 있는 예루살렘'은 어머니 하나님이 아니라 신약의 교회를 의미한다. 갈라디아서 4장 21절 이하는 두 여자가 대조되어 나온다. 하나는 여종 하갈이고, 다른 하나는 자유자 사라다. 이는 두 언약을 의미하는데(24절), 하나는 시내산의 율법으로부터 나온 옛 언약 아래에 있는 구약의 유대교이고 다른 하나는 성령을 따라 나온 새 언약 아래의 교회를 의미한다. 따라서 구약의 유대교를 땅의 예루살렘으로, 신약의 교회를 위에 있는 예루살렘으로 표현했다. 만약 위에 있는 예루살렘이 이단의 주장대로 어머니 하나님이라면, 하갈은 누구인가? 아버지 하나님인가? 따라서 이단의 주장은 언뜻 볼 때 그럴듯하지만 전후의 문맥을 보면 전혀 들어맞지 않는다. 갈라디아서 4장 26절은 결국 우리는 그리스도 예수 안에서 죄 사함받아 신약의 교회로 부름받은 율법에서 자유롭게 된 성도들이니 더 이상 죄의 종노릇 할 필요가 없음을 의미하는 구절이다. 이것을 갈라디아서 5장 1절은 다음과 같이 장엄하게 선언한다.

> 그리스도께서 우리를 자유롭게 하려고 자유를 주셨으니 그러므로 굳건하게 서서 다시는 종의 멍에를 메지 말라

다섯째, 요한계시록에서의 신부는 갈라디아서 4장 21절과 같이 교회를 말한다. 이러한 비유적 표현은 에베소서 5장 22-32절에 잘 나타난다. 특히 25절은 남편과 아내의 관계를 설명하면서 '남편이 아내 사랑하기를 그리스도께서 교회를 사랑하시고 자신을 주심같이 하라'고 말씀한다. 여기서 남편과 아내의 관계를 그리스도와 그의 신부인 교회

의 관계로 빗대어 설명한다.

여섯째, 어떤 이단 단체는 어머니 하나님을 주장하며 어머니 하나님이 하늘에서 내려왔다고 주장하며 경배하지만, 실제 어머니 하나님이라 주장하는 여교주는 이전에 다른 남자의 남편이었고, 그 남편을 버리고 교주의 아내가 되었다. 어떻게 하나님의 신부가 다른 남자를 남편으로 맞을 수 있는가?[14] 하나님이 간음할 수 있는가? 어떻게 하늘에서 내려온 예루살렘이자 하나님의 신부가 여자로 내려와 성생활을 하여 자녀를 낳을 수 있는가?[15] 이렇게 태어난 자녀는 하나님인가, 인간인가?

3. 하나님의 본질과 속성

3.1 하나님의 본질

우리가 삼위일체 하나님을 종종 오해하고 곡해하는 것은 하나님을 물리적이고 인간적인 관점에서 이해하려 하기 때문이다. 인간적인 관점으로 투영하여 어머니 하나님을 만들어 내고, 동등한 위격의 삼위일체 하나님의 하나 됨을 차별하여 우열을 가리려 한다. 이러한 오해는 우리가 하나님의 중요한 본질들을 간과하고 있기 때문이다. 따라서 우리는 하나님의 본질에 대해 생각해 볼 필요가 있다. 그렇다면 하나님은 본질적으로 어떤 분인가?

첫째, 하나님은 영이시다(요 4:24). 하나님의 본질은 영이다. 단순히 어떤 영(a spirit)이 아니라 특별한 영(Spirit)이다. 하나님은 본질적으로 이 세상에 있는 그 어떤 존재 형태와도 다르고, 그보다 뛰어나다. 이는 하나님의 존재가 그 어떤 물질적인 것으로 규정될 수 없고, 크기나 부분과 같은 공간적이고 물리적인 것으로도 이해할 수 없는 분임을 의미한다. 하나님은 물질적인 몸을 갖지 않으셨고, 여타 피조물처럼 물질로 이루어졌거나 혼합되거나 첨가되어 구성되지 않았다. 이는 우리가 알고 있는 어떤 존재 방식보다 월등히 뛰어나다.

---

14 ──── 진용식, 《안상홍 증인회의 실체는》 증보판 (서울: 백승, 2007), 82-83.
15 ──── 위의 책, 83.

하나님은 영이기에 눈으로 볼 수 없고 만질 수 없다. 이를 하나님의 비가시성(invisibility)이라 한다. 하나님의 비가시성은 하나님의 존재를 단순히 물리적으로 볼 수 없는 것에 그치지 않는다. 이는 우리가 하나님의 온전한 본질을 절대 이해할 수 없음을 의미한다. 그럼에도 하나님은 가시적인 피조물들을 통하여 하나님을 끊임없이 드러내신다. 하나님을 볼 수 없다고 해서 우주의 기 혹은 에너지와 같은 존재라는 것은 아니다. 하나님은 이 세상에 있는 그 어떤 것과도 비교할 수 없는 구별된 완전한 영이시다. 따라서 하나님은 물리적인 크기, 공간, 물질, 질량, 에너지로도 이해할 수 없고, 물리적인 시공간을 초월한다. 우리가 알고 있는 그 어떤 존재로도 비교할 수 없고 뛰어나다. 이런 하나님 앞에 우리의 합당한 반응은 무엇일까? 바로 경배와 찬양을 돌려드리는 것뿐이다.

> … 하나님은 복되시고 유일하신 주권자이시며 만왕의 왕이시며 만주의 주시오 오직 그에게만 죽지 아니함이 있고 가까이 가지 못할 빛에 거하시고 어떤 사람도 보지 못하였고 또 볼 수 없는 이시니 그에게 존귀와 영원한 권능을 돌릴지어다 아멘(딤전 6:15-16)

둘째, 하나님은 생명이다. 하나님은 영원토록 살아계신 하나님이다. 하나님은 생명 자체이며 오직 하나님만이 모든 생명의 원천이다.

> 우주와 그 가운데 있는 만물을 지으신 하나님께서는 천지의 주재시니 손으로 지은 (신)전에 계시지 아니하시고 또 무엇이 부족한 것처럼 사람의 손으로 섬김을 받으시는 것이 아니니 이는 만민에게 생명과 호흡과 만물을 친히 주시는 이심이라(행 17:24-25)

따라서 하나님 안에 거할 때 우리는 풍성한 생명을 얻는다.

> 내 안에 거하라 나도 너희 안에 거하리라 가지가 포도나무에 붙어 있지 아니하면 스스로 열매를 맺을 수 없음 같이 너희도 내 안에 있지 아니하

면 그러하리라 나는 포도나무요 너희는 가지라 그가 내 안에, 내가 그 안에 거하면 사람이 열매를 많이 맺나니 나를 떠나서는 너희가 아무 것도 할 수 없음이라 사람이 내 안에 거하지 아니하면 가지처럼 밖에 버려져 마르나니 사람들이 그것을 모아다가 불에 던져 사르느니라(요 15:4-6)

또한 우리가 하나님 안에 거하면 우리는 영혼의 구원만이 아니라 장차 있을 영원한 부활의 소망을 갖게 된다.

예수를 죽은 자 가운데서 살리신 이의 영이 너희 안에 거하시면 그리스도 예수를 죽은 자 가운데서 살리신 이가 너희 안에 거하시는 그의 영으로 말미암아 너희 죽을 몸도 살리시리라(롬 8:11)

셋째, 하나님은 인격을 갖고 계신다. 여기서 인격은 지(지식, 지혜, 진실함), 의(의지, 자유, 주권)를 포함한다. 이러한 하나님의 인격은 사람과 일부 유사한 점이 있다. 하나님이 인격적이기에 우리는 하나님의 인격을 닮고 인격적인 하나님을 만날 수 있다(출 34:6-7, 렘 32:41, 욥 23:13, 사 63:16, 요 11:35, 엡 1:11). 일부 단체는 하나님이 영이심을 강조하면서도 인격임을 인정하지 않으려 한다. 그러면 하나님을 향한 예배, 기도, 찬양과 같은 행위가 무의미해진다. 우리는 영이자 생명이신, 그러나 동시에 인격이신 하나님을 믿고 신뢰해야 한다.

3.2 하나님의 속성

하나님은 본질적으로 영이고 생명이고 인격이다. 이러한 하나님의 본질로부터 우리는 하나님의 '속성'(attributes)을 배울 수 있다. 벌코프는 속성이라는 용어보다 하나님께 있는 고유한 특징을 가리키는 말로 '특성'(properties)이 좋다고 제안하기도 한다.[16] 하지만 이러한 특성은 하나님께만 있는 특성들을 가리키다 보니 사람에게도 있는 하나님의 특성을 약화시키는 느낌이 있다. 그렇다고 '성품'이란 말을 사용하면 하

---

16 —— 벌코프, 《벌코프 조직신학 상》, 245.

II. 신론 백신

나님의 특성을 사람에게 있는 것으로만 생각하려는 경향이 생긴다. 따라서 여기서는 하나님의 '속성'이란 용어를 사용한다. 한계 있는 인간이 하나님의 속성을 다 파악할 수 없다. 그래서 우리는 성경에 계시된 범위 안에서 하나님의 속성을 배우고자 한다. 하나님의 속성은 크게 두 가지로 나눈다. 첫째, 비공유적 속성 혹은 절대적 속성이다. 이는 피조물에게는 없고 오직 하나님에게만 있는 특성이다. 둘째, 공유적 속성, 혹은 보편적 속성이다. 이는 하나님과 인간이 모두 가진 공통된 속성이다. 물론 공통된다고 하지만 그 정도와 차이에 있어서 하나님과 인간 사이에는 큰 간극이 있다. 하나님은 완벽하신 것에 비해 사람은 불완전한 한계가 있다.

1) 비공유적 속성
A. 자존성(독립성)

하나님은 스스로 계신 분이다(출 3:14). 하나님은 존재에 있어 자신이 존재하기 위해 자신 외의 다른 것에 의존하지 않는다. 모든 외적인 의존에서 독립되어 있다. 무엇이 부족한 것처럼 피조물의 손길과 도움이 필요하지 않다(행 17:24-25). 또한 하나님은 사역에 있어 독립적이다. 전적으로 자신의 뜻과 능력으로 일하신다. 하나님은 선택과 결정에 있어 자신 외의 다른 어떤 피조물에게 영향이나 도움을 필요로 하지 않는다.

> 땅의 모든 사람들을 없는 것 같이 여기시며 하늘의 군대에게든지 땅의 사람에게든지 그는 자기 뜻대로 행하시나니 그의 손을 금하든지 혹시 이르기를 네가 무엇을 하느냐고 할 자가 아무도 없도다(단 4:35)

하나님이 자기 뜻대로 행하시는 것을 누구도 방해하거나 막을 수 없다. 문제를 제기할 수조차 없다. 이처럼 하나님은 자기 뜻대로 세상을 경영하신다. 또한 하나님은 사람에게 긍휼을 베푸시고 구원하시는 일에 있어 누구의 도움도 필요로 하지 않으시고, 자유롭게 결정하셨다.

바이블 백신 1

모세에게 이르시되 내가 긍휼히 여길 자를 긍휼히 여기고 불쌍히 여길
자를 불쌍히 여기리라 하셨으니 그런즉 원하는 자로 말미암음도 아니요
달음박질하는 자로 말미암음도 아니요 오직 긍휼히 여기시는 하나님으
로 말미암음이니라 (롬 9:15-16)

어떤 이들은 하나님이 자존하시지만 홀로 외로웠기에 사람을 창
조하셨다고 말하기도 한다. 그러나 그렇지 않다. 이러한 이들의 주장대
로라면 하나님은 피조물로부터 완전히 자유롭고 독립적이라고 말할 수
없게 된다. 하나님은 영원 전부터 삼위 하나님 사이의 완전한 사랑과 교
제가 있었다. 하나님이 세상을 창조하기 전에 하나님은 삼위 하나님과
서로 사랑하며 영광을 나누었다 (요 17:5, 24). 이러한 삼위 하나님의 교제
를 인간이 나누는 불완전한 교제와 비교할 수 없다.

여기서 질문이 생긴다. 하나님의 자존성이 인간을 필요로 하지
않는다면, 사람은 하나님께 어떤 의미가 있을까? 하나님의 자존성에도
불구하고 중요한 것은 하나님께서 사람을 지으시고 사람으로 하나님께
영광 돌리는 것을 기뻐하셨다는 사실이다 (사 43:7, 엡 1:11-12, 계 4:11). 그
뿐만 아니라 하나님은 우리의 존재로 인하여 기뻐하시고 즐거워하신다
(사 62:3-5). 하나님은 자존하시지만, 그럼에도 우리의 존재를 기뻐하시
고 중요하게 여기시며, 우리의 찬송과 영광을 기뻐하신다.

너의 하나님 여호와가 너의 가운데에 계시니 그는 구원을 베푸실 전능
자이시라 그가 너로 말미암아 기쁨을 이기지 못하시며 너를 잠잠히 사
랑하시며 너로 말미암아 즐거이 부르며 기뻐하시리라 하리라 (습 3:17)

B. 불변성

하나님은 영원히 변하지 않는 분이다 (단 6:26, 말 3:6, 약 1:17). 이는
하나님의 존재, 작정하심, 약속, 목적, 완전하심에 대하여 변함이 없음
을 의미한다. 그러나 하나님이 무감각하다는 의미로 착각해서는 안 된
다. 하나님은 인격이고 생명이시기 때문이다. 하나님의 불변성은 우리
로 하여금 하나님을 믿고 의지하게 하는 근거가 된다. 만약 하나님께서

II. 신론 백신

4천 년 전에 하신 약속과 2천 년 전에 하신 약속, 그리고 현재 하신 약속이 제각각 다르다면 어떻게 될까? 하나님께서 사람을 창조한 목적이 창조 때와 지금이 다르다면 어떻게 될까? 하나님이 작정하셨다가도 그 작정하심이 뒤바뀌면 어떻게 될까? 그렇다면 우리는 하나님을 전적으로 신뢰할 수 없게 된다. '여호와의 계획은 영원'하다(시 33:11). 하나님은 사람과 달리 식언하지 않으시고, 후회하지 않으시며, 하신 말씀을 성취하신다(민 23:19, 사 46:9-11).

그렇다면 하나님께서는 그분의 작정하심을 절대 돌이키지 않으시는가? 성경을 보면 때로 하나님의 작정하심을 돌이키시는 경우가 나온다. 언제인가? 바로 하나님의 백성이 기도할 때다. 아브라함이 간절히 기도하자 소돔과 고모라를 곧바로 심판하려 하셨던 하나님은 의인 열 명만 있어도 멸망시키지 않겠다고 계획을 변경하신다(창 18:32). 이스라엘이 금송아지를 만들어 범죄하자 이들을 멸망시키려 하셨던 하나님은 모세의 중보기도로 인하여 마음을 돌이키신다(출 32:14). 하나님은 히스기야의 생명을 취하시려 했다가 그의 간절한 기도로 15년의 생명을 연장시켜 주신다(20:5-6). 또 니느웨를 심판하려 하셨다가 그들이 회개하자 뜻을 돌이켜 심판을 철회하신다(욘 3:10).

이러한 하나님의 반응은 하나님이 무감각한 기계적이고 비인격적인 하나님이 아니라 인격적인 하나님임을 보여 준다. 마치 자녀를 사랑하는 부모와 같이, 어미 독수리가 새끼를 품는 것같이 하나님은 각각의 환경 속에서 기도하며 부르짖는 이들을 위하여 새로운 일을 행하신다(출 19:4). 그렇다고 해서 더 크고 궁극적인 하나님의 뜻이 뒤바뀌는 것은 아니다. 우리를 향한 하나님의 구원 계획은 절대 취소될 수 없다. 예수님의 재림과 최후의 심판을 약속하신 하나님의 약속은 결코 취소될 수 없다. 그러나 하나님은 이 모든 것을 합력하여 하나님의 선을 이루어 가신다(롬 8:28).

C. 무한성

무한성이란 한계가 없음을 의미한다. 하나님은 한계가 없으신 분이다. 피조세계에, 자연법칙에 제한을 받지 않는다. 하나님의 무한성은 존재, 시간, 공간에 나타난다.

C.1 완전성

하나님은 그의 존재에 있어 완전하신 분이다. 완전하다는 것은 첫째, 내적으로나 질적으로 어떠한 제한이나 결핍이 없는 상태이고, 둘째, 그 가능성이나 잠재력에 있어 한계가 없다는 뜻이다.[17] 하나님은 무한한 영이고 무한한 생명이며, 무한한 인격을 갖고 계신 분이다. 그의 존재와 속성에 있어서 결함이나 한계가 없다. 완전하고 무한하다. 따라서 사람은 감히 하나님의 위대하심을 측량할 수 없다(시 145:3, 욥 11:7-10).

우리는 하나님의 성품을 다 측량할 수 없다. 하나님의 긍휼하심을 우리가 어떻게 다 측정할 수 있을까? 그분의 인내와 사랑을 어떻게 다 이해할 수 있을까? 하나님의 성실하심이 어떤 것인지 제대로 이해할 수 있을까?

C.2 영원성

시간에 있어 하나님은 시간 안에 계시지 않고 시간을 초월하신다. 하나님은 시간의 한계에 제한받지 않으신다. 시간도 하나님의 피조물이기 때문이다. 시간이 지나면 피조세계는 변한다. 낡고 부패한다. 그러나 하나님은 시간에 제한받지 않으시기에 어제나 오늘이나 영원토록 동일하다(히 13:8). 이는 하나님의 불변성을 이해하는 근거가 된다. 영원부터 영원까지 주는 하나님이시며(시 90:2), 우리는 그 '햇수'를 계산할 수 없다(욥 36:26). 하나님의 영원성은 요한계시록에 선명하게 드러난다.

> 주 하나님이 이르시되 나는 알파와 오메가라 이제도 있고 전에도 있었고 장차 올 자요 전능한 자라 하시더라(계 1:8)

> …이제도 계시고 전에도 계셨고 장차 오실 이시며…(계 1:4)

---

17 ──── 루이스 벌코프, 《조직신학 (상)》, 253-254.

알파와 오메가는 헬라어 알파벳의 첫 글자와 끝 글자다. 이는 시작과 끝이라는 뜻이다. 하나님은 모든 시간에 존재하신다. 과거에도 있었고, 현재도 계시며, 미래에도 계신다(참조 계 4:8). 이러한 이유로 예수께서는 자신을 의심하며 배척하는 유대인들을 향해 '아브라함이 나기 전부터 내가 있느니라'(요 8:58)고 말했다. 하나님은 시간이 시작되기 이전의 영원부터 존재하셨고(시 93:2), 미래에도 끝없이 존재하실 것이다(시 9:7).

사람은 과거에서 현재로, 현재에서 미래로 살아갈 수밖에 없다. 시간의 흐름을 거스를 수 없다. 그러나 하나님은 과거, 현재, 미래의 시간적 연속성에 매어 있지 않고 이를 초월하신다. 그뿐만 아니라 시간을 초월하여 과거, 현재, 미래를 동시에 생생하게 보신다. 하나님께는 천 년이 지나간 어제 같으며 밤의 한 경점(순간) 같다(시 90:4). 천 년이 하루 같고 하루가 천 년 같다(벧후 3:8). 그렇기에 하나님은 구약의 선지자들을 보내어 하나님만이 미래를 알고 이를 선포하실 수 있는 분임을 말씀하셨다.

> 너희는 옛적 일을 기억하라 나는 하나님이라 나 외에 다른 이가 없느니라 나는 하나님이라 나 같은 이가 없느니라 내가 시초부터 종말을 알리며 아직 이루지 아니한 일을 옛적부터 보이고 이르기를 나의 뜻이 설 것이니 내가 나의 모든 기뻐하는 것을 이루리라 하였노라(사 46:9-10, 참조 45:21)

이렇게 볼 때 하나님은 시간을 다스리고 주관하시며, 시간을 그의 영광을 위하여 사용하시며, 시간 안에서 때로는 시간 밖에서 그의 기뻐하시는 뜻을 드러내신다. 이렇게 시간을 주관하시기에 우리는 우리를 향한 하나님의 작정하심과 계획과 약속이 변함없이 이루어질 것을 확신할 수 있다.

C.3 무변성과 편재성

영이신 하나님께서 피조물이 거할 수 있는 공간을 만드셨다. 그러나 하나님은 공간에 제한받지 않으시고 어느 곳에나 존재하시며, 공간을 초월하신다. 공간과 관련한 하나님의 무한성은 무변성과 편재성으로 나누어 생각할 수 있다.

첫째, 공간과 관련한 하나님의 무한성은 무변성을 나타낸다. 무변성을 나타내는 'immensity'는 메리암웹스터 영영 사전의 정의에 따르면 '크기와 정도에 있어서 일반적인 측정 단위를 뛰어넘는 어마어마하게 큰 상태'를 의미한다.[18] 정확한 우리말 표현으로 '광대하심'이 더 적합하다. 이는 하나님이 자신의 피조물인 공간에 제한받지 않으시고 전혀 다른 차원을 갖고 계심을 의미한다. 이 땅뿐만 아니라 세상을 뛰어넘는 차원에서도 하나님은 영(Spirit)으로 충만하시다. 이런 충만함을 갖고 계시기에 모든 만물을 능히 충만케 하실 수 있다(엡 3:19, 4:10).

둘째, 편재성이란 하나님께서는 창조하신 공간에서 물리적인 제한을 받지 않으시고 자신이 만드신 모든 공간에 동시에 존재하심을 의미한다. 사람은 공간의 한계에 제한된다. 그러나 하나님은 공간의 한계를 초월하신다. 그렇기에 사람은 하나님을 공간 안에 가두어 둘 수 없다. 솔로몬 왕은 하나님의 성전을 완공하면서 다음과 같이 고백한다.

> 하나님이 참으로 땅에 거하시리이까 하늘과 하늘들의 하늘이라도 주를 용납하지 못하겠거든 하물며 내가 건축한 이 성전이오리이까(왕상 8:27)

솔로몬은 하나님의 임재를 자신이 지은 성전 안에 가두어 둘 수 없음을 고백한다. 이처럼 하나님은 모든 곳에 존재하신다. '모든'(omni) 곳에 '존재'(presence)한다고 해서 편재성(omnipresence)이라고 한다. 하나님을 깊이 체험했던 다윗은 하나님의 편재성을 다음과 같이 고백한다.

> 내가 주의 영을 떠나 어디로 가며 주의 앞에서 어디로 피하리이까 내가 하늘에 올라갈지라도 거기 계시며 스올에 내 자리를 펼지라도 거

---

18 ──── the quality or state of being great especially in size or degree, transcending ordinary means of measurement.

       II. 신론 백신

기 계시니이다 내가 새벽 날개를 치며 바다 끝에 가서 거주할지라도 거기서도 주의 손이 나를 인도하시며 주의 오른손이 나를 붙드시리이다 (시 139:7-10)

또한 하나님은 선지자 예레미야를 통하여 하나님의 편재성을 다음과 같이 말씀하셨다.

여호와의 말씀이니라 나는 가까운 데에 있는 하나님이요 먼 데에 있는 하나님은 아니지 않느냐 여호와의 말씀이니라 사람이 내게 보이지 아니하려고 누가 자신을 은밀한 곳에 숨길 수 있겠느냐 여호와가 말하노라 나는 천지에 충만하지 아니하냐(렘 23:23-24)

이처럼 하나님은 공간의 한계 없이 모든 곳에 임재하신다. 그래서 이제는 성전이 아니라 두세 사람이 예수 그리스도의 이름으로 모인 곳이 성전이 된다(마 18:20).

하나님의 편재성은 하나님이 창조하신 피조물들의 존재 방식을 보면 더욱 분명해진다. 피조물들의 존재 방식은 크게 두 가지가 있다. 먼저는 제한적(circumscriptive) 현존이다. 이는 공간을 점유하는 대상과 상응하여 공간을 점유하여 존재하는 방식이다. 500밀리리터 생수병에는 물이 500밀리리터만큼 들어갈 수 있다. 이처럼 대상과 대상을 둘러싸고 있는 공간의 크기가 일치하게 존재하는 방식이 제한적 현존이다. 둘째는 한정적(definitive) 현존이다. 이는 제한적 방식처럼 대상의 크기가 공간과 상응하지는 않지만, 어떤 한 대상이 한 곳에 존재하면 그에 상응하는 공간이 크든지 작든지 상관없이 이에 상응하여 한정적으로 존재한다. 성경에 나오는 영적 존재가 바로 이런 한정적 방식으로 현존한다. 예수께서 거라사에서 군대 귀신 들린 사람을 쫓아내셨을 때(막 5:9), 귀신은 그 사람 안에 머물고 있었다. 정확하게 그 사람의 몸에 일치하는 방식으로는 아니었지만, 귀신은 그 안에 있었다. 그리고 예수께 자기를 그 지방에서 내보내지 마시기를 간구했다(5:10). 분명 귀신은 사람의 몸에 제한적 방식으로 존재하지는 않았지만, 그 사람 안에 머물렀고, 그 지방의 공간적 한계 안에 있었다. 이것은 천사를 이해함에 있어서도 마찬가지다. 천사가 사람에게 나타날 때 좁은 방에 있을 수도 있고, 큰 방에 있을 수도 있지만, 천사의 크기는 공간의 크기에 제한받지 않는다. 그럼에도 천사는 한정된 물리적 장소에 제한되지, 동시에 여러 곳에 있을 수 없다. 사람의 마음도 그렇다. 마음의 크기와 몸의 크기는 상응하지 않는다. 그러나 인간의 마음도 특정한 것에 한정적으로 머물지 동시에 모든 것에 머무르며 모든 것을 생각할 수 없다. 이런 면에서 사람은 육신으로는 제한적 현존 방식을, 영혼으로는 한정적 현존 방식을 갖는다.

하나님의 현존 방식은 이러한 피조물의 한계 있는 현존 방식과 차이가 있다. 하나님의 존재 방식은 충만한(repletive) 현존이다. 충만하게 현존한다는 것은 모든 곳에 동시에 존재함을 의미하며, 이것을 곧 하나님의 편재성이라고 한다.

D. 단일성

이는 하나님은 한 분이시며, 한 분 하나님에게 나타나는 다양한 속성은 하나님을 이루는 다양한 구성 요소나 부가된 부분이 아니라 한 분 하나님의 본질을 나타낸다는 것이다. 여러 속성은 단일하신 한 분 하나님의 본질을 드러내는 한 측면이다. 만약 하나님의 단일성을 부인하면, 우리는 구약의 하나님과 신약의 하나님을 구별하게 된다. 주후 2세기 초대교회의 감독이었던 마르시온은 구약의 하나님을 공의와 전쟁의 하나님으로 단정하고 구약성경을 거부하였다. 그래서 그는 구약 인용이 적은 누가복음과 바울서신 중에서 열 권만을 택하여 '마르시온 정경'을 편찬하기에 이른다. 누가복음에서도 예수의 탄생 기사와 세례 요한의 기사, 그리고 예수의 족보가 삭제된 것을 사용하였다. 이는 구약의 하나님과 신약의 예수 그리스도를 단절시켰기에 가능한 일이었다.

그러나 구약의 하나님과 신약의 예수 그리스도는 동일하신 한 분 하나님이다. 또한 한 분 하나님은 공의의 하나님이지만, 동시에 자비와 사랑의 하나님이다. 시대에 따라 하나님의 속성이 더 나타나고 덜 나타나기도 하지만 결국 한 분 하나님에게 있는 다양한 측면이다. 하나님의 한 속성으로 하나님을 단정하고 한 면을 다른 면보다 강조하거나 단절시켜서는 안 된다. 이것은 모두 한 분 하나님의 다양한 속성이다. 공의도 하나님의 속성이지만, 동시에 사랑도 하나님의 속성이다. 하나님의 단일성이라는 것은 하나님이 갖고 있는 속성이 곧 하나님의 본질임을 드러낸다는 것이다. 대표적인 것이 사랑이다. 하나님은 사랑이다. 사랑이 하나님의 본질을 구성하는 일부분이 아니라, 하나님의 본질이 곧 사랑이라는 뜻이다. 이와 마찬가지로 하나님은 공의다(렘 23:6). 그리고 빛이다(요일 1:5). 물론 여기서의 빛은 자연의 빛이 아니라 하나님의 진리와 거룩함을 드러내는 은유적 표현이다. 이처럼 하나님은 진리이고 지혜이며 생명이다. 이는 하나님이 이러한 속성들을 갖고 있다는 것이라기보다 하나님이 곧 공의 자체, 사랑 자체, 지혜, 생명, 빛 자체임을 말한다.

2) 공유적 속성

공유적 속성이란 하나님과 사람이 함께 공유하고 있는 인격적 특성을 말한다. 하나님은 사람을 창조하실 때 하나님의 형상을 따라 하나님을 닮은 존재로 지으셨다. 따라서 사람에게 있는 하나님의 형상에는 하나님의 성품을 닮은 인격적 특징들이 반영된다. 하나님에게 있는 완전한 인격적인 특성이 사람에게도 비록 한계가 있지만 부분적으로 드러난다. 그렇기에 사람은 하나님의 속성을 이해할 수 있다. 하나님의 공유적 속성은 크게 지적 속성, 도덕적 속성, 주권적 속성 등으로 나눌 수 있다.

A. 지적 속성

A.1 지식

하나님은 전지하시다. 모든 것을 알고 계시다. 이는 첫째로 지식의 범위에 있어 완전함을 의미한다. 하나님은 세상에 존재하는 모든 것의 모든 영역을 완전히 알고 계신다(히 4:13, 대하 16:9). 우리 삶의 사소한 모든 것(생각, 움직임)까지도 아신다(시 139:1-2). 심지어는 머리털까지 세신 바 되었다(마 10:30). 또한 하나님은 세상에 존재하는 모든 것의 과거, 현재, 미래를 동시에 아신다(사 46:9-10). 따라서 우리가 태어나기도 전부터 우리 인생의 연한도 미리 아시고(시 37:18, 139:16), 우리가 거주할 곳을 아시며(33:13) 우리 인생의 모든 가능성도 다 아신다(삼상 23:11-23, 마 11:21). 하나님의 생각은 우리보다 높고(사 55:9), 하나님의 지식은 우리가 감히 미치지 못할 너무나도 기이한 지식이다(시 139:6). 둘째로, 하나님의 지식은 정도에 있어서 완전하다. 모든 것을 완전하게 아신다. 반면 사람은 부분적으로 희미하게 안다(고전 13:12). 겉으로 드러나는 것만 안다. 그러나 하나님은 깊은 속까지도 완전하게 아신다(삼상 16:7).

A.2 지혜

하나님은 지혜로우시다(롬 16:27). 이는 하나님께서 최선의 목표를 이루기 위하여 최선의 수단을 선택하심을 의미한다. 이런 하나님의 지혜는 먼저 하나님의 창조 사역에서 고스란히 드러난다(시 104:24). 또한 하나님의 지혜는 섭리 사역에서 나타난다. 하나님은 지혜로 세상을 보존하고, 유지하며, 다스리신다(33:10-11). 무엇보다 하나님의 지혜는 하나님의 구원 사역에서 선명하게 나타난다. 하나님의 구원하시는 지혜는 모든 인간의 지혜와 천사의 지혜를 초월한다(고전 2:7). 구원 사역에 관한 하나님의 지혜는 세상이 자기 지혜로는 도저히 알 수 있는 방법이 없기에, 하나님은 전도의 미련한 것으로 믿는 자들을 구원하기를 기뻐하셨다(1:21). 하나님의 구원 역사는 성부 하나님이 구원을 계획하시고, 성자 하나님이 구원을 성취하시며, 성령 하나님이 구원을 적용하심으로 이루어진다. 이 구원의 지혜는 세상의 지혜로 측량할 수 없다(롬 11:33). 이 지혜는 믿음의 성도들이 이룬 그리스도의 몸 된 공동체인 교회를 통하여 알려지고 드러난다(엡 3:10). 이러한 하나님의 지혜는 인류를 구원하며 최종적으로 하나님의 영광을 드러낸다(1:11-12, 골 1:16).

하나님께서 측량할 수 없는 지혜를 갖고 계시기에, 우리는 이 하나님을 경외하는 것이 모든 지혜의 근본임을 확신해야 한다(잠 1:7, 9:10, 시 111:10). 또한 우리는 지혜의 하나님께 지혜를 구해야 한다. 성경은 분명히 구하는 이에게 하나님께서 후히 주시고 꾸짖지 아니하시리라고 약속한다(약 1:5).

A.3 진실하심과 신실하심

하나님은 진리의 하나님이요(시 31:5, 사 65:16), 진실이 많은 분(출 34:6)이다. 하나님은 참되시며, 그의 모든 지식과 말씀은 진리의 최종적인 기준이 된다. 이는 세 가지 측면에서 살펴볼 수 있다. 첫째, 하나님은 존재적으로 진리시다. 이는 하나님의 존재가 본질상 진리임을 말한다. 하나님이 진리의 하나님이라는 것은 존재하지도 않고 가짜인 헛된 신들, 즉 우상과는 대조되는 참된 분임을 의미한다. 온 세상의 모든 신은 우상이지만, 하나님은 하늘을 지으신 참된 하나님이다(시 96:5). 세상의 모든 신은 사람의 손으로 조각한 것이요 허무한 것에 불과하다 (97:7, 사 44:9, 10). 입이 있어도 말하지 못하고, 눈이 있어도 보지 못하며, 귀가 있어도 듣지 못하고 코가 있어도 냄새 맡지 못하며, 손이 있어도 만지지 못하고, 발이 있어도 걷지 못하며, 목구멍이 있어도 작은 소리조차 내지 못한다(시 115:4–7). 그러나 하나님은 모든 것을 아시고, 측량할 수 없는 지혜를 갖고 계신다. 둘째, 하나님은 인식적인 측면에서 진리다. 피조세계를 있는 그대로 정확하게 아신다. 이는 지식과 실재가 일치함을 의미한다. 하나님의 지식에는 논리적 오류와 왜곡이 없다. 따라서 하나님의 지식은 완전하고 오류가 없다. 이런 하나님의 말씀을 신뢰하기에 우리는 말씀을 믿음으로 보이지 않는 것들의 증거를 삼을 수 있다(히 11:1). 셋째, 하나님은 윤리적인 의미에서 진리다. 이는 하나님의 말씀과 행하심이 일치함을 의미한다. 하나님은 거짓말을 하지 않으시고 말씀하신 바를 반드시 행하시는 분이다(민 23:19, 롬 3:4, 히 6:18). 하나님은 하신 약속을 반드시 지키시고 성취하신다. 우리는 여기서 하나님의 신실하심(faithfulness)을 발견할 수 있다(히 10:23). 하나님은 하신 말씀에 대하여 신실하시다. 자신을 계시함에 있어서 변함없이 진실 그대로를 계시하신다. 그리고 우리에게 계시하신 하나님의 진리는 보배로운 것들이다(시 139:17). 진리가 영원히 변하지 않기에, 하나님도 대대로 신실하다(119:90). 하나님이 진리의 하나님이시기에 그가 하신 말씀은 진리이며 우리는 이 진리를 믿고 순종해야 할 기준으로 받아들여야 한다 (요 17:17).

B. 도덕적 속성

하나님의 도덕적 속성은 하나님의 형상을 닮은 사람에게도 있는 특질들이며, 인간의 도덕적 본질과 기원이 된다. 우리는 이러한 하나님의 속성들을 닮아 가기에 힘써야 한다. 여기서는 모두 열 가지의 도덕적 속성을 간략하게 살펴보도록 한다.

B.1 선하심

선이란 사전적 정의로 '올바른 윤리적 기준의 최고 이상'을 말한다. 존재론적으로는 더 이상 바랄 바 없는 '완전한 상태'를 의미한다. 하나님은 모든 면에서 더 이상 바랄 수 없는 마땅히 되어야 할 모든 것이며, 최고선(summum bonum)이다. 또한 피조물을 향하여도 모든 선의 근원(fons omnium bonorum)이 되신다(약 1:17). 하나님 외에는 선한 이가 없고(막 10:18), 하나님의 모든 사역에는 하나님의 선하심이 나타난다(시 145:9). 이것은 하나님의 자녀들에게는 더할 나위 없는 선물이다. 하나님은 모든 선한 것을 그의 자녀들에게 아낌없이 선물로 주시고(롬 8:32), 그 자녀가 구하는 것보다 훨씬 더 좋은 것을 주신다(마 7:11). 우리는 이런 하나님의 선하심을 맛보아야 하며(시 34:8), 이를 맛본 백성들은 기회가 있는 대로 선을 행해야 한다(갈 6:10, 참조 눅 6:33-35, 딤후 3:17).

하나님의 선하심은 피조세계에 사랑, 은혜, 긍휼, 인내, 화평 등의 다양한 형태로 나타난다.

B.2 사랑

하나님은 사랑이시다(요일 4:8, 16). 그렇다면 사랑이란 무엇일까? 이는 자신을 다른 이의 유익을 위해 기꺼이 내어 주는 것이다. 이런 사랑을 '아가페'의 사랑이라 한다. 하나님은 이러한 사랑으로 자신을 나타내시며, 이러한 사랑 속에서 하나님을 볼 수 있다. 하나님의 사랑은 크게 세 가지로 구분할 수 있다. 첫째, 삼위 하나님 사이의 사랑이다. 성부, 성자, 성령은 서로 사랑하신다(요 15:9). 그리고 사랑 가운데 서로 영광을 주고받는다(17:24). 이처럼 삼위는 각기 다른 두 위에게 자신을 내어 주며 행복과 기쁨을 가져다주기를 추구하신다. 둘째, 모든 피조물을 향한 사랑이다. 하나님은 피조세계의 모든 것을 사랑하시고, 선인과 악인 모두에게 사랑을 베푸신다(마 5:45). 셋째, 성도를 향한 하나님의 사랑이다. 하나님은 세상을 너무나도 사랑하셔서 독생자를 주셨다(요 3:16). 이는 누구도 멸망하지 않고 영생을 얻도록 하기 위함이다. 성경에 나타나는 하나님의 사랑은 주로 죄인을 향한 하나님의 사랑으로 드러난다(요일 4:9). 요한일서 4장 10절은 이를 선명하게 보여 준다. '사랑은 여기 있으니 우리가 하나님을 사랑한 것이 아니요 하나님이 우리를 사랑하사 우리 죄를 속하기 위하여 화목 제물로 그 아들을 보내셨음이라.' 하나님은 성자 예수를 우리에게 보내셨을 뿐 아니라 성령의 내주하는 역사를 통해 성도들로 하여금 하나님의 사랑을 주관적으로 체험하고 확신하도록 역사한다.

이러한 하나님의 사랑을 경험한 성도에게는 두 가지 의무가 생긴다. 첫째는 하나님을 사랑하는 것이고, 둘째는 이웃을 사랑하는 것이다. 성자께서 성도들을 십자가에서 죽기까지 사랑하신 것처럼 성도들 또한 서로 사랑해야 한다(요 13:34). 이렇게 서로 사랑하는 것이 마땅하다(요일 4:10). 성도들이 하나님의 사랑으로 서로 사랑할 때, 성도는 하나님이 성도들 가운데 거하며 그의 사랑이 온전히 이루어지는 것을 경험할 뿐 아니라, 성령 안에서 확신한다(4:12, 13, 참조 요 13:35).

B.3 은혜

하나님은 모든 은혜의 하나님이다(벧전 5:10). 은혜는 받을 만한 자격을 갖춘 사람에게 주는 혜택 혹은 호의가 아니다. 은혜를 베풀어야 할 의무는 없다. 은혜는 자격이 없는 사람에게 거저 과분하게 주는 것이기 때문이다. 이것은 전적으로 은혜를 베푸시는 이의 선하심에 근거한다. 하나님의 은혜는 죄로 인하여 멸망할 수밖에 없는 죄인들을 향한 하나님의 구원 역사, 즉 복음에 선명하게 드러난다. 모든 사람이 죄를 범하여 하나님의 영광에 이르지 못하였지만 그리스도 예수 안에 있는 구속으로 말미암아 하나님의 은혜로 값없이 의롭다 하심을 얻는 역사가 일어났다(롬 3:23-24). 그래서 복음을 가리켜 '은혜의 복음'이라고 한다(행 20:24). 하나님의 은혜에는 우리의 행위와 공로가 덧붙여질 수 없다.

만약 그렇다면 은혜라 할 수 없다(롬 11:6). 따라서 은혜는 오직 믿음으로 받는 것이다(4:16). 하나님께서 자격 없는 죄인에게 하나님의 자녀가 되는 과분한 은혜를 거저 주셨음을 받아들이는 것, 이것이 믿음이다. 성도는 나의 나 된 것이 하나님의 은혜임을 고백하는 존재다(고전 15:10).

이 은혜를 받은 성도의 합당한 반응은 감사 찬송이다. 더 이상 자신의 행위와 노력이 아닌 전적인 하나님의 은혜로 구원받았기 때문이다. 성도는 율법의 요구에서 자유롭게 된 자유인이다(갈 5:1). 이 은혜를 깨달은 성도는 성령의 충만한 통치 아래 순종하며 하나님을 사랑하고 이웃을 사랑하며 기쁨과 감사 가운데 거룩하게 살아가야 한다.

B.4 긍휼(자비)

하나님의 긍휼은 죄의 결과로 인하여 곤궁과 비탄한 상태에 빠진 인간들에게 보여 주시는 하나님의 선하심이다. 죄의 결과는 인간에게 종종 고난과 환난을 가져다준다. 이때 성도는 자신의 공과에 상관없이 하나님의 긍휼하심을 의지하여 나아가야 한다. 하나님의 긍휼은 크고 한계가 없다(애 3:22, 출 34:6, 시 103:8, 삼하 24:14). 그러기에 하나님은 성도들이 사망의 위협 가운데 둘러싸이고 환난 가운데 신음할 때에 하나님의 긍휼을 구하며 나아갈 수 있다(삼하 22:5-6, 시 103:10-14). 하나님의 긍휼은 특별히 성자 예수의 사역을 통하여 선명하게 드러났다. 성자 하나님은 병과 귀신에 신음하는 이들을 불쌍히 여겨 긍휼을 베풀어 주셨다. '긍휼히 여기다'(헬. 스플랑크니조마이)라는 동사의 헬라어 어근인 '스플랑크'는 '창자' 혹은 '내장'을 의미한다. 따라서 '긍휼히 여기다'는 사람을 향한 창사가 끊어질 듯한 하나님의 신하심을 보여 주는 표현이다. 이런 긍휼이 우리의 죄와 비탄을 안타깝게 여기시고 결국 십자가에서 자신의 생명을 내어 주는 데까지 나아간다. 긍휼은 성경에서 불쌍히 여김, 자비, 인자 등과 같은 의미로 사용된다.

이런 하나님의 긍휼을 확신하는 성도는 하나님께 긍휼을 구하며 기도해야 한다(딤후 1:16, 18, 히 4:16). 또한 긍휼을 경험한 성도들은 비탄과 고난 가운데 신음하는 이웃에게 하나님의 긍휼을 베풀어야 한다(마 5:7).

B.5 인내

하나님은 노하기를 더디 하시는 분이다(출 34:6, 민 14:18, 시 86:15, 103:8, 145:8, 욘 4:2, 나 1:3). 노하기를 더디 한다는 말의 원문은 문자적으로 '긴 코를 가졌다'는 뜻이다. 히브리 사람들은 화가 나면 코에서 열이 난다고 생각했다. 코가 짧으면 곧바로 그 열이 밖으로 나오지만, 코가 길면 열이 밖으로 나가는 동안 다 식는다. 긴 코에 열을 식힐 수 있는 공간이 있기 때문이다. 공의의 하나님은 인간의 죄악과 불순종에 대해 진노하시지만 오래 참으시는 분이기에 노하기를 더디 하신다. 하나님이 인내하시는 이유는 먼저 하나님의 성품이 죄인이 죄로 인하여 죽는 것을 기뻐하지 않기 때문이다(겔 18:32). 하나님은 모든 사람에 대하여 오래 참으시고 아무도 멸망하기를 원하지 않고 다 회개하기에 이르기를 원하신다(벧후 3:9). 따라서 우리도 이런 하나님의 인내를 본받아 노하기를 더디 하고(약 1:19), 고난 중에도 오래 참으며(벧전 2:20), 인내 가운데 서로를 용납하고(엡 4:2), 인내의 열매를 맺어야 한다(갈 5:22). 인내는 사랑의 적극적인 표현이기도 하다. 그래서 성경은 사랑은 언제나 오래 참는다고 선언한다(고전 13:4).

B.6 화평

하나님은 어지러움의 하나님이 아니라 오직 화평의 하나님이다 (고전 14:33, 롬 15:33, 16:20, 빌 4:9, 살전 5:23, 히 13:20). 화평이란 단순히 활동이 결여된 정적인 상태를 의미하지 않는다. 하나님의 화평은 혼돈과 공허, 무질서의 반창조적 세력과 맞서 싸우며 지속적으로 질서와 의미를 만들어 가는 상태를 의미한다. 따라서 화평의 하나님은 무질서와 혼동에 대항하여 질서 있고 정돈된 상태를 만들어 가시고 지키시며 그 가운데서 지속적으로 활동하신다. 하나님의 평강은 견고한 심지로 하나님을 전심으로 의지하는 자(사 26:3)가 경험할 수 있는 반면, 악인에게는 평강이 없다(48:22, 57:21). 화평의 하나님이 다스리는 하나님의 나라는 '의와 평강과 희락'이다(롬 14:17).

B.7 거룩하심

하나님은 거룩하신 분이다(사 40:25, 수 24:19, 삼상 22, 삼상 6:20, 시 71:22, 78:41, 잠 9:10, 30:3, 사 1:4, 5:16, 19, 24). 하나님의 거룩하심은 삼위 하나님 모두에게 해당된다. 성자는 성부 하나님을 향하여 거룩하다고 했고(요 17:11), 마귀는 성자를 향하여 '하나님의 거룩한 자'(막 1:24)로 불렀으며, 성령은 말 그대로 '거룩한 영'이다. 그렇다면 하나님의 거룩하심은 무엇을 의미할까? 거룩하다는 뜻의 히브리 단어 '카다쉬'는 '자르다, 분리하다'를 의미한다. 이는 하나님과 피조물이 질적으로 전혀 다르기에 분리됨을 의미한다. 이는 피조물에게 절대적 접근 불가능성, 절대적 압도성, 절대적 두려움과 위엄을 초래한다. 따라서 천사조차도 하나님 앞에 서면 창조주와의 무한한 질적 차이로 인하여 자신을 날개로 가릴 수밖에 없을 정도다(사 6:1-3). 이러한 하나님과의 질적, 존재적 차이는 자연스럽게 윤리적 거룩으로 이어진다. 하나님의 거룩하심을 맞닥뜨리는 피조물의 반응은 죄 있는 피조물의 연약한 한계다. 그래서 하나님의 거룩하심 앞에 '화로다 나여 망하게 되었도다'는 탄식이 터져 나온다(6:5). 하나님은 자신의 백성들에게 '내가 거룩하니 너희도 거룩하라'고 요구하신다(레 19:2, 11:44-45, 벧전 1:15-16). 거룩은 세상과 전적으로 구별된 배타적 관계성을 요구한다. 따라서 하나님의 백성들은 거룩하신 하나님과의 배타적 관계를 맺고 있기에, 세상과의 관계에 있어서도 악을 멀리하며 하나님과 관계 맺는 거룩한 방식을 가져야 한다. 이를 통해 피조물은 악을 멀리하고 하나님의 거룩하심을 닮아 갈 수 있다. 하나님은 그의 백성들에게 이러한 거룩함을 적극적으로 요구하신다(히 12:14).

B.8 의, 공의

하나님은 의로우신 분이다. 의롭다는 것은 하나님의 행하심이 옳을 뿐 아니라 하나님 자신이 옳은 것의 기준이 되심을 의미한다(신 32:4, 시 33:5). 하나님이 옳은 것의 기준이 되시는 이유는 창조주이기 때문이다. 선하고 진실하신 하나님은 온 세상을 만드시고 피조물에 고유한 선한 목적과 아름다운 가치와 존귀함을 부여하셨다. 모든 가치를 부여하신 하나님이기에 하나님은 의로우시다. 하나님의 의(righteousness)가 갖는 관계적인 측면을 특별히 '공의'(justice)라고 한다. 하나님께서 인간과의 관계에서 각자가 갖고 있는 저마다의 가치에 따라 합당하게 대하시는 것을 공의라 한다.[19] 하나님을 영화롭게 하는 이들에게는 보상적 공의를 베풀기도 하시고, 하나님을 반역하여 죄를 저지르면 이에 대한 보응적 공의를 베푸신다.

감사한 것은 하나님께서는 그의 의를 그의 언약 백성들에게 베풀기 좋아하신다는 사실이다. 이를 하나님의 언약적 정의라고 한다. 언약적 정의는 사람이 도달할 수 없는 의의 기준을 하나님께서 언약 안에서 그 아들 예수 그리스도의 십자가를 통해 성취하셨다는 사실이다. 이로 말미암아 우리에게 믿음으로 말미암는 '하나님의 의'를 허락하셨다(롬 1:17, 3:5, 21, 22, 25, 26, 10:3). 로마서 3장 25절 이하는 하나님의 의를 다음과 같이 말씀한다.

> 이 예수를 하나님이 그의 피로써 믿음으로 말미암아 화목제물로 세우셨으니 이는 하나님께서 길이 참으시는 중에 전에 지은 죄를 간과하심으로 자기의 의로우심을 나타내려 하심이니 곧 이 때에 자기의 의로우심을 나타내사 자기도 의로우시며 또한 예수를 믿는 자를 의롭다 하려 하심이라(롬 3:25-26)

B.9 질투

하나님은 때로 질투하신다(출 20:5, 34:14). 질투를 의미하는 히브리어 '카나'는 '열심'을 의미하기도 한다. 이렇게 볼 때 하나님의 질투(jealousy)는 하나님께 속한 것을 지키시려는 하나님의 열정인 것이다. 웨인 그루뎀은 질투를 "하나님께서 그의 영예를 보호하기를 지속적으로 원하신다는 의미"라고 했다.[20] 하나님의 질투는 목적이 있다. 하나님의 영광과 구원 역사를 위한 것이다. 결코 파괴를 위한 질투가 아니다. 하지만 하나님의 질투의 불은 죽음보다 강하다. 이 질투는 하나님께 속

---

19 —— 니콜라스 월터스토프, 홍종락 역, 《사랑과 정의》, (서울: IVP, 2017) 158-166 참조.

20 —— 웨인 그루뎀, 《조직신학 (상)》, 294.

한 것을 보호하기 열망하는 사랑의 불길이며 그 무엇과도 바꿀 수 없다(아 8:6-7). 그러기에 우리가 하나님보다 세상의 것을 더 사랑할 때 하나님의 질투는 진노의 심판의 불이 되어 징계한다(습 8:1-2, 신 4:24, 29:20). 우리는 사람 사이의 질투를 떠올리며 하나님의 질투를 부정적으로 생각하기 쉽다. 그러나 죄와 허물 많은 불완전한 인간의 질투와 하나님의 질투는 다르다. 하나님은 완전하시고 진리이시고 거룩하신 분이기에 영광받기에 합당하신 분이다. 하나님은 자신의 영광을 다른 이에게 주지 않으신다(사 48:11). 모든 피조물을 자신의 영광을 위하여 창조하셨다(43:21). 피조물로부터 영광받기에 합당하시다. 따라서 하나님이 자신의 영광을 보호하며 지속적으로 그 영광을 추구하는 것은 아무런 문제가 되지 않는다.

거룩이 하나님과의 배타적 관계성을 기반으로 하는 것처럼 질투 또한 하나님과의 배타적 사랑을 기반으로 한다. 이는 하나님과의 관계가 다른 여러 관계 중의 하나가 아니라 가장 중요하고 최고의 관계가 되어야 함을 보여 준다.

이러한 하나님의 질투는 우리의 신앙이 어떠해야 함을 보여 준다. 하나님이 뜨거운 열정으로 질투하시듯 우리도 하나님을 향하여서 뜨겁게 사랑해야 한다. 하나님을 향한 사랑이 뜨겁게 불타오르지 않을 때, 우리는 자칫 죄를 향한 열정을 품을 수 있다. 또한 하나님의 질투를 우리 마음에 품을 수 있어야 한다. 바울은 고린도 교인들을 향하여 '내가 하나님의 열심으로 너희를 위하여 열심을 내노니 내가 너희를 정결한 처녀로 한 남편인 그리스도께 드리려고 중매함이로다'고 서술한다(고후 11:2). 이때 '열심'은 헬라어 '젤로스'로 '질투'(zeal)로 번역할 수 있다. 즉 바울은 하나님의 질투를 마음에 품고 고린도 교인들을 향하여 열심을 내었다. 이는 바울이 당시의 결혼 풍습을 비유한 것이다. 자신을 결혼식의 들러리와 같은 존재로 생각하며 들러리가 마치 신부를 신랑에게 내어 주는 것처럼, 고린도 교인을 그리스도의 정결한 신부로 내어 드리기 위한 열심을 표현한 말이다.

B.10 진노

하나님은 사랑의 하나님이지만 또한 진노의 하나님이다. 우리는 흔히 분노하는 것에 대한 부정적인 생각을 갖고 있다. 그러나 분노가 무엇인가를 제대로 이해하면 보다 균형 잡힌 관점을 가질 수 있다.

하나님의 진노는 죄와 불의를 미워하시는 하나님의 선하시고 거룩한 성품과 깊은 관련이 있다. 하나님은 선하시고 거룩하시기에 죄를 용납하지 않으신다(시 130:3). 죄악을 기뻐하지 않고, 모든 행악자를 미워하신다(5:4, 5). 그래서 하나님은 이스라엘 백성들이 광야에서 하나님을 저버리고 금송아지 우상을 만들어 숭배하고 불순종하고 원망했을 때, 이들을 향하여 진노하셨다. 너무나도 크게 진노하여 이들을 진멸하려 하셨다(출 32:9-10, 신 9:7-8).

따라서 하나님의 진노는 불의로 진리를 가로막는 사람들의 온갖 불경함과 불의를 겨냥하여 하늘로부터 나타난다(롬 1:18). 하나님의 진노 앞에서는 악인이 심판을 견디지 못한다(시 1:5). 이것은 신약 시대에도 마찬가지다. 요한복음은 하나님의 아들 예수 그리스도를 믿어 영생을 얻지 않고 죄인의 상태로 머물러 있으면 하나님의 진노가 그 위에 있다고 말씀한다(요 3:36). 하나님의 진노는 현 세대에 악인들을 자기 죄에 내버려 두심으로 나타난다(롬 1:24, 26, 28). 이는 하나님의 진노의 소극적인 형태다. 그러나 이것이 악인들이 마음껏 날뛰도록 부추긴다는 의미는 아니다. 악인들은 마음껏 날뛰는 것 같다가도 곧 악의 자기 파괴적 특성으로 인하여 스스로 보응을 받아 멸망한다(1:27). 악으로 인하여 스스로 멸망을 경험하게 하시는 것이다. 하나님의 진노는 소극적 형태로만 머물지 않는다. 하나님은 악인들에게 쏟아 부을 진노의 그릇을 준비하고 계신다(9:22). 악인이 고집을 부리고 회개하지 않을 때 하나님은 이 그릇에 진노를 쌓고 계신다(2:5). 이 진노의 그릇은 언젠가 부어질 것이다. 계시록이 묘사하는 종말에서도 진노의 일곱 대접이 이 땅에 쏟아 부어질 것이다. 그리고 하나님의 진노는 궁극적으로 최후의 심판을 통해서 완성될 것이다(살전 1:10, 살후 1:6-9). 이때 악인은 영원한 멸망의 형벌에 처할 것이다.

하나님은 모든 사람이 진리를 알고 구원을 받아 이 진노의 형벌에서 벗어나기 원하신다(딤전 2:4). 하나님은 우리 죄로 인하여 임할 진노를 예수 그리스도께 담당하도록 하셨다(참조 롬 3:25-26). 따라서 누구든지 예수 그리스도를 믿는 이들은 장차 임할 하나님의 진노에서 벗어나게 된다(살전 1:10, 롬 5:10).

주목할 것은 성경은 하나님의 진노하심과 함께 종종 하나님의 오래 참으심을 언급한다는 사실이다. 여호와는 노하기를 더디 하시고(시 103:8), 악인들을 한 사람이라도 더 구원하기 위하여 오래 참고 기다리신다(벧후 3:9). 앞서 언급한 것처럼 하나님이 노하기를 더디 하신다는 것은 원어적인 의미로는 '코가 길다'는 뜻이다. 이는 분노의 콧김이 콧구멍으로 곧바로 나오는 것이 아니라 긴 코를 통해 나오면서 점점 식어 가는 모습을 묘사한다. 만약 이 긴 코를 통해서 맹렬한 진노가 나온다면 이 진노는 그야말로 측량할 수 없는 커다란 진노일 것이다. 아직은 하나님이 참고 계시다. 하나님이 아직 오래 참으시는 동안 우리는 한 사람이라도 회개하고 하나님의 진노에서 벗어날 수 있도록 복음을 전해야 할 것이다.

C. 주권적 속성

하나님의 주권적 속성은 하나님이 우주 만물의 주권자로서 자신과 모든 피조물에 대해 갖고 계신 하나님의 주권적인 뜻과 그 뜻을 이루시는 하나님의 속성들을 반영한다.

C.1 의지

하나님은 자신과 모든 피조물들을 향하여 의지(will)를 갖고 계시다. 의지란 하나님의 뜻과도 같은 의미다. 하나님은 하나님 자신의 활동과 피조물들이 존재하고 활동하는 모든 것들에 대해 뜻을 갖고 계신다. 세상에 존재하는 모든 것은 하나님의 의지와 뜻대로 지음받았다(계 4:11). 그리고 하나님은 모든 것을 뜻하시는 대로 행하신다(엡 1:11). 세상의 권세도 하나님의 뜻대로 세워졌고(단 4:32, 롬 13:1), 세상 왕조의 흥망성쇠도 하나님의 의지에 따라 좌우된다.

하나님의 의지는 크게 필연적 의지와 자유의지로 나눌 수 있다.

필연적 의지란 하나님의 거룩한 신성에서 나오는 뜻을 의미한다. 따라서 피조물을 향한 하나님의 의지는 선하다. 천지창조를 완성하시고 이 모든 것이 하나님이 보시기에 심히 좋았다(창 1:31). 이처럼 하나님의 종말적 완성 의지는 선함을 추구한다. 보시기에 끔찍한 재앙이 아니라 평안이요, 미래에 희망을 주는 것이다(렘 29:11). 우리가 하나님의 의지를 신뢰한다면, 때로 고난 가운데서도 이 고난을 향한 하나님의 뜻을 신뢰해야 한다. 우리가 다 이해할 수는 없지만 때로 성도가 고난을 받는 것도 하나님의 뜻이다(벧전 2:20, 3:17).

이와 함께 우리가 살펴보아야 할 것이 바로 하나님의 자유로운 의지다. 하나님은 필연적 의지에 따라 행하시지만, 동시에 자유로우시다. 모든 만물에 대하여 하나님의 자유로운 뜻을 알려 주시고 실행하신다. 하나님은 자유로운 의지로 이 세상을 창조하고 사람을 지으셨다. 또 자유로운 의지로 타락한 인류를 위하여 직접 이 땅에 육신이 되어 내려오셨다. 사실 하나님은 공의로 심판하실 수도 있었다. 그러나 하나님은 자유롭게 육신이 되어 인류의 죄를 대신 지고 십자가에 죽으시기로 선택하셨다. 하나님의 자유로운 결정은 누구의 영향과 압박을 받지 않고 전적으로 자유로운 그분의 주권에서 나온다.

하나님의 의지 가운데는 우리에게 알려진, 계시된 의지가 있고 아직 알려지지 않은 감추어진 의지가 있다. 우리는 하나님께서 우리에게 그분의 뜻을 알려 주신 이유를 곰곰이 생각해 보아야 한다. 이는 단순히 지적인 이해를 돕고 지식을 더하기 위해서가 아니다. 하나님은 우리로 그 뜻에 순종하도록 하기 위해 계시하셨다.

> 감추어진 일은 우리 하나님 여호와께 속하였거니와 나타난 일은 영원히 우리와 우리 자손에게 속하였나니 이는 우리에게 이 율법의 모든 말씀을 행하게 하심이니라(신 29:29)

감추어진 하나님의 의지는 자유로운 하나님의 뜻에 맡길 것이지만, 하나님이 자유로운 가운데 우리에게 그분의 뜻을 드러내셨다면 이는 우리로 그 뜻에 순종하기를 원하시기 때문이다. 이렇게 드러난 하나님의 뜻이 무엇인가? 음란을 버리고 거룩하게 사는 것이다(살전 4:3). 항상 기뻐하고, 쉬지 말고 기도하고, 범사에 감사하는 것이다(5:17-18).

하나님의 뜻은 때로 어떤 이들에게는 드러나기도 하고 어떤 이들에게는 감추어지기도 한다(마 11:25-26). 때로 하나님은 긍휼히 여기고자 하는 자를 긍휼히 여기시고 악하게 여기시는 자를 완악하게도 하신다(롬 11:18). 우리는 이것에 대해 왜 그러냐고 하나님께 항의할 수 없다. 하나님은 토기그릇을 빚을 뿐만 아니라 각각의 용도대로 사용하시는 자유로운 토기장이이기 때문이다(9:20-21). 단, 그럼에도 우리는 선하시고 자비로우신 하나님의 성품을 신뢰해야 한다. 하나님은 모든 사람이 다 회개하여 구원을 받고 진리를 아는 데에 이르기를 원하시기 때문이다(딤전 2:4, 벧후 3:9).

C.2 전능하심

하나님은 그의 거룩하신 모든 뜻을 다 이루실 수 있는 전능하신 하나님이다. 이는 육체의 한계를 지닌 인간과는 전적으로 다른 하나님의 속성이다. 사람으로서는 할 수 없으나 하나님은 다 하실 수 있다(마 19:26). 찬양 가사에도 있지 않은가? '전능하신 나의 주 하나님은 능치 못하실 일 전혀 없네.' 그렇다. 하나님께는 능치 못할 일이 없다(렘 32:17, 27, 창 18:14, 눅 1:37). 만약 능력에 모자람이 있다면 의지에 제약을 받게 된다. 하지만 하나님은 전능하시기에 그 뜻을 펼치는 데 한계가 없으시고 자유로우시다. 능히 돌들로도 아브라함의 자손이 되게 하실 수 있고(마 3:9), 원하는 모든 것을 행하실 수 있다(시 115:3).

그러나 하나님의 전능하심은 하나님의 본성에 반대되는 것을 하실 수 없다. 하나님은 하나님 자신을 부인할 수 없다(딤후 2:13). 시험을 받지도 않으신다(약 1:13). 변하지 않으신다(삼상 15:29). 거짓말을 할 수 없다(민 23:19, 딛 1:2, 히 6:18). 이런 면에서 하나님의 전능하심은 하나님의 속성에 제한을 받는다.

하나님의 피조물을 향한 전능하심을 가리켜 하나님의 주권(God's sovereignty)이라고 한다.[21] 하나님의 주권은 하나님의 창조 사역을 통해 드러난다. 예레미야는 하나님의 창조 사역을 언급하며 '주께서 큰 능력과 펴신 팔로 천지를 지으셨사오니 주에게는 할 수 없는 일이 없으시니이다'고 고백한다(렘 32:17). 또한 하나님의 주권은 하나님이 창조하신 피조세계를 붙들고 유지하고 섭리하는 사역을 통해 나타난다. 하나님은 그 능력의 말씀으로 여전히 온 세상을 붙들고 계신다(히 1:3). 바다의 한계를 정하여 물이 명령을 거스르지 못하게 하신다(잠 8:29). 해가 뜨고 지게 하시며, 바람을 불게 하시고, 강물을 흐르게 하신다(전 1:5-7). 나아가 하나님의 주권은 하나님의 구원 사역을 통해 나타난다. 인류의 반역과 죄의 문제를 해결하시고, 하나님의 모든 원수를 물리치시고, 새 하늘과 새 땅을 이루실 것이다. 이 하나님의 구원 사역이 복음을 통해 나타났다. 복음을 믿는 사람은 구원을 주시는 하나님의 능력을 경험한다(롬 1:16, 고전 1:24).

하나님의 전능하심과 관련하여 우리가 주의해야 할 것이 있다. 그것은 하나님만이 온 세상과 우리 인생의 주권을 갖고 통치하시는 참된 주인이라는 사실이다. 따라서 우리는 하나님 말고 다른 것의 능력을 신뢰해서는 안 된다. 돈을 의지하거나 사람을 의지해서는 안 된다(사 2:22). 심지어는 나 자신의 지혜와 명철을 의지해서도 안 된다(잠 3:5). 다른 이들이 의지하는 말과 병거, 사람과 지혜와 부를 의지해서는 안 된다(신 20:1, 대하 16:8). 성경은 이런 것들은 다 헛된 우상일 뿐이고 이런 우상을 의지하면 우리도 우상과 같이 영적 장애인이 될 것이라 경고한다.

> 그들의 우상들은 은과 금이요 사람이 손으로 만든 것이라 입이 있어도 말하지 못하며 눈이 있어도 보지 못하며 귀가 있어도 듣지 못하며 코가 있어도 냄새 맡지 못하며 손이 있어도 만지지 못하며 발이 있어도 걷지 못하며 목구멍이 있어도 작은 소리조차 내지 못하느니라 우상들을 만드는 자들과 그것을 의지하는 자들이 다 그와 같으리로다 이스라엘아 여호와를 의지하라 그는 너희의 도움이시요 너희의 방패시로다 (시 115:4-9)

---

21 ——— Wayne Grudem, *Systematic Theology*, 217.

바이블 백신 1

우리 성도에겐 전능하신 하나님이 계시다. 주님만을 확신하고 바라보며 나아가야 할 것이다.

D. 총체적 속성

총체적 속성은 하나님의 속성들이 함께 나타내는 전체적인 특징이다.

D.1 아름다우심

아름다우심은 모든 바람직한 것들의 총체가 되게 하는 속성이다.[22] 아름다움은 모든 바랄 만한 것들이 균형과 조화를 이루어 우리의 감각에 기쁨과 만족을 주고 우리 마음을 끌어당긴다. 우리가 하나님을 알아 가고 경험할 때 우리는 하나님의 아름다움을 발견하고 즐거워하며 갈망하게 된다. 다윗은 하나님의 아름다움을 다음과 같이 고백한다.

> 내가 여호와께 바라는 한 가지 일 그것을 구하리니 곧 내가 내 평생에 여호와의 집에 살면서 여호와의 아름다움을 바라보며 그의 성전에서 사모하는 그것이라(시 27:4)

다윗은 하나님의 아름다움을 발견하고 고백했다. 영이신 하나님의 아름다움은 어떻게 발견할 수 있을까? 시편의 고백에 따르면 하나님의 아름다우심을 첫째, 하나님이 창조하신 피조세계를 바라보며 발견한다. 하나님이 창조하신 온 땅과 하늘, 그리고 하늘에 펼쳐진 달과 별을 바라보며 그곳에 반영된 하나님의 아름다우심을 발견한다(시 8:1). 둘째, 하나님의 아름다우심을 예배의 자리, 곧 성전에서 발견한다. 예배를 통해 하나님을 만나며 하나님의 아름다우심을 깊이 경험하는 것이다(27:4). 다윗은 성전에서 하나님의 아름다움을 발견하고 성전을 사랑하고 사모하여 쇠약해졌노라 고백한다(84:1-2). 셋째, 하나님의 아름다우심을 공동체를 통해 발견한다. 형제가 연합하여 동거함이 참으로 아

---

22 ——— 웨인 그루뎀,《조직신학 (상)》, 316.

름답다(133:1). 이런 공동체의 아름다움에 하나님의 영광이 드러난다. 예수님은 성부와 성자의 하나 됨을 통해 제자들의 하나 됨을 위해 기도하며 하나 됨에 드러난 영광과 아름다움을 나타내신다(요 17:22). 넷째, 하나님의 아름다움은 그분의 회복시키심과 구원하심을 통해 나타난다(사 12:5, 35:2). 하나님의 구원이란 균형과 조화가 무너진 피조세계가 하나님의 아름다움을 따라 회복되는 사건이다. 그래서 구원의 소식은 아름다운 소식(61:1)이다. 복음을 전하는 자의 발은 아름답고도 아름답다(롬 10:5, 사 52:7).

D.2 복되심

하나님은 복되시다. 온갖 선하고 좋은 것들로 충만하고 기쁨과 행복이 가득하다. 그래서 시편은 '주의 앞에는 충만한 기쁨이 있고 주의 오른쪽에는 영원한 즐거움이 있다'(시 16:11)고 고백한다. 복되신 하나님은 자신과 그의 성품을 피조세계에 나타내는 일을 기뻐하신다. 그래서 처음에 세상을 만드시고 보시기에 좋아하셨고(창 1:4, 10, 12, 18, 21, 25), 하나님의 형상을 따라 지음받은 사람을 두시고는 심히 좋아하셨다(1:31). 하나님은 사람에게 복주시기를 원하시고 좋아하신다(5:2, 민 6:24). 피조세계에 하나님의 위대함과 복됨이 드러나기 때문이다. 우리가 착각하지 말아야 할 것은 피조물은 그 자체로 절대 우리에게 복의 근원이 될 수 없다. 우리는 복된 세상에서 살고 있지만, 복된 세상에서 복의 근원은 오직 주님밖에 없다(시 16:2, 딤전 6:15). 하나님만이 온갖 좋은 은사와 온전한 선물을 피조세계에 내려 주고 계시다(약 1:17, 참조 겔 34:26). 그래서 복 있는 자의 삶은 오직 복의 근원이신 여호와의 말씀을 붙들고 주야로 묵상하며 좌우로 치우치지 아니하고 그 말씀 안에 거하는 것이다. 말씀 안에 거함으로 복의 근원이신 하나님 안에 거하게 되고, 여기서 시냇가에 심은 나무가 철을 따라 열매를 맺음같이 모든 일에서 복을 경험한다(시 1:2-3).

구약 시대에 하나님의 복은 삶의 힘을 부여하는 것이었고, 이는 생식력, 출산, 재생산과 깊은 연관이 있었다(참조 창 1:28).[23] 신약 시대에 와서 하나님은 이제 그리스도 안에서 하늘에 속한 모든 신령한 복을 우리에게 허락하셨다(엡 1:3). 그래서 우리가 믿는 복음은 '복되신 하나님의 영광의 복음'이다(딤전 1:11). 이 복음으로 말미암아 우리는 멸망으로 몰고 가는 죄에서 자유함을 얻게 되고, 하나님의 소유된 백성이 되는 복을 얻게 된다(벧 2:19, 참조 사 62:5). 신약의 성도는 그리스도를 통하여, 그리스도 안에 거함으로 하나님의 복되심을 경험할 수 있고, 많은 열매를 맺으며 하나님의 복되심을 찬양할 수 있다(요 15:5). 특별히 하나님은 이러한 복되심을 그리스도의 몸 된 교회에 허락하셨다(엡 1:23, 3:10). 이제 교회는 하나님의 복되심을 경험하는 통로가 된다.

D.3 영광스러우심

하나님의 속성들은 총체적으로 하나님의 영광스러우심을 드러낸다. 영광은 피조물과는 현저하게 다른 신적 속성으로, 이는 궁극적으로 오직 하나님께만 있는 것이다(사 42:8, 대상 29:11-12). 영광을 의미하는 히브리 단어의 어근은 '카보드'로, '무게' 혹은 '무거움'을 의미한다. 하나님에게는 피조물이 감당하지 못할 영광의 무게가 있다. 하나님의 영광은 종종 하나님의 실존을 둘러싼 밝은 빛이나 불같은 현상과 연관되어 나타나며, 때로는 굉장히 압도적인 광채와 감당할 수 없는 강렬함으로 인해 구름 속에 쌓여 나타나기도 한다.[24] 하나님의 영광에는 세상과 비교할 수 없는 강렬하고 밝은 빛의 광휘와 위대함과 명성과 존귀와 영예와 존귀함이 충만하다. 하나님이 자신을 피조세계에 드러내실 때 피조물은 하나님의 영광스러운 임재를 경험하며, 이 영광에 대한 합당한 반응은 찬양과 경배다. 사람이 창조된 궁극적인 목적은 바로 이 하나님의 영광을 위해서다(사 43:7). 따라서 사람의 주된 목적은 하나님의 영광을 즐거워하며 하나님께 합당한 영광을 돌리며 사는 것이다(43:21). 그리고 이런 하나님을 우리는 '아버지'로 부른다.

23 ——— 월터 부르그만, 류호준 외 역, 《구약신학》 (서울: 기독교문서선교회, 2003), 281.
24 ——— R. B. 개핀, "영광", 《IVP 성경신학사전》 (서울: 한국기독학생회출판부, 2004), 885.

4. 하나님의 이름

성경에서 이름은 그 사람의 특성 혹은 사명을 나타낸다. 믿음의 족장들을 보자. 아브라함은 '열국의 아비'란 뜻으로 장차 믿음의 조상이 될 사명을 보여 준다. 이삭은 '웃음'이란 뜻으로 하나님께서 불임 가운데 그 가정을 웃게 하신다는 의미를 가진다. 야곱은 '속이는 자'라는 뜻으로 태어날 때부터 형의 발꿈치를 붙들고 태어났기 때문이다. 예수께서는 그의 제자 베드로가 '주는 그리스도시요 살아계신 하나님의 아들'이라는 고백을 한 이후 그의 이름을 바요나(요나의 아들) 시몬에서 '반석'을 뜻하는 베드로란 이름으로 바꾸어 주셨다. 이처럼 한 사람의 이름에는 그 사람의 고유한 특성과 사명이 들어 있다. 그렇다면 성경에 계시된 하나님의 이름은 어떠할까? 하나님의 이름은 하나님의 속성과 그가 행하시는 사역들을 보여 준다. 하나님의 이름은 하나님을 대표하는 대표성이 있다. 그렇기에 그 이름을 힘입어 말하는 것은 권위와 능력을 지닌다(신 18:18-19, 렘 26:20, 44:16). 제사장은 하나님의 이름으로 축복했고(민 6:23-27), 백성들은 그의 이름을 부르며 제사를 드렸다(창 12:8, 왕상 18:24). 하나님의 이름으로 전쟁을 행할 때 큰 승리를 경험한다(시 20:7, 44:5). 하나님의 이름으로 맹세하면 반드시 지켜야 하는 구속력이 생겼고(신 6:13), 그래서 성도는 함부로 맹세하지 말아야 한다. 또한 예수께서는 내 이름으로 기도하라고 가르쳐 주셨고(요 14:14), 사도 바울은 성부와 성자와 성령의 이름으로 고린도 교회를 축복했다(고후 13:13). 이처럼 하나님의 이름은 하나님을 대표하고 하나님이 함께하는 능력을 갖고 있기에 하나님의 백성은 하나님의 이름을 함부로 망령되게 불러선 안 된다(출 20:7, 신 5:11, 레 24:16). 그렇다면 성경에 계시된 하나님의 이름은 무엇이며 하나님의 어떤 속성과 특징을 보여 줄까?

4.1 구약에 나타난 하나님의 이름

1) 하나님(엘, 엘로힘, 엘로하)

하나님을 가리키는 이름으로 '엘'은 단수형으로 '강함, 힘 있음, 위대함, 위엄' 등을 의미한다. 이는 당시 히브리인뿐만 아니라 바벨론, 페

니키아, 아람인 등 셈족이 사용했던 신에 대한 일반적인 칭호이기도 하다. 성경에서는 하나님을 좀더 구별하여 부르기 위해 하나님의 고유이름인 여호와를 붙여, 여호와 하나님, 혹은 하나님 여호와로 부르기도 하고(시 85:8, 사 42:5 등), 엘 다음에 다른 특징을 더해 복합적으로 부르기도 한다. '엘 샤다이'(전능하신 하나님, 창 17:1, 출 6:3), '엘 엘룐'(가장 높으신 하나님, 창 14:18-19, 민 24:16, 사 14:14), '엘 올람'(영원하신 하나님, 창 21:33, 신 33:27, 사 40:28, 참조 롬 16:26, 딤전 1:17, 히 9:14), '엘 로이'(모든 것을 보시는 하나님, 창 16:13, 참조 롬 8:27) 등이 그것이다. 엘은 구약성경에서 208회 사용되었다.

성경에서 하나님을 가리키는 다른 호칭으로 '엘로힘'이 있다. 엘로힘은 구약성경에서 2570회나 사용될 정도로 하나님을 지칭하는 가장 일반적인 호칭이다. 엘로힘은 단수형 '엘로하'의 복수형으로 '강한 자, 큰 능력이 있는 자'를 의미한다. 특징적인 것은 엘로힘은 복수형이라는 사실이다. 복수형으로서의 엘로힘은 크게 두 가지 의미가 있다. 첫째는 하나님의 위엄을 나타내기 위해서다. 이것을 '장엄의 복수'라 한다. 고대 근동에는 왕이 행차할 때 왕과 수많은 신하들이 한꺼번에 행차하여 왕의 위엄과 권위를 나타낸다.[25] 그래서 왕의 행차는 왕과 함께하는 이들 모두를 전제할 때가 많다. 근동에서는 이럴 때 복수를 사용하여 위엄을 나타냈다. 신을 복수로 사용할 때는 신과 함께하는 천군 천사 모두의 위엄 있는 모습을 나타내기도 한다. 성경은 이런 위엄 있고 높으신 왕 되신 하나님을 가리켜 복수형으로 '엘로힘'으로 표현한다.

둘째, 복수형은 삼위일체 하나님을 가리킨다. 성부, 성자, 성령 하나님의 하나 됨의 신비하고 위엄 있는 존재 방식을 가리키는 호칭이다. 여기서 '엘로힘'은 남성 복수형이다. 어떤 이단은 이 '엘로힘' 칭호가 복수형이라는 것을 근거로 하나님은 한 분이 아니라 두 분이다, 하나님께서 자기 형상을 따라 남자와 여자를 지으신 것처럼 하나님의 형상은 원래 남자와 여자로 되어 있고 그렇기에 하나님도 아버지 하나님과 어머니 하나님이 있다고 주장한다. 하지만 이런 주장은 엘로힘이 남성 복수형이라는 사실을 모르고 하는 말이다. 히브리어 명사는 프랑스어처럼

---

25 ──── 양형주, 《평신도를 위한 쉬운 창세기 1》, 63.

남성과 여성으로 나뉜다. 그리고 남성과 여성이 함께 있는 공성이 있다. 만약 엘로힘이 아버지 하나님과 어머니 하나님이라면 명사의 성(性)이 공성이어야 할 것이다. 또한 하나님은 항상 엘로힘으로만 사용되지 않는다는 사실을 기억해야 한다. 때로는 삼위일체를 나타내는 엘로힘으로 불리지만, 유일하신 하나님을 나타내기 위해 남성 단수형인 '엘로하' 또는 '엘'로도 사용된다.

엘로하는 엘로힘의 단수형으로, 엘로힘의 어원을 갖는 엘과 유사하게 강하고 힘 있는 신을 의미한다. 이 명칭은 특히 욥기에 집중적으로 42회 등장한다. 욥기를 제외한 나머지 구약성경에서는 15회 정도 등장한다(신 32:15, 느 9:17, 시 18:31, 잠 30:5). 시편 50편 22-23절에서는 엘로하와 엘로힘이 같은 하나님을 지칭하는 동의어로 교차적으로 사용되기도 한다.

2) 여호와

여호와는 하나님의 고유한 개인적인 이름이다. 하나님의 고유한 이름에는 하나님의 속성과 사명이 담겨 있다. 그렇다면 여호와라는 이름에는 어떤 의미가 담겨 있을까? 다음을 살펴보자.

> 모세가 하나님께 아뢰되 내가 이스라엘 자손에게 가서 이르기를 너희의 조상의 하나님이 나를 너희에게 보내셨다 하면 그들이 내게 묻기를 그의 이름이 무엇이냐 하리니 내가 무엇이라고 그들에게 말하리이까 하나님이 모세에게 이르시되 나는 스스로 있는 자이니라 또 이르시되 너는 이스라엘 자손에게 이같이 이르기를 스스로 있는 자가 나를 너희에게 보내셨다 하라 하나님이 또 모세에게 이르시되 너는 이스라엘 자손에게 이같이 이르기를 너희 조상의 하나님 여호와 곧 아브라함의 하나님, 이삭의 하나님, 야곱의 하나님께서 나를 너희에게 보내셨다 하라 이는 나의 영원한 이름이요 대대로 기억할 나의 칭호니라 (출 3:13-15)

모세가 하나님께 묻는다. '하나님 이스라엘 백성들이 저에게 너를 보낸 신의 이름이 무엇이냐? 라고 물으면 뭐라고 대답할까요?' 그러자 하나님께서는 먼저 14절에, '나는 스스로 있는 자'라고 말씀하시고, 다시 '스스로 있는 자'라고 하셨다. 이 둘은 같은 말처럼 보이지만 원문으로 보면 조금 다르다. 영어로 말하면 앞의 '스스로 있는 자'는 'I am who I am'이고, 다음에 나오는 '스스로 있는 자'는 'I am'이다.

먼저 '나는 스스로 있는 자'(I am who I am)란 호칭이다. 히브리어로 '에흐예 아쉐르 에흐예'이다. 'I am'에 해당되는 단어가 히브리어로 '에흐예'이고 'who'가 '아쉐르', 그리고 뒤의 'I am'이 다시 '에흐예'다. '에흐예'는 영어로 be동사에 해당하는 '하야' 동사의 미완료형이다. 미완료라는 것은 동작이 완전히 끝나지 않은 상태를 표현하는 시제다. 이것은 과거 미완료, 현재 미완료, 미래 미완료를 다 가리킬 수 있다. 영어로 'I am'도 되고 'I was'도 되고, 'I will be'도 된다. 이렇게 볼 때 '나는 스스로 있는 자'란 뜻은 다음과 같은 의미들이 포함되어 있다.

I was who I was(나는 과거의 나였던 나다).
I am who I am(나는 현재 나인 나다).
I will be who I will be(나는 미래의 나일 것이다).

이 모든 표현이 다 가능하다. 또 앞과 뒤의 시제를 서로 다르게 연결할 수도 있다.

I am who I was(나는 과거의 나였던 현재의 동일한 나다).
I will be who I am(나는 현재의 내가 그대로 동일한 미래의 나일 것이다).

이런 표현을 통해 알 수 있는 것이 무엇인가? 첫째로 하나님의 독립성이다. 하나님은 스스로 존재하는 분으로 다른 존재의 도움을 필요로 하지 않는다. 둘째, 하나님의 창조주 되심이다. 하나님은 세상의 존재하는 모든 것을 존재하게 하시는 분이다. 셋째, 불변성이다. 하나님은 어제나 오늘이나 영원토록 동일하시다(히 13:8). 넷째, 영원성이다. 하나님은 시간을 초월하신 영원하신 하나님이다. 이것을 난하주나 공동번역에서는 '나는 곧 나다'라고 번역한다.

우리는 보통 우리 자신을 이해시킬 다른 보어로 우리를 규정한다.

I am a student(나는 학생입니다).
I am a engineer(나는 엔지니어입니다).

이런 식으로 'I am' 다음에는 나를 설명해 줄 등가물이 들어가야 한다. 그런데 하나님에게는 하나님을 설명할 다른 등가물이 없다. 이런 하나님에게 가장 정확한 표현이 무엇인가? 'I am who I am'(나는 나다!)라는 표현이다. 하나님은 하나님이다. 이는 다른 등가물로 대체 불가능한 무한하고 자존하신 하나님을 나타낸다.

둘째로, 이 하나님의 이름에는 홀로 존재하는 하나님이 아니라, 우리와 함께하시는 하나님이라는 의미가 들어 있다. 하나님께서 여호수아에게 '내가 너와 함께 하리라'(수 1:9)고 약속하실 때 이것을 히브리어로 '예흐에 임마크'라고 한다. '임마크'는 전치사다. 영어로 'with you'에 해당한다. 14절 끝에 있는 '스스로 있는 자(I am)가 나를 너희에게 보냈다'는 말은 '스스로 있는 자가 너희와 함께한다'는 의미가 추가되어 있는 것이다. 그래서 '에흐예'가 홀로 사용될 때는 단순한 'I am'이 아니라 'I am with you' 또는 'God is with us'라는 의미가 포함된다. 우리와 함께하시는 하나님이다. 이것을 줄여서 '임마누엘'이라고 한다(사 7:14, 참조 마 1:23).

셋째로, 여호와는 하나님의 영원하심, 우리와 함께하심이 포함된 인격적인 하나님을 의미한다. 이 하나님의 고유한 개인적인 이름을 알고 부르면 우리는 여호와의 이름으로 일컫는 백성이 된다.

땅의 모든 백성이 여호와의 이름이 너를 위하여 불리는 것을 보고 너를 두려워하리라(신 28:10)

우리는 여호와의 이름을 부를 수 있는 하나님의 백성이 된다. 그 이름을 부를 수 있는 백성, 여기에 성도의 정체성이 있다. 이 이름을 부르면 하나님께서 우리와 함께하시고 우리를 구원해 주시고, 도와주신다.

결국 하나님께서 우리에게 그분의 귀한 이름을 주신 것은 우리를 자기 백성으로 삼으시고, 우리를 구원하기 위해서임을 알 수 있다.

이러한 여호와의 특성은 그의 백성과의 언약 관계에 잘 드러난다. 하나님은 모세에게 자신을 여호와로 드러내시며 족장들에게 주신 언약을 기억하시며 그 언약을 성취할 것을 말씀하신다(출 6:2-8). 언약은 이스라엘의 불성실함과 연약함에도 불구하고 하나님께서 그들을 자기 백성으로 삼으시고 구원하시고 거룩하게 하실 것에 대한 신실한 약속을 의미한다. 여호와는 언약에 신실하시고, 이스라엘과 언약을 체결할 때 자신을 '여호와'로 계시한다(20:2). 심지어는 이스라엘이 언약에 불성실하여 금송아지를 만들어 예배한 후 이들과의 언약을 새롭게 갱신할 때도 자신을 여호와로 계시한다. 여호와 하나님은 자신을 자비롭고 은혜롭고 노하기를 더디 하고 인자와 진실이 많은 하나님으로 선포한다(34:6). 여호와는 끝까지 언약에 신실한 인격적인 하나님이다.

이 여호와의 이름에는 그 이름이 갖는 부가적인 표현이 종종 결합된다. '여호와 체바오트'(만군의 여호와, 삼상 1:3), '여호와 이레'(여호와께서 준비하심, 창 22:13-14), '여호와 닛시'(여호와는 나의 깃발, 출 17:15), '여호와 샬롬'(여호와는 평강이시다, 삿 6:24), '여호와 로이'(여호와는 나의 목자, 시 23:1), '여호와 삼마'(여호와께서 거기에 계시다, 겔 48:35), '여호와 치드케누'(여호와 우리의 공의, 렘 23:6), '여호와 라파'(치료하시는 여호와, 출 15:26) 등이 그것이다.

3) 주(아도나이)

구약성경은 하나님을 종종 '주'라고 부른다(창 15:2, 9, 18:27, 출 4:10, 13, 5:22, 34:9, 민 14:17, 신 3:24, 수 7:7, 삿 6:15, 삼하 7:18-20, 왕상 2:26, 3:10, 느 1:11, 4:14, 욥 28:28, 시 2:4, 8:1, 35:22-23, 사 4:4, 겔 2:4 등 총 456회 사용). 여기서 '주'(主, Lord)는 주인이란 의미다. 구약 시대의 인간관계에서 볼 때 신하에게는 왕, 아내에게는 남편, 자녀에게는 아버지, 종에게는 주인이 주가 되었다. 원래 주인을 의미하는 히브리어 단어는 '아돈'이고, 복수형이 '아도나이'다. 복수형으로 아도나이를 사용하는 것은 복수의 주인을 나타내는 것이 아니라 한 주인이 갖는 주권과 위엄을 강조하기 위해서다. 이렇게 볼 때 하나님을 우리의 '아도나이'라고 부르는 것은 하나님

II. 신론 백신

이 우리 인생의 최고의 주권을 갖고 주인 되심을 강조하고 인정하는 고백이다.

아도나이라는 칭호는 제2성전 시대(주전 538-주후 70년)에 여호와를 경외하는 흐름이 증가하면서 여호와의 이름을 '아도나이'로 대체하여 읽으면서 많이 사용되었다. 유대인 서기관들은 거룩한 하나님의 고유한 이름인 여호와를 부르기 두려워하고 꺼려하였다(참조 레 24:16). 이후로 이들은 여호와 이름 대신 아도나이로 읽기 시작했고, 이러한 흐름은 주전 250년경부터 약 100년에 걸쳐 진행되었고, 히브리어 구약성경을 헬라어로 번역한 70인역에 고스란히 반영되어 있다. 그래서 70인역에는 '여호와'라는 이름이 나타나는 부분이 모두 헬라어의 '주'에 해당하는 '퀴리오스'로 번역되어 있다. 이러한 번역 흐름을 살린 성경이 표준새번역이다. 표준새번역은 '여호와'를 대부분 '주'로 바꾸어 번역하였다.

4) 예수

하나님의 이름은 구약에서 종종 '구원자'로 불렸다. '하나님은 구원자'라는 뜻의 이름이 '여호수아', '예수아'다. 이 이름이 헬라식으로 표현된 것이 '예수'다. 이렇게 볼 때 구약에서는 하나님을 '예수'로 소개하는 부분이 곳곳에 등장한다.

> 여호와께서는 그들에게 한 구원자(예수) … 를 보내사 그들을 건지실 것임이라(사 19:20)

> 나 곧 나는 여호와라 나 외에 구원자(예수)가 없느니라(사 43:11)

> 구원자(예수) 이스라엘의 하나님이여 진실로 주는 스스로 숨어 계시는 하나님이시니이다(사 45:15)

이외에도 구약성경은 종종 하나님을 '예수'로 부른다(사 43:3, 49:26, 60:16, 63:8, 호13:4). 하나님이 자신을 구원자로 계시하여 신약 시대에 예수로 오셨다. 예수를 보내실 하나님의 예언을 들어 보라.

아들을 낳으리니 이름을 예수라 하라 이는 그가 자기 백성을 그들의 죄에서 구원할 자이심이라 하니라(마 1:21)

하나님께서 예수를 보내시는 것은 그 백성들을 죄에서 구원할 구원자로 보내시는 것이다. 구약 가운데 예수의 이름을 발견하는 것이 중요한 이유가 있다. 그것은 많은 이단이 구약에서 하나님의 이름이 여호와, 신약에서는 예수, 그리고 오늘날의 종말 시대에는 교주의 이름이 새 이름이라고 주장하기 때문이다. 보다 구체적인 것은 잠시 후에 살펴보기로 하자.

4.2 신약에 나타난 하나님의 이름

1) 하나님(테오스)

구약성경에 나오는 '엘, 엘로힘, 엘로하'에 해당하는 표현은 신약성경에서 대부분 하나님(테오스)으로 등장한다. 헬라어 테오스는 신약성경에서 하나님을 가리키지만, 원래는 일반적인 '신'을 의미하는 단어였기에 이방의 신들에게도 적용되어 사용되기도 한다(참조 행 17:23).

2) 주(퀴리오스)

'주'(퀴리오스)는 구약의 여호와의 이름을 경외하여 간접적으로 부르는 호칭, '아도나이'에 해당하는 호칭이다. 헬라어로 기록된 신약성경은 헬라어로 번역된 70인역을 종종 인용하였고, 따라서 70인역처럼 여호와가 주로 기록되어 있다. 하지만 신약성경은 여호와만을 퀴리오스로 부르지 않는다. 신약성경은 예수 그리스도를 퀴리오스로 부른다. 그는 하나님과 동등하신 분이었지만, 자신의 동등됨을 포기하고 자기를 비워 종의 모습을 취하여 사람이 되셔서 자기를 낮추시고 십자가에 죽기까지 하셨다. 하나님은 그를 지극히 높이시고 모든 이름 위에 지극히 뛰어난 이름을 주셔서 하늘과 땅 위와 땅 아래에 있는 모든 이들이 그 앞에 무릎을 꿇고 그를 퀴리오스라 고백하게 하셨다(빌 2:6-11). 성도는 입으로 예수를 퀴리오스로 시인해야 구원을 받는다(롬 10:9).

이것이 중요한 이유가 있다. 어떤 단체는 여호와의 이름이 예수

II. 신론 백신

에게 적용되지 못한다고 주장하기 때문이다. 이들의 주장을 살펴보자.

> 우리는 여호와라는 이름이 성경에서 성부 외에 그 누구에게도 결코 적용되지 않는다는 것을 확신 있게 주장한다. … 이것을 결정적으로 증명하는 길은 신약 저자들이 구약에서 많이 인용한다는 데 있다. 그런데 신약 저자들이 구약으로부터 여호와라는 단어를 예수에게 적용해서 한 구절이라도 인용하는가? 우리는 그들이 그렇게 하지 않는다고 주장한다.[26]

하지만 예수를 주로 부르는 신약성서의 많은 선언은 예수가 곧 여호와임을 보여 준다.

3) 아버지(파테르)

신약성경에서는 하나님을 '아버지'로 부른다. 원래 이 칭호는 성자께서 성부를 부르는 용어였으나(마 10:32-33, 11:25-27), 성자께서는 성도들에게 이 호칭으로 하나님을 설명하고(5:16, 6:1, 6:4, 6:6, 6:26) 이 호칭으로 부르고 기도하라고 가르치셨다(6:9). 예수 그리스도의 부활 이후 이제 성자 하나님의 아버지가 성도들의 아버지가 되고, 예수 그리스도의 하나님이 성도들의 하나님이 되신다(요 20:17).

4.3 새 이름 교리

여러 이단이 교주를 재림주로 만들기 위하여 새 이름 교리를 주장한다. 새 이름 교리란 하나님께서는 시대별로 하나님의 이름을 새롭게 주셨다는 것이다. 구약 시대에는 여호와, 신약 시대에는 예수라는 이름을, 종말의 계시록 시대에는 교주의 이름을 새 이름으로 주었다고 한다. 이름은 본질과 사명을 드러낸다. 시대별로 하나님의 이름을 다르게 부르는 것은 성도들의 구원관과 기도 생활에 영향을 끼친다.

이단들의 주장에 따르면 구약 시대에는 여호와의 이름으로 기도

---

26 ——— 위치타워성서책자협회, 《하나님의 목적 속에서의 여호와의 증인》 (서울: 위치타워성서책자협회, 1959), 22.

하고 구원받았고, 신약 시대에는 예수의 이름으로 그러했다면, 이제는 교주의 이름으로 기도하고 교주의 이름을 깨달으면 구원받는다. 그 대표적인 성경 구절로 마태복음 28장 19절을 주장한다.

> 그러므로 너희는 가서 모든 족속으로 제자를 삼아 아버지와 아들과 성령의 이름으로 세례를 베풀고

이 구절에서 아버지의 이름은 여호와이고, 아들의 이름은 예수이며, 성령의 이름은 교주라고 한다.[27] 성부 하나님과 성자 하나님의 이름은 밝혀졌지만, 성령 하나님의 이름은 지금까지 감추어져 있었는데 이제는 교주의 이름으로 밝혀졌고, 그동안 밝혀지지 않은 이름이기에 교주의 이름이 '새 이름'이라는 것이다. 새 이름에 대한 성경적 근거는 요한계시록 2장 17절과 3장 12절을 든다.

> 귀 있는 자는 성령이 교회들에게 하시는 말씀을 들을지어다 이기는 그에게는 내가 감추었던 만나를 주고 또 흰 돌을 줄 터인데 그 돌 위에 새 이름을 기록한 것이 있나니 받는 자밖에는 그 이름을 알 사람이 없느니라(계 2:17)

이 구절에 따르면 이기는 자는 흰 돌을 받게 되고, 이 돌에는 새 이름이 기록되어 있는데 이 돌을 받는 자밖에는 알 사람이 없다. 여기서 이 돌을 받는 자는 이단 교주를 믿는 자를 가리킨다. 이단 교주를 믿고 받아들이는 자 외에는 그 이름을 알 수 있는 사람이 없다. 이기는 자가 받는 새 이름은 다음에도 나온다.

> 이기는 자는 내 하나님 성전에 기둥이 되게 하리니 그가 결코 다시 나가지 아니하리라 내가 하나님의 이름과 하나님의 성 곧 하늘에서 내 하나님께로부터 내려오는 새 예루살렘의 이름과 나의 새 이름을 그이 위에

---

27 ─── 진용식,《안상홍 증인회의 실체는》, 111-123.

기록하리라(계 3:12)

그들은 여기서 '나의 새 이름'이 곧 교주의 이름을 가리킨다고 주장한다. 이러한 주장을 우리는 어떻게 이해해야 할까?

첫째, 구약 시대와 신약 시대에 주신 하나님의 이름이 다르다는 주장에 대해 살펴보자. 이들은 성부 시대에는 여호와의 이름을 주었기에 구약에는 예수라는 이름이 없었다고 주장한다. 이러한 논리대로라면 신약 시대에는 여호와의 이름이 등장하지 말아야 한다.

예수라는 이름의 뜻은 '여호와는 구원이시다' 혹은 '여호와는 도움이시다'라는 뜻으로 '구원자'를 가리킨다. 구약에서 '예수아'로 부르던 것을 신약에서 헬라어로 음역하여 '이에수스'로 불렀다. 이것이 우리말로 '예수'가 된 것이다. 구약에서는 '예수아'를 '구원자'로 번역하여 사용했다. 하나님은 이스라엘 백성들에게 자신이 구원자(예수)임을 선포하셨다.

구원자(예수) 이스라엘의 하나님이여 진실로 주는 스스로 숨어 계시는 하나님이시니이다(사 45:15)

이외에도 하나님은 자신이 곧 예수임을 곳곳에서 선포하셨다(사 43:3, 43:1, 49:26, 60:16, 63:8, 호 13:4). 하나님은 자신이 예수임을 선포하셨을 뿐 아니라 성자 하나님을 구원자(예수)로 보내서 백성들을 죄에서 구원하게 하셨다. 여호와께서는 장차 한 구원자(예수)를 보내어 구원할 것이라고 말씀한다(사 19:20). 이 말씀대로 예수께서 세상에 오셨다. 예수가 오기 전에 하나님께서는 천사를 통해 마리아에게 이렇게 예고하셨다.

아들을 낳으리니 이름을 예수라 하라 이는 그가 자기 백성을 그들의 죄에서 구원할 자이심이라 하니라(마 1:21)

이렇게 볼 때 '예수'라는 이름은 신약 시대에 새롭게 붙여진 이름이 아니라 구약에서 성부 하나님께 돌려진 이름이고 또 성부 하나님이 보내신 성자 하나님께 붙여진 이름임을 알 수 있다.

둘째, '이기는 자'에 대한 이해다. 요한계시록 2장 17절과 3장 12절은 이기는 자는 새 이름을 받는다고 말씀한다. 중요한 것은 여기서 이기는 자가 누구인가 하는 점이다. 이단들은 이기는 자를 교주로 해석한다. 그러나 전후의 문맥을 자세히 살펴보면 여기서 '이기는 자'는 구원받은 성도를 가리킨다. 이단은 예수님의 이름은 이제 끝나고 이제는 이기는 자의 새 이름을 의지하고 기도해야 구원받는다고 주장한다. 그러나 성경은 분명 천하 사람 중에 구원을 받을 만한 다른 이름을 우리에게 주신 일이 없다고(행 4:12) 말씀한다.

셋째, 여호와의 이름은 신약 시대에 사라졌는가? 그렇지 않다. 앞서 언급했듯이 신약성경은 여호와의 이름을 '퀴리오스'(주)로 번역하여 부른다. 그리고 퀴리오스는 예수에게도 적용되었다. 이렇게 볼 때 하나님의 이름은 성부 하나님, 성자 하나님 모두 신구약에 풍부하게 사용되었음을 알 수 있다. 하나님의 이름은 변하지 않는 영원한 이름이다(출 3:15). 시대에 따라 새 이름으로 바꾸어 올 수 없다. 이렇게 볼 때 교주의 이름은 예수님의 새 이름도 아니요, 구원받을 만한 이름도 아니다. 교주의 이름은 부모님이 지어 준 보통 이름에 불과할 뿐이다. 절대 미혹되지 말라.

넷째, 하나님은 성도에게는 '예수' 외에 구원얻을 다른 이름을 주신 적이 없다.

> 다른 이로써는 구원을 받을 수 없나니 천하 사람 중에 구원을 받을 만한 다른 이름을 우리에게 주신 일이 없음이라 하였더라(행 4:12)

예수 외에는 오직 구원얻을 이름이 없음을 기억하라. 다른 이름들은 오히려 예수로 말미암는 구원을 빼앗아가는 나쁜 이름이다.

5. 하나님의 사역

하나님을 알아가는 방법에는 두 가지가 있다. 첫째는 존재에 대한 앎이고 둘째는 사역에 대한 앎이다. 그동안 하나님은 어떤 분인가를 살펴보았다면 여기서는 하나님은 어떤 일을 하시는가를 살펴보도록 할 것이다. 하나님의 사역은 크게 세 가지로 나눈다. 하나님의 계획하심, 창조하심, 섭리하심이다.

5.1 계획하심

1) 하나님의 작정

전반적인 하나님의 계획하심을 하나님의 '작정'(decree)이라 한다. 하나님의 작정하심이 갖는 특징들이 있다.

첫째, 하나님의 작정은 하나님의 완전하신 지혜에 기초한다. 하나님은 온 세상을 즉흥적으로 이끌어 가시지 않는다. 하나님은 완전하신 지혜와 명철로 이 세상을 계획하셨다. 하나님은 지혜로 창조를 계획하셨고(시 104:24), 지혜와 명철로 하늘과 땅의 기초를 세워 놓으셨다(잠 3:19).

둘째, 하나님의 작정은 시간의 흐름에 따라 그때그때 바뀌는 것이 아니라, 영원 전부터 계획되었다. 이것은 하나님의 작정이 하나님의 영원하심에 기초하고 있기 때문이다(시 33:11). 하나님의 영원하심은 하나님이 시간 밖에서 과거와 현재, 미래를 동시에 보고 계심을 의미한다. 그렇기에 하나님이 세운 계획도 영원하다. 하나님은 인류가 타락하자 허겁지겁 가죽옷을 지어 입히지 않으셨다(창 3:15). 하나님은 영원 속에서 하나님의 아들을 계획하시고 이 땅에 보내셨고, 이 그리스도를 바라보며 노아, 아브라함, 모세, 다윗 등의 인물들을 보내셨으며, 예수님의 초림과 재림을 통해 세상을 구원하고 만물을 회복할 계획을 갖고 계셨다.

셋째, 그래서 하나님의 계획은 알파와 오메가, 즉 처음부터 끝까지를 모두 포괄하며, 사람과 피조물 전체를 포괄한다(롬 8:21, 38-39). 심지어는 우리가 생각하는 우연한 사건들(창 45:7-8, 잠 16:33)과 사람의 악한 계획조차도 하나님의 계획에 들어 있다(창 50:20).

넷째, 하나님의 계획은 하나님의 선하신 뜻을 이루기 위해 가장 효과적인 계획이다. 그 계획은 사람의 효율성과는 다른 하나님의 측량치 못할 지혜에 기초한 효율성이며(사 55:8-9), 모든 것이 합력하여 선을 이루어 가는 계획이기에(롬 8:28), 우리의 예측과 측량을 뛰어넘는다(시 145:3, 전 3:11, 렘 33:22, 엡 3:8). 첩경으로 인도하는 가장 귀한 길이다.

다섯째, 하나님의 계획은 변함이 없고 그 뜻을 반드시 이루고야 만다. 하나님은 신실하고 완전하시기에 실수가 없으시다. 그렇기에 변함이 없고, 대대로 그의 뜻을 이루고야 만다(시 33:11, 사 46:10). 따라서 사람이 아무리 많은 계획을 세우고 준비하여도 오직 여호와의 계획만이 완전히 성취된다(잠 19:21).

여섯째, 하나님의 계획은 죄에 대해 허용적이다. 하나님은 사람이나 천사가 죄를 짓도록 계획하지 않으셨다(약 1:13). 그러나 선과 죄악 중 하나를 선택할 수 있는 자유의지를 허락하셨다. 사람은 자유의지를 잘못 사용하여 범죄했다(전 7:29). 천사 중 일부도 그러했다(유 1:6). 하나님은 사람이 자유의지를 사용하는 것을 막지 않으신다(롬 1:24, 26, 28, 행 14:16, 17:30). 하지만 자유의지를 갖고 범죄한 것에 대해서는 그 결과에 대한 책임을 물으시고 정죄와 심판으로 죄를 통제하신다. 이는 사람과 사탄이 아무리 범죄하고 날뛰어도 결코 하나님의 계획과 주권적 통치에서 벗어나 제멋대로 날뛸 수 없음을 의미한다(참조 벧후 2:4).

2) 하나님의 예정

하나님의 작정하심 가운데 특별히 하나님의 구원 계획에 포함된 것을 예정이라 한다. 작정하심이 일반적인 계획이라면 예정하심은 특별한 계획이다. 성경에 따르면 하나님은 창세 전에 인간을 구원하기로 예정하셨다(엡 1:4). 예수 그리스도로 말미암아 사람들을 자기 자녀로 삼기로 정하시고(1:5), 예성하신 그들을 하나님의 때에 부르셔서 의롭다 하시고 영화롭게 하셨다(롬 8:30). 하나님께서 사람들 이렇게 예정하여 자녀 삼으신 것은 천국의 상속자가 되어 하나님이 준비하신 영광의 기업을 얻도록 하기 위해서다(마 22:14, 롬 8:17, 11:5, 고전 1:27-28, 살전 1:4, 딛 3:7, 벧전 1:2, 벧후 1:10). 이러한 하나님의 예정은 아담의 타락 이후 곧바로 원시복음의 형태로 아담과 하와에게 계시되고(창 3:15), 이후 아브라함, 모세, 다윗과 같은 인물들을 통하여 제시되었으며, 메시아에 대한 예언들(사 53)을 통하여 알려지고, 예수 그리스도의 죽음과 부활을 통하여 이루어졌다.

하나님의 예정은 몇 가지 차원이 있다.

첫째, 하나님께서는 구원의 역사를 위해 그 아들 예수 그리스도를 영원 전에 예정하셨다. 둘째, 하나님께서는 구원의 역사를 위해 모세, 아브라함, 예레미야 등과 같은 일꾼들을 예정하셨다(렘 1:5). 셋째, 하나님께서는 구원의 역사를 위해 이스라엘을 예정하셨고, 예수 그리스도를 위하여 새 이스라엘인 교회를 예정하셨다. 넷째, 이러한 커다란 예정 안에서 하나님은 성도를 예정하셨다.

한 가지 주의할 것은 하나님의 예정은 믿는 성도를 위한 교리이지 불신자를 위한 운명론이 아니라는 사실이다. 불신자들의 입장에서 예정은 자신은 태초부터 구원에서 배제된 운명으로 낙인찍는 불쾌감을 초래할 수 있다. 그래서 예정은 구원받은 신자의 신앙고백의 측면에서 이해되어야 한다. 나 같은 죄인을 살리시고 구원을 베푸신 놀라운 하나님의 은혜 앞에, 이런 자신이 구원받은 것은 태초부터 갖고 계셨던 하나님의 계획하심임을 고백하는 일종의 신앙고백이요 감사 찬송의 표현인 것이다. 이런 예정의 교리는 현재로 완성된 것이 아니다. 예정은 성화를 포함하기 때문이다. 하나님의 예정은 그리스도 예수 안에서 우리를 구원할 뿐만 아니라 그의 사랑 안에서 거룩하고 흠이 없게 하시려는 계획을 포함한다(엡 1:4). 따라서 성도는 구원에만 만족하지 말고 하나님의 계획을 신뢰하며 온전한 성화까지 나아가도록 힘써야 한다. 예정의 고백은 성도의 성화를 자극한다.

앞서 언급했듯이 예정은 운명론이 아니다. 현재 모든 것이 결정되고 운명지어진 것이 아니다. 따라서 불신자의 현재 상태를 하나님의 예정이 완료된 상태로 보아서는 안 된다. 이는 성도에게 전도의 동기를 부여한다. 하나님께서는 전도의 미련한 것으로 하나님이 예정한 사람들을 부르셔서 구원하는 것을 기뻐하신다(고전 1:21). 전파하는 자가 없으면 불신자들은 하나님의 예정을 깨닫고 이에 반응할 수 있는 기회를 가질 수 없다(롬 10:14-15). 사람들의 거절에 대해 낙담하지 말라. 아직 하나님의 때가 이르지 않았을 뿐이다. 하나님이 예정하신 사람은 하나님이 예정하신 때가 차면 반드시 하나님의 부르심에 응답할 것이다. 우리는 낙심하지 말고 계속해서 하나님의 부르심을 전하는 자들이 되어야한다(갈 6:9).

5.2 창조하심

하나님은 창조주(creator)다. 아무것도 없던 세상에 만물을 새롭게 만드셨다. 그렇다면 하나님의 창조가 갖고 있는 특징은 무엇일까?

1) 하나님 창조의 특징
A. 삼위 하나님의 창조

하나님의 창조는 삼위 하나님의 창조다. 창조 역사에 성부, 성자, 성령이 모두 관여하셨다. 태초에 하나님이 천지를 창조하셨다(창 1:1, 고전 8:6). 이때 성자도 그 사역에 동참하여 만물을 창조하셨다(요 1:3, 골 1:15-17, 고전 8:6). 성령 또한 수면 위에 운행하시며(창 1:2) 세상을 창조하셨고(시 104:30), 만물에 생명을 불어넣으셨다(욥 33:4, 시 33:6, 창 2:7).

B. 무로부터의 창조

하나님의 창조는 아무것도 없는 무(無)로부터의 창조다. 이를 라틴어로 'creatio ex nihilo'라고 한다. 하나님은 아무것도 없는 가운데 우주와 그 가운데 있는 모든 피조물을 창조하셨다(행 17:24-25). 이러한 하나님의 창조는 시간의 창조도 포함한다. 창세기 1장 1절의 '태초'는 시간이 있기 이전의 때를 의미하며, 여기로부터 하나님께서는 초자연적 능력으로 시간과 공간과 가시적인 물질과 비가시적인 영적 세계의 모든 것을 창조하셨다(골 1:16).

C. 말씀으로 창조

하나님은 우주 만물을 말씀으로 창조하셨다. 하나님이 말씀하시니 빛이 생겼고, 궁창이 생겼으며, 육지와 바다와 이 땅과 바다에 살아가는 모든 생명체를 창조하셨다(시 33:6, 9). 피조물을 향해 하나님은 초월성과 내재성을 갖고 계시다. 먼저, 하나님은 피조물들을 초월하신다. 피조물은 하나님께 의존하지만, 하나님은 피조물에 의존하지 않으시고 독립적이시며, 피조물보다 위대하시다. 동시에 하나님은 피조물과 관계를 맺으시며 영향을 주고받으신다. 이처럼 피조물과 관계를 맺으시는 하나님의 관계성을 내재성이라 한다. 만약 하나님을 피조물과의 구분 없이 모든 피조물에 깃들어 계신 분으로, 우주 만물 안에 계신 분으로만 생각한다면 이는 범신론적 사고를 따르는 것이 된다. 이는 자칫하면 영지주의의 근거가 되는 유출설의 근거가 될 수 있다. 또한 하나님을 피조물과 아무 관련 없는 다른 분으로만 간주한다면 이는 이신론적 사고를 따르는 것이 된다. 하나님은 초월성과 내재성 모두를 포함하신다. 피조물보다 위대하시지만, 피조물과 관계하신다.

D. 선하신 창조

하나님의 창조는 선하다. 하나님은 세상을 만드시고 거듭 '보시기에 좋았더라'고 말씀하셨다(창 1:4, 10, 12, 18, 21, 25). 또한 창조를 마치시고 이 모든 것을 보시고는 '보시기에 심히 좋았더라'고 하셨다(1:31). 하나님이 만드신 모든 것이 선하다는 것은 세상의 물질적인 것뿐만 아니라 영적인 것 모두가 선하다는 뜻이다. 이는 인간의 육체와 물질세계를 악한 것으로 보고 영혼과 영혼에 속한 것은 선하다고 보는 이원론적 사상과 여기서 비롯한 금욕주의를 배격한다. 하나님이 지으신 것은 모든 것이 선하기에, 물질세계에 속한 것들을 선하고 귀한 것으로 여기고 감사함으로 받아들이면 버릴 것이 없음을 기억해야 한다(딤전 4:4).

E. 하나님의 영광을 위한 창조

하나님은 피조세계가 자신의 영광을 드러내도록 창조하셨다. 하늘이 하나님의 영광을 선포하고, 궁창이 하나님이 하신 일들을 드러낸다(시 19:1-2). 하나님이 지으신 만물이 하나님의 영광과 뜻을 드러낸다(계 4:11). 피조세계가 하나님 보시기에 선한 이유는 이들이 하나님의 영광을 드러내기 때문이다. 하나님은 모든 피조세계 가운데 특별히 사람을 하나님의 형상대로 지으셨다. 이는 하나님의 영광을 드러내고(사 43:7), 하나님을 찬송하도록 하기 위해서다(43:21). 따라서 사람의 제일 되는 본분은 하나님의 영광을 드러내며 영원토록 하나님을 즐거워하는 일이다.

2) 영적 세계의 창조

하나님은 세상을 창조하시면서 물질적인 피조세계와 함께 보이지 않는 영적 세계를 창조하셨다(골 1:16, 고후 4:18). 이 세계에는 다양한 천사들이 포함되어 있으며, 원래는 선하게 창조되었다가 교만하여 하나님을 대적하고 범죄한 악한 천사들도 포함되어 있다.

A. 천사

천사는 하나님이 창조한 영적 피조물이다(느 9:6). 이들은 영이기에 육체를 갖고 있지 않다(히 1:14, 눅 24:39). 따라서 천사는 우리의 눈으로 볼 수 없고, 하나님이 특별히 허락하는 경우에만 볼 수 있다(민 22:31, 왕하 6:17, 눅 2:13). 때로는 사람의 모습으로 우리에게 나타나지만 우리는 이를 모른 채로 부지중에 그를 만나 대접할 때도 있다(히 13:2).

천사는 지, 정, 의를 지닌 인격적 존재다. 지식과 지혜에 있어 사람보다 뛰어나고(마 24:36, 삼하 14:20) 힘과 능력에 있어서도 뛰어나지만(벧후 2:11), 영이기에 결혼하지 않고(마 22:30), 종족 번식의 능력이 없으며, 죽지 않는다(눅 20:36). 따라서 하늘의 천사와 사람 간의 성적 타락에 관한 주장(참조 창 6:2)은 그 설득력을 잃는다. 창세기 6장 2절에서 '하나님의 아들들'은 셋의 계보를 통해 내려온 경건한 후손들을 말하고, '사람의 딸들'은 당대에 하나님을 떠난 타락한 사람들을 의미한다.

또한 천사는 무소부재하신 하나님과 같은 편재성을 갖지 못한다. 천사는 한 순간에 한 장소에만 존재할 수 있다. 다니엘서에는 가브리엘 천사가 다니엘의 기도에 대한 응답을 하늘로부터 가지고 오다가 페르시아 왕국의 천사장이 가브리엘을 가로막아 21일 동안 나아가지 못했음을 설명하고 있다. 이는 천사들이 공간에 제약당하고 한 번에 한 공간에만 머물 수 있는 존재임을 보여 준다.

천사의 직무는 무엇보다 하나님을 경배하고 하나님의 뜻을 수행하며 섬기는 데 있다(시 103:20-21, 148:2, 5, 계 4:11, 5:11-12). 또한 천사는 구원 얻을 상속자들, 즉 하나님의 자녀들을 섬기라고 보내심을 받았다(히 1:14). 천사는 우리를 보호하고 인도하며(시 34:7, 91:11-12, 마 18:10), 하나님의 뜻을 전달하기도 한다(눅 1:13, 30-31, 마 28:5-6).

성경에는 천사라는 명칭 외에도 천사들을 지칭하는 다양한 명칭이 나온다. 거룩한 자들(시 89:5, 7), 순찰자들(단 4:13, 17, 23), 주권들, 통치자들, 권세들(골 1:6), 능력들(엡 1:21) 등이 있으며(벧전 3:22), 일월성신(느 9:6)으로도 표현되는데 이는 하늘의 천군천사(all their host, NRSV)를 가리킨다.

천사들 중에는 그룹(Cherubim)이 있다. 하나님은 아담의 타락 이후 그룹을 동산 입구에 보내어 지키도록 하신다(창 3:24). 하늘에서 하나님은 그룹들 사이에 좌정하시고 때로는 그룹을 타고 날아다니신다(시 18:10, 80:1, 99:1, 사 37:16). 이 모습을 본떠 하나님의 언약궤 덮개에는 날개를 펴서 언약궤를 덮은 금으로 만든 두 그룹의 형상이 있었고, 하나님께서는 이 그룹 사이에서 이스라엘을 만나겠다고 약속하셨다(출 25:22).

또 다른 천사로는 스랍(Seraphim)이 있다. 스랍은 날개가 여섯 개로 하나님의 보좌에서 두 날개로는 얼굴을 가리고 두 날개로는 발을 가리며 두 날개로는 날면서 밤낮 쉬지 않고 '거룩하다 거룩하다 거룩하다 만군의 여호와여 그 영광이 온 땅에 충만하도다'라고 찬양한다(사 6:2-3).

그 외에 에스겔서와 요한계시록은 하나님의 보좌 주변에서 쉬지 않고 하나님을 찬양하는 네 생물들을 증거한다(겔 1:5-14, 계 4:6-8). 이들은 사자, 소, 사람, 독수리의 네 얼굴을 가졌는데 이는 하나님의 피조물 중 맹수, 가축, 인간, 새를 대표하는 가장 능력 있는 피조물들을 상징한다. 이들은 '거룩하다 거룩하다 거룩하다 주 하나님 곧 전능하신 이여 전에도 계셨고 이제도 계시고 장차 오실 이시라' 하며 하나님을 찬양한다(계 4:8).

성경은 천사들 간에 계급이 있음을 언급한다. 유다서 9절은 미가엘을 '천사장'(archangel)으로 소개한다. 천사장은 장차 재림하실 때 나팔을 불어 주님의 재림을 알리는 직무를 감당한다(살전 4:16). 물론 이때의 천사장이 미가엘인지는 확실치 않다. 하늘에는 천사장이 여럿 있을 것으로 추측된다. 천사장 미가엘은 다른 곳에서 '군주 중 하나'(one of the chief princes, NRSV)로 소개되는데(단 10:13), 이는 미가엘 말고도 여러 군주가 있음을 암시하고 있다. 이러한 천사장들은 각 민족과 공동체를 대표하는 천상적 실재를 나타낸다.

성경은 천사가 공동체를 대표할 뿐 아니라 각 성도 개개인을 지키고 보호하고 있음도 진술한다. 천사는 사람들이 멸시하는 작은 자와도 함께하며(마 18:10), 복음을 전하다 감옥에 갇힌 사도를 구출하기도 하고(행 12:15), 구원받을 상속자를 섬기며 믿음의 싸움을 싸워가도록 돕는다(히 1:14).

성경에 이름이 언급된 천사는 미가엘과 더불어 가브리엘이 있다. 가브리엘은 다니엘에게 하나님의 말씀을 전했고(단 8:16, 9:21), 사가랴와 마리아에게 잉태 소식을 전하는 사명을 감당했다(눅 1:19, 26-27).

성경에는 종종 천사들의 숫자가 등장하는데, '천천', '만만', '천만'으로 소개된다(계 5:11, 시 68:17, 히 12:22). 이는 하늘에 하나님을 찬양하고 그를 섬기는 수많은 천사들이 있음을 알려 준다.

천사들에 관하여 우리가 주의할 점이 있다. 첫째, 천사는 그 자체로 절대 경배의 대상이 될 수 없다(참조 골 2:18). 그들은 하나님을 경배하는 존재들이고, 구원 얻을 우리를 섬기도록 부름받은 존재들이다. 그런 그들이 우리의 경배를 받는 것은 결코 합당하지 않다. 둘째, 우리는 절대 천사를 통해 유사계시 혹은 거짓 복음을 받아서는 안 된다. 복음은 예수 그리스도로 말미암아 전도의 미련한 것을 통하여 주어지는 것이다. 때로 사탄은 자기를 광명의 천사로 가장하여(고후 11:14), 우리에게 주신 예수 그리스도의 복음 이외의 다른 복음을 주려 한다. 그러나 성경은 하늘로부터 온 천사라도 우리에게 사도들을 통해 주신 복음 외에 다른 복음을 전하면 저주를 받을 것이라 경고한다(갈 1:8). 이단들 중에는 천사들로부터 계시를 받았다고 주장하는 이들이 있다. 몰몬교를 시작한 조셉 스미스는 '모로니'라는 천사로부터 계시가 담긴 황금판을 안내받아 '몰몬경'을 기록했다고 한다. 이슬람을 시작한 무함마드는 가브리엘 천사를 통해 전수된 계시로 코란을 기록했다고 한다. 그 외에도 여러 사이비 교주들은 자신이 천사로부터 직접 받은 계시가 있다고 주장한다. 그러나 우리는 하나님의 완전한 계시인 성경 외에 천사로부터 받은 어떤 교리의 계시도 인정해선 안 된다.

한편 천사의 존재를 통하여 우리는 하나님의 크신 사랑을 깨달을 수 있다. 사람은 능력에 있어서는 천사보다 못하지만 독특한 점이 하나 있는데 그것은 바로 하나님의 형상대로 지음받았다는 것이다(창 1:26-27). 천사보다 사람이 하나님을 더 닮았다. 더 놀라운 것은 우리가 하나님이 허락하신 구원의 후사이고, 하나님의 구원 역사가 완성될 때 우리는 천사보다 높아져 이들의 섬김을 받는다는 사실이다(히 1:14, 2:7). 하나님이 그 아들 예수 그리스도를 보낸 것은 천사들을 붙들어 주려는 것이 아니라 오직 약속의 자손을 붙들어 주시기 위해서다(2:16). 그래서 시편은 하나님의 형상을 입은 사람의 영광을 다음과 같이 고백한다.

> 사람이 무엇이기에 주께서 그를 생각하시며 인자가 무엇이기에 주께서 그를 돌보시나이까 그를 하나님보다 조금 못하게 하시고 영화와 존귀로 관을 씌우셨나이다(시 8:4-5)

나아가 세상을 이처럼 사랑하사 그 아들 독생자를 보내신 하나님의 사랑을 경험하고, 그리스도의 십자가의 구속의 은총을 경험하고 감격하며 영광 돌릴 수 있는 당사자는 사람밖에 없다. 천사와는 비교할 수 없는 어마어마한 은혜를 허락받은 것이다. 그렇다면 인간의 반응은 하나님을 향한 경배와 찬양이어야 한다.

B. 악한 천사

천사는 본래 선한 존재로 창조되었지만, 하나님이 주신 자유의지로 교만하여 자기 자리를 지키지 않고 하나님을 대적하여 범죄했다. 이처럼 하나님께 범죄하여 타락한 천사를 '사탄'이라 한다. 사탄은 '대적자'라는 뜻이다. 사탄 앞에 정관사가 사용되면 타락한 천사의 우두머리를 의미하며, 신약성경에서는 종종 '마귀' 또는 '옛 뱀'으로 부른다(마 4:1, 13:39, 25:41, 계 12:9, 20:2). 그 외에도 사탄을 '뱀'(창 3:1, 14, 고후 11:3), '바알세불'(마 10:25, 12:24), '이 세상 임금'(요 12:31, 14:30, 16:11), '공중의 권세 잡은 자'(엡 2:2), '악한 자'(마 13:19, 요일 2:13), '이 세상의 신'(고후 4:4)으로 부르기도 한다. 귀신은 사탄의 졸개나 부하들을 가리킨다.

천사의 타락에 대해서는 외경인 에녹서에 구체적으로 소개되지만, 신빙성이 많이 떨어진다. 에녹서에 따르면 천사가 하늘에서 타락하여 이 땅으로 쫓겨나 사람의 아름다운 딸들과 관계를 갖고 거인 족속을 출생한다. 그러나 앞서 살펴보았듯이 천사는 영으로 결혼하거나 출생을 할 수 없다. 비물질인 영으로 피조된 천사가 육체인 사람과 만나 성관계를 갖는 것은 불가능한 일이다. 흔히 이것을 뒷받침하는 근거 구절로 인용되는 창세기 6장 2절 이하는 앞서 언급했듯이 건강하게 해석될 필요가 있다.[28]

성경에서 천사의 타락에 대해서 언급하는 곳은 두 곳이다.

하나님이 범죄한 천사들을 용서하지 아니하시고 지옥에 던져 어두운 구덩이에 두어 심판 때까지 지키게 하셨으며(벧후 2:4)

또 자기 지위를 지키지 아니하고 자기 처소를 떠난 천사들을 큰 날의 심판까지 영원한 결박으로 흑암에 가두셨으며(유 1:6)

이 말씀에 따르면 타락한 천사는 복수인 '천사들'로 등장한다. 이는 하나님을 대적한 천사가 하나가 아닌 여럿임을 보여 준다. 사탄은 범죄했고, 범죄의 핵심은 자기 지위를 지키지 않은 것이다. 이는 교만하여 하나님께 대적한 것을 의미하며 그 결과 사탄과 그의 무리는 머물던 처소인 하늘에서 쫓겨나게 되었다. 이 중 우두머리인 사탄과 일부 집단은 심판 때까지 무저갱에 갇혀 있고, 귀신과 같은 그의 수하들은 아직 제한적인 활동을 하고 있다. 그럼에도 불구하고 사탄은 공중의 권세를 잡고 세상 풍조를 동원하여 온갖 거짓말과 살인(요 8:44)과 속임수(계 12:9)와 온갖 악한 활동으로 할 수만 있다면 사람들로 복음을 듣지 못하고 죄에 빠지도록 미혹하고 종으로 삼으려 한다(고후 4:4, 갈 4:8).

마귀의 활동은 예수 그리스도의 사역을 통하여 급속도로 위축되

---

28 ———— 보다 자세한 해석에 대해서는 양형주,《평신도를 위한 쉬운 창세기 1》, 211-212를 참조하라.

II. 신론 백신

었다. 예수께서는 공생애 사역을 통하여 강한 자의 집을 늑탈하셨다(마 12:29). 이때 사탄은 번개같이 떨어졌다(눅 10:18). 이제는 귀신들도 예수의 이름 앞에 항복하는 시대가 되었다(10:17).

사탄의 타락과 관련하여 우리는 하나님의 크신 은혜와 사랑을 깨달을 수 있다. 그것은 많은 천사들이 하나님께 범죄하였을 때 하나님은 이들을 용서하지 않고 심판하셨지만(벧후 2:4), 하나님은 사람들에 대해서는 한없는 용서와 자비로 기다리고 계시다는 사실이다. 집 나간 탕자가 돌아오기를 기다리는 아버지처럼, 하나님은 범죄하고 반역한 사람들을 용서하고 이들이 하나님께 나오기를 기다리신다(렘 24:7). 하나님은 수많은 천사를 심판하셨지만, 사람들은 각 족속과 방언과 백성과 나라 가운데서(계 5:9) 수많은 사람이 구원받기를 원하신다. 이는 하나님이 사람을 자기의 형상대로 지으셨고 이들을 자기 백성, 자기 소유, 자녀로 삼으셨기 때문이다(벧전 2:9, 출 19:4-5).

C. 천사는 성령인가

어떤 이단은 '모든 천사들은 섬기는 영'이라는 히브리서 1장 14절을 인용하여 천사가 성령이라 주장한다. 여기서의 성령은 삼위일체 하나님을 말하는 것이 아니라 모든 세상을 이원론적으로 구분하여 거룩한 영, 선한 영을 의미하는 성령이다. 이와 반대되는 대척점에는 악한 영인 악령이 있다. 이들에게는 천사든 사람이든 거룩한 성령을 받으면 거룩한 천사라 할 수 있고 성신, 성령이라 할 수 있다. 이들은 또한 성령에 속한 것은 그 소속이 하나님께 속한 것이라 한다. 선에 속했느냐, 악에 속했느냐가 중요하다. 그래서 하나님이 '우리'의 모양대로 사람을 만들자(창 1:26)고 했을 때, 그 '우리'는 삼위일체 하나님이 아니라, 하나님과 천사인 것이다. 이들이 이렇게 말하는 이유는 하늘에서 이런 천상의 조직을 만든 것처럼 땅에서도 자기 이단 조직이 이런 천상의 조직을 구성했음을 말하기 위해서다.

그러나 천사는 결코 성령이 아니다. 그렇다면 히브리서 1장 14절' 후반에 나오는 것처럼, 우리가 성령을 맘대로 부릴 수 있겠는가? 우리가 성령을 판단해도 괜찮은가?(고전 6:3). 성령이라도 우리가 전한 복음 외에 다른 복음을 전하면 저주를 받는가?(갈 1:7-8) 선한 영적 존재가 천사라는 것이 결코 성령을 의미하지 않는다. 천사는 하나님께 쓰임받는 부리는 영에 불과할 뿐이다. 따라서 성령은 일반명사로서의 선령이 아니다. 삼위 하나님 중 한 분을 지칭하는 고유명사다.

3) 창조에 대한 억측

하나님의 창조 사역에 대해서 우리는 성경이 말씀하는 곳까지 나아가서 머물러야 한다. 창조 사역과 관련하여 성경이 말하지 않는 부분을 억측하여 주장하다 보면 여기서부터 성경을 왜곡하게 되고 잘못된 이해로 빠져들게 된다. 하나님의 창조와 관련하여 제기되는 왜곡된 억측을 몇 가지로 살펴보도록 하자.

A. 하나님의 사정, 하나님의 의도?

하나님의 사정이란 하나님께서 아담과 하와를 창조하시고 동산 중앙에 선악과를 두셔서 아담과 하와가 따먹도록 하신 말 못할 하나님의 의도, 즉 사정이 있다는 주장이다.[29] 만약 하나님께서 전지전능하시다면 하와가 선악과를 따먹는 것을 막을 수 있지 않으셨을까? 그럼에도 하나님이 이를 허락하신 것은 하나님의 숨겨진 의도가 있다는 것이다. 그 의도는 다음과 같다. 사람이 창조되기 전, 사탄이 하나님을 향하여 반역을 일으켰는데, 하나님께서 이 사탄의 범죄를 합법적으로 정죄하기 원하셨다. 그래서 뱀이 아담과 하와를 유혹하여 범죄할 때까지 기다리셔서 이 죄의 책임을 사탄에게 확실히 지우셔서 사탄을 합법적으로 심판하고 멸망시키기 위해서다. 한마디로 사탄을 처리하기 위한 법적 근거를 마련하기 위해 선악과의 유혹을 허락하셨다는 것이다.

이에 따르면 사탄은 하나님의 의도를 따라 에덴 동산에 들어와 사람을 유혹하여 죄짓게 만드는 데 성공한다. 하나님은 이러한 사태를 막을 수 있었지만 사탄을 처벌할 근거를 마련하기 위해 그냥 내버려 두

---

29 ——— 최바울, 《세계영적도해》 증보3판 (서울: 펴내기, 2007), 16-49; 김기동, 《하나님의 의도》 (서울: 베뢰아, 2002) 참조.

고 지켜보신다. 마침내 하나님께서는 아담과 하와가 범죄한 이후 이들에게 찾아오셔서 죄를 짓게 만든 사탄을 고발하라고 요구하셨다는 것이다. 하나님이 아담에게 '너희의 벗었음을 누가 네게 고하였느냐'고 물으신 것은 하나님께서 아담의 배후에 사탄이 있음을 전제하시고 그를 고발하라고 요청하시는 것이다. 하와에게도 '네가 어찌하여 이렇게 하였느냐'고 물으신 것도 분명 다른 이유와 배경이 있으니 그 배후를 털어놓으라는 질문이라는 것이다. 하나님은 아담과 하와가 범죄 배후로 사탄을 지목하여 저들의 입술로 고백하기 원하셨다. 마침내 여자가 그 배후를 '뱀'으로 밝히자 하나님은 뱀에게 그 배후를 더 이상 묻지 않고 여기에 근거하여 곧바로 사탄을 단호하게 정죄하시고 처벌, 저주하신다 (창 3:14). 이렇게 볼 때 하나님은 아담에게 전적으로 죄의 책임을 묻지 않으신 것이 된다.[30] 죄의 결과는 아담에게 있지만 그 원천적인 책임은 사탄에게 있는 것이다. 그래서 하나님은 사탄에게 합법적인 원천적 책임을 묻고 처벌하셨지만, 하나님의 정죄에 쓰임받은 사람은 곧바로 구원할 방법을 선포하신다.

> 내가 너로 여자와 원수가 되게 하고 네 후손도 여자의 후손과 원수가 되게 하리니 여자의 후손은 네 머리를 상하게 할 것이요 너는 그의 발꿈치를 상하게 할 것이니라 하시고(창 3:15)

이 선포는 한편으로 하나님과 사탄의 관계가 예수께 연결될 것이고, 예수 그리스도는 이를 근거로 사탄을 멸할 마땅한 이유를 갖게 된다. 이렇게 볼 때 예수께서 온 가장 중요한 목적은 우리의 구원보다 사탄, 마귀의 일을 멸하는 것이 된다. 하나님이 사람을 만드시고 에덴 동산을 만드신 이유도 사탄을 합법적으로 처벌하기 위해서다. 따라서 인간은 사탄을 대적할 때 가장 가치 있는 인생을 살고 하나님께 영광을 돌리는 것이 된다.[31]

---

30 ———— 최바울, 《세계영적도해》, 41.

죄를 짓는 자는 마귀에게 속하나니 마귀는 처음부터 범죄함이라 하나님 의 아들이 나타나신 것은 마귀의 일을 멸하려 하심이라(요일 3:8)

이 말씀에 근거하여 강조하다 보면 우리의 신앙 생활은 마귀와 의 이원론적 대결에 집중하게 된다. 이런 하나님의 사정론을 받아들이 게 되면 극단적인 이원론 가운데 사탄의 일을 멸하는 극단적 영적 전쟁 에 몰두하기 쉽다. 선교와 전도에 있어서도 극단적인 방법으로 충돌과 희생이 일어나기 쉽다.

이러한 하나님의 사정은 성경이 말하고 있지 않은 것을 억측하여 산출한 억지 주장이다. 성경은 분명 하나님께서 세상을 창조하신 것은 하나님의 영광을 위해서이고(사 43:7), 그의 찬송을 부르도록 하기 위해 서임을 말씀한다(43:21). 하나님께서는 사탄을 정죄하기 위해 사람을 만 드신 것이 아니라, 에덴 동산을 비롯해 하나님이 창조하신 온 땅과 만 물을 다스리고 생육하고 번성하도록 하기 위해서라고 말씀한다(창 1:28, 2:15, 19). 사람은 하나님을 찬양하며 하나님의 영광을 위해 살 때 참된 존재 의미와 행복을 누린다. 하나님이 아담에게 찾아오셔서 '네가 어디 있느냐'고 물으신 것은 그 배후인 사탄을 정죄하기 위해서가 아니다. 아 담이 잘못을 깨닫고 속히 돌아오기를 바라는 사랑의 음성이다. 하지만 하나님께서는 사람이 지은 죄는 공정하게 처벌하셨다. 절대 가볍게 지 나치지 않으셨다. 사람은 영생을 상실하고 하나님과 단절되는 영적 죽 음을 경험하였다. 그리고 마침내 에덴 동산에서 내쫓겼다. 이런 저주가 뱀에 비해 결코 가볍다고 할 수 없다. 오히려 더 치명적인 저주를 받았 다. 이렇게 볼 때 하나님은 아담과 하와를 뱀의 정죄 도구로 사용하기 위해 선악과를 만드신 것이 아니다.

하나님은 인간이 자유의지로 하나님을 사랑하기를 원하셨다. 하 나님이 선악과를 주신 것은 자유의지로 인간이란 한계를 인정하는 피 조물, 하나님과의 사이에 넘어서는 안 될 한계선, 경계선이 있는 피조물

---

31 ──── 김한길, "베뢰아 신학 주장하는 인터콤 바울 대표: 최바울 대표가 제시한 '하나 님의 사정론'에 대한 문제 제기", 뉴스앤조이, 2010. 12. 16.

로서 자기 자리를 지키기 원하셨기 때문이다. 따라서 우리는 극단적인 이원론을 주장하는 하나님의 사정론에 귀 기울여서는 안 된다.

B. 아담 이전에도 사람이 있었다?(이중아담론)

"아담 이전에도 사람이 있었다는 거 알아?" 이단 단체들이 성도들을 미혹할 때 단골로 사용하는 질문이다. 이 말을 들으면 눈이 휘둥그레진다. 아니, 아담이 최초의 시조가 아니었단 말인가? 이런 질문에 많은 이들이 솔깃하여 귀를 기울인다. 하지만 이런 질문에는 이들이 교묘하게 의도하는 바가 숨어 있다. 그 의도를 모르고 그냥 이들의 의도에 휩쓸리면 그만 교묘한 논리에 솔깃하기 쉽다. 여기서는 크게 두 가지 의도를 중심으로 살펴볼 것이다.

첫째, 이단이 주장하는 구원 도식에 도입하여 자신들의 교주를 정당화하기 위한 구실로 삼기 위한 것이다. 둘째, 이단적 귀신론의 근거를 정당화하기 위한 구실로 삼기 위한 것이다.

우선, 이단적 구원 도식에 도입하기 위한 의도를 살펴보자. 이들은 아담 이전에도 사람이 있다고 주장하며 그 근거로 가인의 호소에 나오는 다른 사람의 존재에 대한 언급을 주장한다.

> 주께서 오늘 이 지면에서 나를 쫓아내시온즉 내가 주의 낯을 뵈옵지 못하리니 내가 땅에서 피하며 유리하는 자가 될지라 무릇 나를 만나는 자마다 나를 죽이겠나이다(창 4:14)

아담과 하와가 가인과 아벨만 낳았을 텐데, 어떻게 가인은 아벨을 살인하고 나서 하나님께 '나를 만나는 자마다' 나를 죽일 것이라고 호소할 수 있을까? 그것은 아담 이전에도 다른 사람들이 있었기 때문이라는 것이다. 게다가 하나님이 아담을 창조하시고 '사람이 그 부모를 떠나' 한 몸을 이루라고 말씀하신 것(창 2:24)을 보면 이전에 아담과 하와의 부모가 있었다는 말이 된다. 결국 아담 이전의 사람들이 있었다는 말이다. 진화론에 따르면 적어도 인류의 기원이 수만 년 전으로 거슬러 올라가는데, 아담과 하와가 6천 년 전에 피조된 최초의 인류라는 것은 터

무니없다고 주장한다. 창세기 4장 14절에 따라 아담 이전에도 사람들이 있었다면 아담은 누구인가? 아담은 짐승 같은 사람 중에서 하나님이 선택하신 새 언약의 목자라는 것이다. 성경에 나오는 사람은 크게 두 부류로 나눌 수 있다. 짐승 같은 사람과 사람다운 사람이다. 이를 나누는 기준은 무엇일까? 바로 말씀을 깨닫는가의 여부다. 이들이 주장하는 다음의 성경 구절들을 보라.

> 존귀하나 깨닫지 못하는 사람은 멸망하는 짐승 같도다(시 49:20)

> 나는 다른 사람에게 비하면 짐승이라 내게는 사람의 총명이 있지 아니하니라(잠 30:2)

> 들의 모든 짐승들아 숲 가운데의 모든 짐승들아 와서 먹으라 이스라엘의 파수꾼들은 맹인이요 다 무지하며 벙어리 개들이라 짖지 못하며 다 꿈꾸는 자들이요 누워 있는 자들이요 잠자기를 좋아하는 자들이니 이 개들은 탐욕이 심하여 족한 줄을 알지 못하는 자들이요 그들은 몰지각한 목자들이라 다 제 길로 돌아가며 사람마다 자기 이익만 추구하며 (사 56:9-11)

이들은 이 구절들에 근거하여 깨닫지 못한 이들이 짐승 같은, 원시인과 같은 사람들이고 그 가운데 말씀을 깨달은 사람이 아담과 그의 자손들이라고 주장한다. 이단이 아담 이전에도 사람이 있었다고 주장하는 이유는 무엇일까? 그것은 이단이 주장하는 구원 순리의 노정인 배도, 멸망, 구원의 틀에 아담의 언약 노정을 끼워 넣기 원하기 때문이다. 이 노정은 하나님이 구원을 이루시는 도식으로 이에 따르면 약속의 새 목자로 처음 세움받은 사람이 바로 아담이라는 것이다.[32] 이렇게 되면 창세기의 창조 사건과 인류 창조 사건은 부인된다. 일부 이단들은 창세기를 구원의 노정 순리를 빗댄 비유로 해석하고 아담 이전 사람들의

---

32 ──── 이만희, 《천지창조》, 75-79.

존재를 주장하면서 아담을 최초의 언약 목자로 소개한다. 이렇게 하는 이유는 이러한 도식에 따라 구약성경의 인물들을 약속의 목자들로 분류하고, 심지어는 예수 그리스도까지 약속의 목자로 분류한 후, 결국은 이 시대의 목자로 교주를 소개하기 위한 초석을 놓기 위함이다.

사실 이중아담론은 역사가 꽤 길다. 아담 이전에 여러 아담이 있었다는 아가씨즈(Agassiz)의 '복수아담론'(The Theory of Coadamites), 아담 이전에 인간들이 이미 있었다고 페이레리우스(Peyrerius)가 1655년에 주장한 '전아담론'(The Theory of Preadamites) 등이다. 플레밍(Fleming)은 아담보다는 열등하지만 동물들보다는 뛰어난 인류의 존재를 주장하였다. 이러한 이론들은 단순한 이론들로 끝난 것이 아니라 종종 아담이 유럽인들의 선조인 코카서스 인종의 기원이라는 인종차별적 이론의 토대가 되었다.[33]

둘째, 이중아담론은 귀신론의 토대로 삼기 위하여 사용된다. 아담 이전에 있던 많은 사람들은 짐승 같은 존재였고, 여기에 하나님의 생기가 아담에게 들어가 생령, 즉 영적 사람이 되었다. 하나님은 영적 사람인 아담을 사명자로 삼으셨다. 문제는 사람에게서 영이 떠나가면 사람은 짐승 같은 존재로 전락하고 이런 사람의 존재, 즉 혼(마음)과 육체에 얼마든지 귀신이 들어올 수 있다는 것이다. 그렇다면 귀신론을 주장하는 이들이 주장하는 이중아담론의 근거는 무엇인가?

우선, 이들은 하나님이 사람을 창조하실 때 '남자'와 '여자'로 창조하셨다는 창세기 1장 27절의 표현이 원문으로 보면 '남자'(자카르), '여자'(네케바)라는 단어가 모두 동물적인 암컷과 수컷을 가리킨다고 주장한다.

또한, 하나님이 사람을 지으실 때 '그들에게' 복을 주셨다고 한 창세기 1장 28절의 말씀을 인용하며, 여기서 '그들'은 복수로 단순히 한 사람만을 말하는 것이 아니라 많은 사람을 가리킨다고 한다.

셋째로, 하나님께서 사람을 창조하시고 그들에게 '생육하고 번성하라'고 하신 명령은 사람에게 적합한 명령이 아니라 짐승적인 존재에

---

33 —— 루이스 벌코프, 《조직신학 (상)》, 399.

바이블 백신 1

게 적합한 표현이라고 한다.

넷째로, 창세기 2장 7절에 하나님이 사람에게 생기를 그 코에 불어넣으셔서 사람이 '생령'이 되었다고 한다. 생기란 하나님의 영을 의미한다. 하나님이 인간에게만 특별히 하나님의 영을 부어 영적 존재, 즉 유령인간(有靈人間)이 되게 하신 것이다. 사람이 생령이 되기 전까지는 짐승적인 존재, 즉 무령인간(無靈人間)에 불과했다. 짐승에게는 영이 없기 때문이다.

이러한 이중아담론의 주장들에 대해 우리는 어떻게 건강한 입장을 지켜 낼 수 있을까?

첫째, 성경은 과연 아담 이전의 인류에 대해서 말하고 있는 것일까에 대한 입장을 정리해 보자. 성경은 분명 아담이 첫 번째 인류임을 분명히 하고 있다. 그래서 아담을 가리켜 '첫 사람 아담'이라고 칭한다(고전 15:45, 47). 이뿐만 아니라 누가복음은 인류의 계보를 거슬러 가면서 가장 원류로 올라가면 아담이 있고 그 이상은 하나님이라고 명시한다(눅 3:38). 이렇게 볼 때 성경은 아담 이전의 짐승 같은 존재를 전혀 상정하지 않고 있음을 알 수 있다.

둘째, 아담은 흙으로 만들어진 존재다(창 2:7). 아담이란 말은 흙을 의미하는 '아다마'에서 왔다. 이는 아담이 짐승적인 인간 중에 선택된 존재가 아니라 흙으로 만들어진 첫 사람임을 의미한다.

셋째, 하나님은 사람을 창조하실 때 분명 '하나님의 형상'대로 지으셨다(창 1:27). 이단들의 주장에 따르면 하나님의 형상대로 지으심을 받은 사람(아담)이 짐승적인 존재이며 암컷과 수컷과 같은 존재라고 할 수 있는가? 이단이 언급하는 남자, 여자에 해당하는 원어 자카르와 네케바는 성경 원문에서는 동물의 암수만을 의미하지 않는다. 이는 사람에게 사용되어 남자(17:10, 12, 34:15 등)와 여자(레 12:5, 7, 27:4)에도 흔히 사용되었다. 따라서 '생육하고 번성하라'는 표현은 짐승에게만 적용되는 표현이 아니라 사람들에게도 적용되는 표현이다(창 9:1, 25:11, 28:3).

넷째, 하나님이 사람을 지을 때 '그들'은 다수의 짐승적인 존재를 가리키는 것이 아니고 바로 앞의 '남자'(아담)과 '여자'(하와)를 가리킨다. 성경 원문으로는 여기서의 '남자', '여자', '사람'은 모두 단수로 사용되었다. 따라서 그들이 짐승적인 존재라는 주장은 성립할 수 없다.

다섯째, '생령'이 영적인 존재를 의미하지 않는다. '생령'(네페쉬 하야)이란 생명이 있는 '살아 있는 존재' 혹은 '생명체'(living creature, ESV, living being, NRSV)를 의미한다(2:7). 따라서 '생령'은 '생물'로도 번역이 되어 짐승에게 사용되었다(1:20, 21, 24, 30, 2:19).

여섯째, 창세기 4장 14절에 가인이 만나기를 두려워하는 사람들은 누구인가? 이들은 아담의 후손들이다. 아담은 가인과 아벨과 셋만을 낳지 않았다. 그는 930년을 살면서 이 땅에 많은 아들과 딸들(sons and daughters, NIV)을 낳았다(5:3-4).[34] 이후 아담의 후손들은 평균 900년 이상을 살면서 많은 자녀를 낳았다. 생각해 보라. 20세부터 피임을 하지 않고 자연적으로 출생을 한다고 하면 100년간이라 하더라도 얼마나 많이 출산하겠는가? 여기서부터 인류가 번성하게 되었다. 인류 번성의 초창기에는 가까운 후손들끼리 결혼하였고, 이는 이복누이와 결혼했던 아브라함에게도 마찬가지였다(11:29, 20:12). 이렇게 볼 때 아담의 후손들끼리 결혼할 가능성은 충분하고, 후손들끼리 다수의 사회를 이룰 가능성도 존재한다.

참고로 창세기 2장 24절에 하나님이 '남자가 부모를 떠나' 아내와 합하라고 하신 말씀은 그 당시에 아담의 부모가 있었다는 것을 의미하는 것이 아니다. 이것은 아담 이전의 인류의 존재를 증거할 근거가 전혀 되지 못한다. 이는 앞으로 아담의 후손이 결혼할 때 준수해야 할 결혼의 원칙을 말씀하신 것이다.

C. 창조는 비유다?

창세기의 창조를 비유로 주장하는 이들이 있다. 이들의 주장에 따르면 창세기 1장은 아담 이전 자연계의 창조를 의미하는 것이 아니라, 아담의 범죄로 말미암아 잃어버린 인간의 심령과 하나님 나라를 회복하기 위한 영적 세계의 창조 원리를 기록한 것이다.[35] 창세기 1장을 자

---

34 ——— 양형주,《평신도를 위한 쉬운 창세기 1》, 177.

35 ——— 이만희,《성도와 천국》(안양: 도서출판 신천지, 1995), 40.

연계의 창조로 보려 하면 과학적, 논리적, 상식적으로 모순투성이의 주장을 발견하게 되며, 이러한 주장은 하나님에 대한 불신과 그릇된 성경관을 갖게 하는 요인이 된다.[36] 따라서 창세기 1장은 이단에서 주장하는 하나님의 구원 역사가 펼쳐지는 구원 노정을 비유적으로 보여 주는 사건이 된다.

그렇다면 이단들이 말하는 창세기 1장 1절에 태초에 하나님이 천지를 창조한 사건은 무엇을 의미하는가? 그것은 천지창조 사건을 빙자하여 거룩한 성 새 예루살렘이자 새 하늘과 새 땅인 자기네 단체가 만들어진 역사를 기록했다는 것이다.[37] 이들에 따르면 2절에 땅이 혼돈하고 공허한 상태는 거짓 교리가 혼합된 상태를 말하고 진리가 없으므로 모두 정신이 나간 상태다. 흑암이 세상을 덮었다는 것은 생명의 빛이 떠나갔기에 비진리로 세상이 어두워지게 된 상태를 비유한 말이다. 이 가운데 하나님의 영은 수면(세상) 위를 운행하셨는데, 이는 처음 하늘과 땅이 혼돈하고 공허하고 어둠에 가득하기에 빛을 찾아 세상에 두루 운행하신 것을 의미한다. 하나님은 이 세상 가운데 빛이 있으라 하셨다. 이는 곧 빛인 목자를 선택한 것을 의미한다. 하나님은 물 곧 세상을 둘로 나누어 하늘 궁창, 즉 에덴 동산 같은 선민 장막하늘을 만드셨다. 마침내 셋째 날에는 천하의 물을 한 곳으로 모으시고 뭍이 드러나도록 하셨는데, 이것이 곧 새롭게 창설된 진리의 아름다운 성읍, 새 하늘 새 땅이다. 그리고 이곳에 나무들(성도들)을 많이 나게 하셨고, 진리를 따르는 성도들을 많이 생겨나게 하셨다.

결국 이런 비유 해석에 따라 창세기 1장의 하나님의 창조 역사를 자기 단체의 출현 역사로 뒤집어 놓는다. 그러나 창세기는 결코 한 이단 단체의 출현을 영적 비유로 감추어 놓은 것이 아니다.

하나님의 천지창조는 과학적으로도 충분한 설명이 가능하고 논리적으로도 모순됨이 없다.

창세기 1장은 분명 하나님이 온 세상을 창조하신 창조주임을 선

---

36 —— 같은 책, 40.
37 —— 이만희, 《천지창조》, 70.

포한다. 2절의 땅의 혼돈과 공허 상태는 세상이 제대로 창조의 질서를 잡아가기 이전의 혼란한 상태를 의미한다. 3절의 빛이 있으라는 선포는 해, 달, 별과 같은 광명체를 창조하기 이전의 전자기적 빛 에너지의 모든 영역을 의미한다.[38] 처음의 지구는 온통 물로 덮여 있었는데, 이것이 거대한 지각변동을 통해 땅이 드러나고, 거대한 대양이 형성되며 물이 모여들게 되었다. 그리고 지구 위에는 거대한 수증기층이 자리 잡게 되었다. 이렇게 볼 때 천지창조의 순서와 과정은 결코 모순이 아니고 과학적으로도 충분히 이해가 간다. 이렇게 볼 때 우리는 노아 홍수가 비유가 아닌 하나님의 역사임을 받아들일 수 있다. 화석은 진화론이 주장하는 것처럼 오랜 세월 동안 퇴적물이 서서히 쌓여 이루어진 결과물이 아니다. 오히려 급격한 지각 변동으로 갑작스럽게 액화된 토양이 살아 있는 생명체를 덮칠 때 생겨나는 것이다. 즉 화석은 노아 홍수와 같은 전 지구적인 격변을 통해 형성된 것이다. 1980년 5월 18일에 일어난 세인트 헬렌 화산의 폭발은 과학자들에게 많은 충격적인 시사점을 주었다. 흔히 수만 년에 걸쳐 퇴적되어 형성된다고 여겨졌던 계곡의 퇴적암이 단 일곱 시간 만에 형성되고, 수만 년에 걸쳐 형성된다는 규화암도 상당히 짧은 시간에 급격한 화산 분출로 인한 지각변동으로 형성될 수 있음을 보여 주었다. 석탄도 짧은 시간에 형성될 수 있음을 보여 주었다. 또한 빅뱅과 같은 초기의 우주 대폭발은 한 순간에 우주가 형성될 수 있음을 입증해 주었다.[39] 이러한 과학적 연구 성과들을 검토해 볼 때 우리는 하나님의 창조를 실질적으로 신뢰하는 믿음을 더욱 견고하게 할 수 있다. 보다 과학적인 이해를 위해서는 창조에 대한 과학적 이해를 돕는 서적들을 참고하면 좋다.

중요한 점은 창조 사건을 비유로 보려는 이단의 의도다. 바로 성경이 처음부터 자신들의 이단 단체를 창설하기 위해 태초부터 계획되어 있었고 그것이 비유로 감추어져 있다가 마침내 오늘 이 시대에 성취되어 드러나게 되었음을 강조하려는 것이다. 따라서 창조를 비유로 이해

---

38 ——— 이재만,《창조주 하나님: 창세기 1장 vs. 진화론》(서울: 두란노, 2014), 40–42.

39 ——— 리 스트로벨, 홍종락 역,《창조설계의 비밀》, 118–155.

하려는 시도는 배격되어야 한다. 이는 창세기가 기껏해야 이단 단체가 형성된 역사적 배경을 말하는 것에 다름 아니기 때문이다.

5.3 섭리하심

하나님은 온 세상을 창조하셨을 뿐만 아니라 지금도 성실하게 일하시는 분이다. 하나님의 작정하심과 창조 활동을 제대로 이해한다면 우리는 하나님의 섭리하심 또한 받아들여야 한다. 하나님의 섭리(providence)란 하나님이 작정하시고 창조하신 우주만물과 친히 관계를 가지시고 보존하시고 통치하시는 활동을 말한다. 구체적으로 표현하면 하나님은 지금도 살리시고(욥 33:4, 느 9:8), 새롭게 하며(시 104:30), 보고, 살피고, 감찰하며(욥 28:24, 시 33:13, 15), 구원하고, 지키고, 보존하고(민 6:24, 시 36:6, 121:7), 인도하고, 가르치고, 다스리고(시 25:5, 9, 9:1), 일하시고(요 5:17), 붙드시고(히 1:3), 돌보신다(벧 5:7). 이는 이신론을 배격한다. 이신론이란 하나님께서 세상을 만드시고 시계와 같이 세상이 일정하고 정교한 법칙에 의해 자동으로 운행되도록 놓아 두셨음을 주장하는 이론이다. 또한 하나님의 섭리는 범신론도 배격한다. 이는 창조된 세상이 독립된 피조물이 아니라 하나님의 기운 또는 본질의 일부나 연장임을 주장하는 이론이다. 또한 섭리를 단순한 예지나 예정으로 제한하는 것도 배격한다. 하나님은 지식 영역에만 머물지 않으시고 지금도 피조세계에 적극 개입하시고 활동하신다. 따라서 초기 교회는 세계가 우연에 의하여 다스려진다는 에피쿠로스학파의 견해나, 비인격적인 운명에 의하여 다스려진다는 스토아적인 입장 모두를 반대하였다.[40]

하나님의 섭리는 피조물들을 존재하고 유지되도록 하시며, 피조물들이 활동하도록 하시며, 하나님의 목적을 이루도록 인도하시고 지속적으로 관계하시는 활동을 모두 포함한다. 이러한 활동을 크게 보존, 협력, 통치로 나눌 수 있다. 각 활동의 특성을 요약하면 보존은 존재에 관한 것이고, 협력은 활동에 관한 것이며, 통치는 인도에 관한 것이다.

---

40 —— 루이스 벌코프, 《조직신학 (상)》, 372.

1) 보존

하나님께서는 세상을 창조하시고 이 세상에 있는 모든 만물을 원래의 특성대로 존재하고 유지하도록 하신다. 하나님은 능력의 말씀으로 만물을 지속적으로 붙들고 계시고(히 1:3), 만물은 그 안에 함께 서서 유지되고(골 1:17) 보존되며(느 9:6), 하나님을 힘입어 존재하고 있다(행 17:28). 이러한 하나님의 보존의 역사로 인해 만물은 제자리를 지키며 일관되게 존재할 수 있다. 예를 들어 하나님은 바다를 지으시고 그 한계를 명하셔서 물이 그 명령을 거스르지 못하고 넘어오지 못하게 하셨다(잠 8:29). 이러한 하나님의 보존하시는 역사는 과학과 기술 발달의 근거가 된다. 하나님이 우주 만물 속에 담아 놓으신 보존의 역사와 법칙은 동일한 특성을 유지하고 있기에 사람은 이 법칙을 발견하고 이것에 근거하여 과학과 기술을 발전시킬 수 있는 것이다. 이러한 보존의 역사는 예수 그리스도께서 재림하실 때까지 계속된다(벧후 3:7). 이후에는 보존되던 것들이 무너지고 새 하늘과 새 땅이 생겨날 것이다(3:8-13).

2) 협력

하나님이 일하시는 방식은 협력을 통해서 이루어진다. 협력이란 하나님께서 창조하신 피조물들과 함께 일하심을 의미한다. 이를 영어로 'cooperation' 또는 'concurrence'라고 표현한다. 전자의 표현(co-operation)은 하나님이 피조세계의 법칙과 피조물들과 함께 협력하여 일하심을 강조하는 표현이고, 후자의 표현(concurrence)은 하나님이 피조세계의 모든 물리 화학적인 인과관계와 자연법칙, 도덕법칙들과 같은 제2원인들을 사용하셔서 일들을 동시에 발생시키심을 강조하는 표현이다. 이는 궁극적 원인, 즉 제1원인이 되시는 하나님의 역사가 제2원인을 통하여 동시에 그 가운데 이루어지는 역사를 의미한다. 이러한 하나님의 협력 사역은 온 세상의 피조세계 가운데 다양하게 드러난다.

예를 들어 하늘의 기상 현상은 하나님의 협력 사역을 잘 드러내 준다. 눈이 내리고 안개가 끼고 바람이 부는 것은 자연계에서 발생한 원인(제2원인)들로 인하여 기상 현상으로 드러나지만, 성경은 하나님(제1원인)께서 이 모든 현상을 발생하게 하셨다고 말씀한다. 불과 우박과 눈과 안

개와 광풍이 모두 하나님의 말씀을 좇는다(시 148:8). 비가 내리고 번개가 치는 것도 자연계의 기상 현상이지만 성경은 이것들을 통하여 하나님이 역사하신다고 선언한다(135:7). 이뿐만 아니다. 하나님은 북두칠성(열두 궁성)과 같은 하늘의 별들도 주관하신다(욥 38:32). 우리가 살아가는 매일매일의 시작, 즉 아침이 오는 것도 하나님이 주관하신다(38:12, 마 5:45). 이러한 것들은 100퍼센트 자연 현상인 동시에 그 가운데 일하시는 100퍼센트 하나님의 역사다. 이러한 섭리 역사를 가리켜 협력이라고 한다.

하나님은 이러한 협력 사역은 동식물에게도 나타난다. 풀은 자연환경과 조건에 따라 자라기도 하고 시들기도 한다. 또 그중에 어떤 것은 잘 자라 열매를 맺기도 한다. 우리는 성장에 영향을 끼치는 인과관계를 파악하여 채소를 재배하고 열매를 수확할 수 있다. 그러나 궁극적으로 이 모든 채소를 자라게 하고 열매를 맺게 하는 것은 하나님의 협력하신 역사다(시 104:14). 이러한 원리로 하나님은 들의 백합화를 기르시고, 공중의 새를 기르신다(마 6:26, 28). 그렇기에 하나님의 허락이 아니면 참새 한 마리라도 땅에 떨어지지 않는다(10:29). 하나님은 이들을 때를 따라 먹이시고 기르시고 호흡을 거두어 가신다(시 104:27-29).

이러한 하나님의 협력 사역은 인간의 행위 가운데도 나타난다. 대표적인 것이 제비뽑기다. 제비는 사람이 뽑으나 일을 작정하는 분은 여호와시다(잠 16:33). 제비뽑기라는 우연한 사건을 통해 하나님의 작정하심이 드러난다. 대표적인 것이 선지자 요나의 사건이다. 요나가 하나님의 말씀에 불순종하여 니느웨가 아닌 다시스로 도망갔을 때, 제비뽑기를 통하여 이 모든 폭풍의 원인이 바로 요나임이 드러난다(욘 2:7, 12). 이러한 원리로 초대교회에서는 유다를 대신할 사도로 맛디아를 제비뽑기로 선출했다(행 1:26).

성도에게 우연, 재수 또는 운이란 없다. 때론 오랫동안 신앙 생활하던 성도의 입술에서도 '운이 좋았다'는 말이 나올 때가 있다. 그러나 그렇지 않다. 성도에게는 오직 하나님의 함께하시는 손길만이 있을 뿐이다. 하나님은 우연한 것처럼 보이는 사건을 통해 사람의 걸음을 인도하신다. 요셉을 보라. 요셉은 심부름을 하러 갔다가 형들에게 팔려 애굽

(이집트)의 노예로 팔려갔다. 형들이 요셉을 잡아 이 동생을 어떻게 처리할까 고민할 때 우연의 일치로 애굽으로 가는 미디안 상인들을 만난다 (창 37:26). 또 애굽에 가서 상인들이 요셉을 파는데 하필이면 우연히 바로(파라오)의 시위대장 보디발의 집에 팔아넘긴다(37:36). 창세기에서 우연한 사건들은 하나님이 은밀하게 역사하시는 감추어진 손길의 통로로 나타난다. 결국 이 모든 과정을 지나고 나서야 요셉은 비로소 형들에게 이렇게 고백할 수 있었다.

> 그런즉 나를 이리로 보낸 이는 당신들이 아니요 하나님이시라 하나님이 나를 바로에게 아버지로 삼으시고 그 온 집의 주로 삼으시며 애굽 온 땅의 통치자로 삼으셨나이다(창 45:8)

인간적으로 볼 때 형들이 팔아넘겼지만(45:5), 하나님이 협력하셔서 형들의 손을 통하여 큰 구원으로 이스라엘을 구원하시려 역사하신 것이다(45:7). 100퍼센트 사람이 결정하는 일이었지만, 이는 또한 100퍼센트 하나님이 역사하신 사건이다. 형들이 큰 실수를 한 줄 알았고, 요셉의 인생에 큰 오점이 남겨진 사건인 줄 알았는데 결국 한 치의 오차 없이 아름다운 하나님의 뜻을 이루는 역사가 일어났다. 이는 결국 사람이 자기 걸음을 계획할지라도 하나님이 협력하셔서 그 걸음을 인도하심을 잘 보여 준다(잠 16:9). 사람의 길, 그리고 공동체와 국가의 길이 다 이렇게 하나님의 인도하심 가운데 있다(1:21, 스 1:1, 6:22, 시 33:14-15).

때로 하나님의 협력 사역은 우리 안에 보다 적극적으로 나타나기도 한다. 하나님은 성도들에게 자기의 기쁘신 뜻을 위하여 소원을 두고 행하게 하신다(빌 2:13). 우리 마음에 부어 주신 소원을 따라 하나님의 뜻을 행하려 할 때 우리의 걸음을 통하여 하나님의 은밀한 손길이 놀랍도록 역사하는 일들이 일어난다. 하나님은 성도들의 마음에 착한 일을 시작하셔서 예수 그리스도의 형상을 이루기까지 아름답게 이루어 가실 것이다(1:6, 갈 4:19).

이처럼 우리가 하나님의 협력 사역을 받아들일 때 우리는 환난과 근심 가운데서도 하나님을 신뢰하며 인내하며 나아갈 수 있다. 왜냐하면 하나님을 사랑하고 신뢰하는 자들은 모든 것이 합력하여 선을 이룰 것을 믿기 때문이다(롬 8:28). 우리는 그냥 하나님과 상관없이 매일매일 살아가는 것 같지만 이미 하나님은 우리의 머리털까지도 다 세고 계신다(눅 12:7). 하나님은 우리의 먹고 입고 쓸 것들을 아신다(마 6:32, 빌 4:19). 그런 하나님께서 성령을 통해 성도의 삶에 함께 하시고 은밀한 중에 그의 삶에 역사하실 것이다(마 6:4, 6, 18).

하나님의 협력 사역에서 예외적인 사건이 있다. 그것은 하나님께서 피조세계의 제2원인을 거치지 않고 직접적으로 역사하는 일이다. 이것을 가리켜 '기적'이라 한다. 따라서 기적은 피조세계의 인과법칙과 자연법칙을 초월한다. 그러나 이러한 기적은 자주 일어나지 않는다. 하나님은 대부분 특별한 목적을 갖고 기적을 베푸신다. 그것은 하나님의 백성을 불러 예수 그리스도를 믿게 하고 그의 믿음을 더욱 공고하게 하도록 하기 위한 특별한 은혜, 특별한 구원 계시의 역사를 이루기 위해서다. 예수께서도 공생애 동안 구원의 역사를 위하여 많은 기적을 베푸셨다. 그래서 오늘날도 복음을 전하는 특별한 현장에 자연법칙을 초월한 구원 역사와 기적의 역사가 많이 나타난다. 우리는 기적을 배격하지 말고 인정하고 받아들여야 한다. 그렇다고 해서 모든 일에 기적만을 추구해서는 안 된다. 자연법칙을 통한 하나님의 협력 사역을 무시하고 지나치게 극단적인 기적을 추구해서는 안 된다. 기적 못지않게 지금 나의 삶 가운데 은밀히 일하시는 하나님의 손길을 발견하고 감사하며 하나님의 인도를 구하는 것도 매우 중요하다.

3) 통치

통치란 온 피조세계의 궁극적 목적인 하나님의 영광을 위해 우주 만물을 인도해 가시는 하나님의 지속적인 활동을 말한다. 이러한 하나님의 통치가 이루어지는 영역을 '하나님의 나라'라고 한다. 하나님의 통치는 신자를 구원하시고 불신자를 심판하시며, 온 세상과 우주 만물을 다스리시는 것으로 드러난다. 이는 하나님이 온 세상의 진정한 통치자요 왕이심을 드러낸다. 그렇다면 하나님의 통치는 구체적으로 어떤 영역에 어떻게 드러나는가?

첫째, 하나님은 그 보좌를 하늘에 세우시고 권위와 전능하심을 입고 온 세상을 통치하신다(시 93:1, 103:19). 하늘과 땅에 있는 모든 것이 다 하나님의 통치 안에 있다. 하나님의 통치는 한정된 기간만 행해지는 것이 아니다. 하나님은 영원하신 하나님이기에 그의 나라는 영원하고, 그의 통치는 대대에 이른다(145:13).

둘째, 하나님은 해와 달과 별들과 천체를 통치하신다(시 8:3, 136:9, 렘 31:35, 욜 2:10). 이러한 통치를 통해 하나님은 선인과 악인에게 골고루 은혜를 내리신다(마 5:45).

셋째, 하나님은 자연계를 통치하신다. 천둥을 주관하시고(삼상 7:10), 눈과 바람과 비를 주관하신다(시 147:16-18, 욥 37:10, 행 14:17).

넷째, 하나님은 동물계를 다스리신다(사 34:11-17, 43:20, 마 6:26, 10:29).

다섯째, 하나님은 민족이나 국가의 흥망성쇠를 주관하신다. 하나님은 그분의 주권에 따라 민족들을 흥하게도 하시고 망하게도 하시며 민족들을 크게도 하시고 다시 작게도 하신다(욥 12:23). 모든 나라와 민족들의 왕들에게 권능과 세력과 영광을 주셨다(단 2:37-38, 4:25, 34-35, 행 17:26, 롬 13:1).

여섯째, 하나님은 사람 개개인의 출생과 죽음, 복과 화, 성공과 실패, 부유함과 가난함, 높음과 낮음 등을 주관하신다. 하나님은 죽이기도 하시고 살리기도 하시며 스올에 내리게도 하시고 거기에서 올리기도 하시며 가난하게도 하시고 부하게도 하시며 낮추기도 하시고 높이기도 하신다(삼상 2:6-7). 때로는 우리의 인생길을 굽게도 하시고 때로는 곧게도 하시며 형통케도 하시고 곤고하게도 하신다(전 7:13-14). 이러한 하나님의 주관하심을 방해할 자가 없다(신 32:39).

일곱째, 하나님은 천사들을 주관하고 다스리시며, 심지어는 사탄까지도 주관하신다. 천사들은 하나님의 뜻을 받들며 하나님을 찬양하고 수종 든다(계 4:4-11). 하나님의 통치에 완전하게 순종하고 복종한다. 한편, 하나님께서는 하나님께 불순종하는 악한 사탄의 활동을 방치하지 않으신다. 사탄의 머리는 부서진 상태이며(창 3:15, 롬 16:20), 여전히 하나님의 주권 아래 두고 있으며, 하나님의 정하신 때에 불순종하는 사탄과 그의 수하 마귀들은 결국 불과 유황못에 던져져 세세토록 밤낮 괴로움을 받을 것이다(계 20:10).

여덟째, 하나님은 예수 그리스도를 주로 믿는 백성들에게 성령을 부으시고 인도하시며(요 16:18, 행 2:4, 8:26, 29, 10:15, 갈 5:18, 롬 15:13, 살후 3:5, 계 7:17, 14:4), 그들의 기도에 응답하시며(렘 29:12, 33:3, 눅 18:7, 빌 4:6-7), 필요를 채워 주심으로(마 6:32-34, 빌 4:19) 그의 백성들을 통치하신다(계 19:6).

아홉째, 하나님은 예수 그리스도를 믿는 그의 백성과 그의 교회를 통치하신다. 하나님은 예수 그리스도를 주로 고백하는 백성들에게 풍성한 기업과 삶을 허락하셨다(엡 1:17-19). 또한 그리스도를 교회의 머리로 주시고 함께 그의 백성으로서 성전을 이루게 하시고 이 교회를 통하여 만물을 충만케 하시고(1:23), 교회를 통하여 하나님의 각종 지혜를 온 세상에 알게 하셨다(3:9-10).

열째, 하나님은 악인들을 심판하시고 다스리신다. 하나님은 악인들이 자유의지를 가지고 하나님께 돌아오기를 기다리시지만, 끝내 돌아오기를 거부하고 하나님을 떠나 악 가운데 머물기를 선택하면 이 선택에 대하여 반드시 심판하신다(시 7:12, 계 20:12-15). 결국 고통스러운 심판 가운데 슬피 울며 이를 갈이 있을 것이다(마 8:12, 13:42, 50, 22:13, 24:51, 25:30, 눅 13:28).

이처럼 하나님은 피조세계 전체를 통치하신다. 하나님의 통치를 벗어날 수 있는 것은 아무것도 없다. 따라서 성도는 하나님의 통치하심을 확신하고 모든 삶의 영역에서 그분의 다스리심을 사모하며 기도해야 한다.

III. 인간론 백신

성경이 말하는 사람을 오해하면
구원관이 흔들린다

1. 인간 이해의 기초-창조, 타락, 구속

인간이란 무엇인가? 수많은 철학자와 사상가들이 붙들고 씨름했던 주제다. 인간에 대한 이해는 철학, 심리, 정치, 사회, 문화, 과학 등 각 영역에 따라 다르고, 인류의 문명이 갖고 있는 세계관, 종교관에 따라 다르다. 이러한 각각의 다른 이해에 따라 저마다의 다른 이상적 인간상이 설정되었다. 그러한 이상에 도달하기 위한 과정과 방법도 다르다. 인간론이 중요한 이유가 여기에 있다. 인간을 정확하게 이해해야 인간에게 필요한 진짜 구원을 붙잡을 수 있기 때문이다.

　　이단 단체에 빠진 사람들은 상당수가 교주를 하나님으로 믿고 있다. 보통 사람 같으면 말도 안 된다고 생각한다. 그러나 그들이 이 말도 안 되는 주장을 받아들이는 데는 성경이 말하는 인간에 대한 바른 이해가 왜곡됐기 때문이다. 하나님이 창조하신 사람이란 어떤 존재인가에 대한 바른 기준이 없으면 이단들이 주장하는 왜곡된 인간론을 받아들이기 쉽고, 건강한 분별력 없이 교묘하게 왜곡된 주장을 받아들이면 쉽게 인간 교주를 보혜사로 믿게 된다. 또한 인간에 대한 이해가 왜곡되면 인간의 운명과 종말에 대한 이해도 뒤바뀌게 된다. 이처럼 인간 이해는 모든 교리의 교차점에 있다. 인간을 정확하게 알아야 구원을 알게 되고,

구원을 가져다주는 예수 그리스도를 바르게 이해할 수 있고, 종말을 제대로 이해할 수 있게 된다. 따라서 우리는 성경이 말하는 사람이란 어떤 존재인지에 대한 바른 이해를 추구해야 한다.

그렇다면 성경이 말하는 인간은 어떤 존재일까? 이것을 이해하기 위해서 우리는 마땅히 성경으로 돌아가야 한다. 성경으로 돌아간다는 것은 성경의 무엇으로 돌아간다는 말일까? 이는 성경을 하나님의 구원 역사, 즉 창조, 타락, 구원으로 이어지는 구속사의 관점에서 이해하는 것을 의미한다. 성경은 인간이 하나님에 의해 하나님의 형상대로 창조된 존재이고, 자유의지로 타락하여 범죄한 존재이며, 하나님의 은혜로 구속받은 존재임을 증거한다. 각 요소는 다음과 같은 질문을 수반한다.

첫째, 창조의 관점에서 인간에 대한 질문이다. 인간의 기원과 본질은 무엇인가? 사람은 무엇으로 이루어져 있는가? 인간의 존재 이유와 목적은 무엇인가? 둘째, 타락의 관점에서 인간에 대한 질문이다. 죄란 무엇인가? 죄의 기원과 본질은 무엇인가? 죄는 사람과 피조세계에 어떤 영향을 미쳤는가? 셋째, 구원의 관점에서의 질문이다. 타락한 인간은 그대로 있을 것인가? 스스로의 노력으로 이 곤궁에서 벗어날 수 있을 것인가? 하나님은 범죄한 인간을 구원할 계획이 있으신가? 하나님의 언약은 인간을 어떻게 변화시킬 것인가? 인간이 최종적으로 변화될 이상적인 모습은 무엇인가?

이러한 질문들은 성경이 말하는 인간을 바로 이해하는 데 필수적인 질문이고, 우리는 이러한 질문에 대답할 준비를 해야 한다. 한편 이단들은 각 요소에 대하여 교묘한 논리로 진리를 왜곡시키기에, 구속사의 각 부분에 대한 바른 이해가 반드시 필요하다.

2. 창조받은 인간

인간의 기원은 하나님의 창조에서 시작한다. 진화가 아니다. 진화는 과학적 증거뿐 아니라 인간의 존엄성을 설명하는 데 있어서 빈약한 기반을 제공한다. 그렇다면 하나님께 지음받은 인간은 어떤 존재인가?

2.1 인간의 본질-하나님의 형상

창조받은 인간의 가장 본질적인 특징은 인간에게 하나님의 형상이 담겨 있다는 것이다. 하나님의 형상은 인간과 다른 피조물의 결정적인 차이를 보여 준다. 하나님께서는 사람을 만드실 때 '우리의 형상을 따라 우리의 모양대로 우리가 사람을 만들자'고 하셨다(창 1:26). 여기서 '형상'이란 무엇이고 '모양'이란 무엇인가? '형상'(히. 첼렘)의 히브리어 어근은 '자르다', '조각하다'라는 뜻으로, 어떤 대상을 원형으로 해서 조각한 모양을 말한다. '모양'(히. 데무트)의 히브리어 어근은 '~와 같다', '~와 유사하다'는 뜻에서 온 것으로 '모형이 원형을 닮았다'는 것을 의미한다. 따라서 인간이 하나님의 형상을 따라 하나님의 모양대로 창조되었다는 것은 인간이 하나님을 닮은 존재로 이 땅에서 하나님을 반영하는 대표자로 지음받았다는 뜻이다. 고대 근동에서 '하나님의 형상'은 주로 왕들에게 적용되었다. 왕을 신의 형상을 가진 신의 아들이자 대리자로, 세상에서 신의 통치와 형상을 반영하는 자로 여겼다.

1) 하나님 형상의 사명적 기능

하나님이 인간을 창조하신 것은 하나님의 영광을 위해서다(사 43:7, 엡 1:11-12). 사람은 먹든지 마시든지 무엇을 하든지 창조받은 목적, 즉 하나님의 영광을 위해 살아갈 때 본연의 목적을 행하며 참된 인간됨을 경험하며 살 수 있다(고전 10:31, 요 10:10, 시 16:11).

창세기 1장 26-28절에 따르면 하나님의 형상은 사명적 기능에 따라 크게 세 가지로 나눌 수 있다.

첫째는 왕적 사역이다. 하나님의 형상을 따라 지음받은 인간은 곧 하나님을 대리하는 이 세상에서의 왕적 사명을 갖는다. 왕은 다스리는 존재다. 하나님께서는 사람에게 하나님의 통치를 대신하여 바다의 물고기와 하늘의 새와 가축과 온 땅과 땅에 기는 모든 것을 다스리도록 하셨다(창 1:26). 이는 사람이 하나님을 대신하여 하나님의 평화롭고 공의로운 통치를 반영하도록 하신 것이다.

둘째, 선지자적 사역이다. 하나님은 사람이 단순히 피조세계만을 다스리는 것에서 그치지 않고 남자와 여자가 서로 가정을 이루고 생육하고 번성하도록 명령하셨다(1:27-28). 이를 통해 인간관계와 사회가 형성된다. 이러한 관계 속에서 중요한 것은 하나님의 말씀을 전하는 일이다. 아담은 하와에게 하나님의 말씀을 전해야 했고, 또 아담과 하와는 가인과 아벨과 셋을 비롯한 자녀들에게 하나님의 말씀을 전해야 했다. 이러한 선지자적 사역을 통해 인간은 거룩한 문화를 만들어 가야 한다. 그래서 이를 가리켜 '문화 명령'(cultural mandate)이라고도 한다.[1] 이는 하나님을 대신하여 이 땅에 하나님을 영화롭게 하는 문화를 발전시키라는 명령이다.

셋째, 제사장적 사역이다. 아담은 하나님과 사람 사이를 이어 주는 제사장적 역할을 감당한다. 하나님은 인간에게 복을 주시고 말씀하시며, 인간은 하나님의 말씀을 순종하며 섬겨야 한다. 에덴 동산은 단순한 동산이 아니라 하나님의 임재와 사귐이 있는 성전이다. 아담은 에덴 성전에서 일종의 제사장으로 부름받았다. 창세기 2장 15절은 '여호와 하나님이 그 사람(아담)을 이끌어 에덴 동산에 두어 그것을 경작하며 지키게 하셨다'고 말씀한다. 여기서 '두어'(히. 누아흐)는 하나님의 안식을 반영하는 단어이며, '경작한다'(히. 아바드)는 단어는 '섬긴다', '예배한다'는 뜻이고, '지킨다'(히. 솨마르)는 후에 제사장이 성막을 '지키는' 사역을 나타내는 단어다(민 3:6-7, 32, 38; 18:1-7, 대상 9:23, 17-27, 겔 40:45, 44:14). '섬긴다'는 동사와 '지킨다'는 동사가 함께 사용되면, 이는 하나님을 섬기고 그분의 말씀을 지키거나 성막 봉사의 책무를 지키는 것으로 등장한다(민 3:7-8, 8:25-26, 18:5-7, 대상 23:32, 겔 44:14).[2] 이는 성전을 섬기는 제사장의 사역을 잘 보여주는 표현이다.

2) 하나님 형상의 존재 구조적 측면

하나님의 형상은 인간의 존재 구조적 측면에 따라서 이해할 수 있다. 이는 사람이 왕적, 선지자적, 제사장적 사명을 감당할 수 있도록 영혼과 육체가 통합된 인격적 존재로 지음받았음을 의미한다. 여기에는

---

1 ──── 앤서니 후크마, 이용준 역, 《개혁주의 인간론》(서울: 부흥과개혁사, 2012), 30.
2 ──── 그레고리 K. 비일, 강성열 역, 《성전신학》(서울: 새물결플러스, 2014), 89.

인간의 영혼이 갖는 지적, 감정적, 의지적 특징들이 포함된다. 우리의 영혼은 부분적으로 하나님의 공유적 속성들을 닮고 그것을 반영한다. 우리는 이러한 것들로 하나님의 평강을 맛보며 만들어 가고, 하나님의 말씀을 배우고 깨닫고, 이웃과 나누며, 하나님을 예배하고, 간절한 마음으로 기도하고, 뜨겁게 찬양하며 사명을 감당한다. 다른 한편 우리의 육체 또한 하나님의 형상을 반영한다. 창조 시 인간은 온전한 육체를 갖고 이 땅에 하나님의 나라를 이루어 가도록 부름을 받았다. 이러한 면에서 우리는 육신이 되어 이 땅에 오신 하나님의 형상인 그리스도를 깊이 묵상할 필요가 있다. 인간은 영혼과 육체가 통전적으로 하나님의 형상을 반영한다.

3) 하나님 형상의 관계적 측면

하나님이 사람을 만들 때 '우리'의 형상을 따라 '우리'의 모양대로 '우리'가 사람을 만들었다는 것은 삼위일체 하나님이 협동 사역을 통해 사람을 삼위일체적 관계를 반영하는 존재로 만드셨음을 의미한다. 성부, 성자, 성령 하나님은 각기 다른 위격을 가진 구별된 분이면서도 서로 사랑하며 친밀하게 하나 됨을 이루시는 한 하나님이다. 하나님 안에 사랑의 관계적, 공동체적 형상이 있는 것처럼, 인간 역시 남자와 여자의 다른 성과 인격으로 창조되었지만(창 1:27), 둘이 합하여 한 몸, 즉 공동체를 이루도록 부름받았다(2:24). 성부, 성자, 성령 하나님이 서로를 사랑하고 신뢰하는 관계를 갖는 것처럼 남자와 여자도 이러한 관계를 맺도록 지음받았다.

이상으로 살펴본 바에 따르면 하나님의 형상은 우리 안에 있는 일부 구성 요소를 가리키는 것이 아니라 인간의 총체적 모습 가운데 반영되어 있는 것임을 알 수 있다. 그래서 헤르만 바빙크는 하나님의 형상을 이렇게 정리했다.

> 인간 전체는, 즉 영혼과 육체, 모든 능력들, 힘과 은사들에 있어서 하나님의 형상과 모양이다. 인간 안에 있는 그 어떤 것도 하나님의 형상으로부터 제외되지 않는다. 하나님의 형상은 인간적인 것에까지 확대된다.[3]

Ⅲ. 인간론 백신

4) 하나님 형상에 대한 오해

A. 하나님의 형상이 사람을 닮았다?

하나님은 원래 뼈와 살이 있는 인간의 모습과 같았다고 주장하는 이단이 있다. 이들에 따르면 하나님은 영이 아니라 원래 물질적인 몸이 있으신 분이고, 성자 역시 인격적인 존재로 몸이 있다. 단 성령은 영이라 살과 뼈가 없는 영의 인격이라 한다. 하나님은 한때 우리처럼 인간이었고, 지금은 높아지신 인간이라는 것이다. 하나님이 몸이 있다는 근거로 모세가 하나님의 얼굴을 직접 대면했고(출 33:11), 나를 본 자는 아버지를 보았다고 예수님이 말씀하셨으며(요 14:9), 하나님의 말씀을 받은 자들은 신들이라고 말씀하기 때문이다(10:34-35).

그러나 성경은 분명 하나님은 영이라고 말씀하셨고(4:24), 영은 분명 살과 뼈가 없는 무형의 존재임을 명시하고 있다(눅 24:39). 요한복음 10장 34-35절 말씀은 하나님의 말씀을 받은 자가 신이라는 문자적 의미가 아니다. 이는 바로 앞 33절에서 유대의 대적자들이 예수님이 '나와 아버지는 하나이니라'고 하신 말씀(10:30)에 신성모독이라고 돌을 들어 치려 하자 그 태도에 대하여 하신 말씀이다. 예수께서는 이스라엘의 재판관들, 사사들을 '신들'(gods)로 부르는 시편 82편 6절을 인용하여, 만약 경건하다고 여겨지는 이들을 유대인들이 신으로 불렀다면 하나님 아버지께서 거룩하게 하시고 세상에 보내신 자를 어떻게 신성모독으로 정죄할 수 있겠느냐 하는 것이다. 예수께서 인용하신 시편 82편 6절을 다음 7절까지를 읽어 보면, 유대인들이 신으로 불렀던 지도자들은 실제로 신이 아니기에 모두 다른 사람과 같이 죽을 것이라고 선언한다. 따라서 이 말씀은 하나님의 말씀을 받은 사람을 신이라고 했고, 하나님의 말씀을 받으면 인간이 신이 될 수 있다는 뜻이 아님을 알 수 있다. 오히려 정반대로 아무리 신처럼 불리는 사람이라 하더라도 한낱 유한한 사람에 불과하며 결국 죽고 만다는 뜻이다.

---

3 ──── 헤르만 바빙크, 박태현 역, 《개혁교의학 2》 (서울: 부흥과개혁사, 2011), 700.

B. 하나님의 형상은 남자와 여자다?

어머니 하나님을 주장하는 이단들이 갖고 있는 주요한 교리다. 이들에 따르면, 하나님께서 자기 형상대로 사람을 지으시되 남자와 여자로 창조하셨다는 것은 하나님의 형상이 곧 남자와 여자라는 것이다. 만약 그렇다면 하나님도 남자와 여자가 있어야 하는데, 창세기 1장 26절의 '우리가 우리의 형상을 따라 우리의 모양대로 사람을 만들자'는 말씀에서 '우리'는 남자와 여자, 곧 남자 하나님과 여자 하나님을 의미한다는 것이다. 이것이 지금 이들이 믿는 어머니 하나님의 증거라고 주장한다. 그러나 여기서 하나님의 형상은 남자와 여자를 말하는 것이 아니고, 남자와 여자가 함께 나누는 사랑과 섬김의 관계적 형상을 의미한다(보다 구체적인 설명은 〈II. 신론 백신〉의 〈4〉 어머니 하나님은 누구인가〉를 참조).

C. 하나님의 형상은 천사의 형상이다?

'우리가 우리의 형상대로 우리의 모양을 따라 사람을 만들자'(창 1:26)고 할 때의 '우리'를 하나님과 천사라고 주장하는 이들이 있다. 그러나 여기서 우리는 삼위일체 하나님을 가리키는 것이지 천사들을 지칭하는 것이 아니다. 이어지는 자기 형상(in His image)이라는 말에서 형상이 삼인칭 단수로 사용되는 것은 하나님(엘로힘)의 형상에 따라 만들어졌음을 명확하게 한다.

D. 하나님의 형상은 인간을 하나님 되게 한다?

인간은 하나님의 형상을 갖고 있고 그의 영이 임할 때 하나님과 같이 될 수 있다고 주장하기도 한다. '하나님 사람'(God-Man)이 될 수 있다는 것이다. 그들에 따르면, 성도는 이러한 '하나님 사람'이 되어 하나님의 형상을 회복해야 하는데, 그렇게 하기 위해서는 꾸준히 노력하여 예수께서 하나님으로 승진(?)하신 것처럼, 우리도 하나님으로 승진하기 위해 노력해야 한다고 한다. 또 어떤 단체는 하나님의 영이 사람에게 임하여 영육합일, 혹은 신인합일을 이루어야 한다고 주장한다. 이러한 사상은 사람을 하나님으로 믿게 하는 왜곡된 성경적 기초를 제공할 여지가 있다. 신인합일에 대한 보다 구체적인 논의는 다음에서 하기로 한다.

2.2 인간의 구성

1) 이분설

사람을 구성하는 요소들은 어떻게 구분할 것인가? 육체는 물질적인 요소이지만 영혼은 눈에 보이지 않는 비물질적인 요소다. 이 영혼을 어떻게 볼 것인가를 두고 이분설과 삼분설로 나뉜다. 이분설은 전통적인 관점으로 인간을 영혼과 육체의 결합으로 보는 반면, 삼분설은 인간을 영과 혼과 육으로 나누어 본다.

삼분설이 익숙한 이들이 꽤 있겠지만, 성경은 주로 인간을 영혼과 육체의 통일체로 보는 이분설을 말하고 있다. 하나님은 태초에 인간의 육체를 흙으로 만들고 그 코에 생기를 불어넣으셨고, 인간은 생령이 되었다(창 2:7). 이 말씀에 따르면 하나님이 인간을 영 따로 혼 따로 만드시지 않았다. 하나님의 생기, 즉 영을 불어넣으셔서 육체와 영혼의 통일체인 '생령'이 되었다고 말씀한다. 여기서 '생령'은 살아 있는 존재로서의 전인을 묘사하는 단어이며 인간의 유기적 통일성을 강조하는 용어다.[4] 인간의 구성을 이분설로 보는 성경 해석의 역사는 꽤 길다. 초대 교부 테르툴리아누스, 아우구스티누스를 비롯하여 루터, 칼뱅과 같은 종교 개혁자들 모두 이분설을 지지하였다.

이분설을 이해하는 데 중요한 것이 용어의 구분이다. 성경은 '영'과 '혼'(영혼)을 모두 사용한다. 영(spirit)은 구약에서는 루아흐, 신약에서는 프뉴마를 사용한 반면, 혼(soul)은 구약에서는 네페쉬, 신약에서는 프쉬케를 사용한다. 언뜻 보기에 영과 혼이 구별되는 것 같지만, 성경을 면밀히 살펴보면 영과 혼을 구별했다기보다는 서로 교환 가능한 동일한 실체를 표현하는 동의어로 사용한 것이다.

예를 들어 예수께서는 '지금 내 마음(프쉬케)이 민망하다'(요 12:27)고 말씀하신 후, 얼마 후에는 '심령(프뉴마)이 괴로우셨다'(13:21)고 하셨다. 영(프뉴마)과 혼(프쉬케)이 교환 가능한 동일한 의미의 용어로 동일한 실제를 나타내는 데 사용되었다. 누가복음에 등장하는 마리아의 찬송시에도 영과 혼이 혼재되어 사용된다. 마리아는 '내 영혼(프쉬케)이 주를 찬

---

4 —— 루이스 벌코프, 《조직신학 (상)》, 403.

양하며, 내 마음(프뉴마)이 내 하나님 내 구주를 기뻐하였음'을 고백한다 (눅 1:46-47).

성경은 사람 전체를 표현할 때 몸과 '영' 혹은 몸과 '혼'이라는 표현을 사용한다. 예수께서는 '몸은 죽여도 영혼(프쉬케)은 능히 죽이지 못하는 자들을 두려워하지 말고 오직 몸과 영혼(프쉬케)을 능히 지옥에 멸하실 수 있는 이를 두려워하라'고 말씀하셨다(마 10:28). '몸과 혼'은 인간의 총체적인 모습을 나타내는 표현으로, 여기서 '영혼'(프쉬케)은 비물질적인 부분 전체를 가리킨다. 이와 달리 바울은 '육신'과 대비되는 '영'(프뉴마)의 대비를 말한 바 있다(고전 5:5, 7:34, 고후 7:1). 또 야고보서는 '영혼(프뉴마) 없는 몸은 죽은 것'이라고 했다(약 2:26).

성경은 성도의 죽음을 묘사할 때 '혼'이 떠난다는 표현을 종종 사용한다. 창세기는 라헬이 죽을 때 '그 혼(네페쉬)이 떠나려 한다'(창 35:18)고 했다. 엘리야는 죽은 아이의 '혼'(네페쉬)이 돌아오기를 기도했다(왕상 17:21). 신약 누가복음에서는 하나님께서 어리석은 부자에게 '오늘 밤에 네 영혼(프쉬케)을 도로 찾겠다'고 하셨다(눅 12:20).

이와 동시에 성경은 죽음을 '영'이 떠난다는 표현으로도 사용한다. 다윗은 하나님께 '나의 영(루아흐)을 주의 손에 부탁한다'고 기도했고(시 31:5), 예수께서도 이를 인용하여 '내 영혼(프뉴마)을 아버지 손에 부탁하나이다'라고 말씀하셨다(눅 23:46). 요한복음은 예수께서 죽으실 때, '머리를 숙이니 영혼(프뉴마)이 떠나가시니라'고 묘사한다(요 19:30). 스데반은 순교하면서 '주 예수여 내 영혼을 받으시옵소서'라고 기도했다(행 7:59).

지금까지 성경에 나타난 용례를 살펴볼 때 성경은 영과 혼을 혼용함을 알 수 있다. 특히 우리말 성경의 경우 '영혼'이란 단어를 사용하여 때로는 '혼'(네페쉬, 프쉬케)을, 때로는 '영'(루아흐, 프뉴마)을 나타냄을 알 수 있다. 또 영혼과 함께 '심령' 또는 '마음'이란 용어도 사용한다.

2) 영혼의 여러 기능

성경은 사람의 영혼을 다양하게 부르며 각 측면에 대하여 강조점을 달리한다.

        III. 인간론 백신

A. 마음

마음(히. 레바브, 헬. 카르디아)은 사람의 깊은 속을 의미하는 단어로 영혼과 거의 동의어처럼 사용된다. 마음은 지, 정, 의를 비롯해 우리 중심의 중요한 기능을 담당한다. 첫째, 마음은 지성적인 기능을 감당한다(신 29:4, 시 1:1, 49:3, 119:11, 잠 2:10, 눅 24:45). 둘째, 마음은 감정의 자리다. 마음으로 기뻐하며(시 13:5, 28:8, 사 30:29, 눅 1:47, 행 2:26), 분노하며(욥 36:13, 에 5:9, 겔 16:42, 행 17:16), 사랑하고(신 6:5, 아 3:1, 빌 2:2, 벧전 3:8), 슬퍼한다(삼상 30:6, 겔 27:31, 롬 9:2). 셋째, 마음은 의지를 발휘한다. 마음은 선택하고(출 7:22-23), 돌아서고(14:5), 완악해지기도 한다(히 4:7, 15:7). 그 외에도 마음은 중요한 기능을 하는데 넷째로, 도덕적 측면의 중심 역할을 한다. 하지만 이러한 양심은 때로 타락하기도 하고(렘 17:9), 새롭게 되기도 한다(롬 5:5, 골 3:15). 다섯째, 마음은 성령께서 내주하시는 자리다(고후 1:22).

B. 정신

정신(헬. 프로네마, 누스)은 지식, 지혜, 생각 등 영혼의 지적 기능을 나타내는 단어다. 인간은 죄로 인한 타락과 함께 정신도 전적으로 타락하여 혼미하게 되었고(고후 4:4), 그 지각이 허망하게 되어(엡 4:17), 성경을 읽어도 그리스도를 온전히 발견할 수 없게 되었다(고후 3:14). 이런 타락한 정신은 마음을 새롭게 함으로 변화를 받아(롬 12:2), 진리를 깨닫고(눅 24:45) 지식에까지 새롭게 함을 받아(골 3:10) 모든 생각을 사로잡아 그리스도께 복종시켜야 한다(고후 10:5).

C. 양심

양심(헬. 쉬네이데시스)은 영혼의 도덕적 기준을 세우고, 내면의 심판관 역할을 한다(롬 2:14-15). 또한 양심은 우리 내면에서 우리가 내면의 도덕적 기준을 따라 살았는지를 증언한다(9:1, 고후 1:12). 하지만 양심은 인간의 타락과 더불어 부패하였다(고전 8:7, 딤전 4:2, 딛 1:15). 따라서 우리의 양심은 온전한 심판관 역할을 할 수 없다.

D. 의지

의지(헬. 텔레마)는 영혼이 선택하고 결정하는 역할을 한다(고전 7:37, 16:12). 타락 이후 인간의 의지는 부패했지만, 성도는 끊임없이 하나님의 뜻을 분별하고, 선택하고, 행할 수 있어야 한다(롬 12:2, 엡 5:17, 살전 4:3, 5:18).

3) 삼분설

삼분설은 인간이 영과 혼과 육체로 구성되어 있다고 본다. 일부 성경 구절은 이러한 견해를 지지하는 것처럼 보인다. 그 대표적인 성경 구절은 다음과 같다.

> 평강의 하나님이 친히 너희를 온전히 거룩하게 하시고 또 너희의 온 영과 혼과 몸이 우리 주 예수 그리스도께서 강림하실 때에 흠 없게 보전되기를 원하노라(살전 5:23)

> 하나님의 말씀은 살아 있고 활력이 있어 좌우에 날선 어떤 검보다도 예리하여 혼과 영과 및 관절과 골수를 찔러 쪼개기까지 하며 또 마음의 생각과 뜻을 판단하나니(히 4:12)

위의 구절을 비롯해 육에 속한 사람(헬. 사르키노스, 고전 3:1), 혼에 속한 사람[5](헬. 프쉬키코스, 고전 2:14), 영에 속한 사람[6](프뉴마티코스, 고전 2:15) 등의 구절들을 볼 때 사람의 구성을 명확하게 영과 혼과 몸으로 구분하는 것 같다. 하지만 우리는 이 구절들을 깊이 들여다볼 필요가 있다.

먼저 데살로니가 5장 23절에서 나오는 영, 혼, 몸의 구별은 어떤 의미일까? 이 구절에서는 '너희의 온 영과 혼과 몸'을 말한다. '온'(헬. 홀

---

5 —— 개역개정 성경은 '육에 속한 사람', 표준새번역은 '자연에 속한 사람'으로 번역했지만, 헬라어 원문은 이 단어가 '혼에 속한 사람'(프쉬키코스)임을 나타낸다.
6 —— 개역개정 성경은 '신령한 자', 표준새번역은 '신령한 사람', 영어성경(NRSV)은 'Those who are spiritual'으로 번역한다.

III. 인간론 백신

로클레로스)이란 말은 존재 전체를 지칭하는 말이다. 즉 여기서 영과 혼과 몸이란 인간의 전 존재를 강조하기 위해 사용된 표현이다. 따라서 여기서는 '육'(헬. 사륵스)이 아닌 '몸'(헬. 소마)이란 표현이 와도 이런 문맥으로 이해할 수 있기에 어색하지 않다. 이와 유사한 예로 예수께서 신명기 6장 5절 말씀을 인용하여 율법사의 질문에 대답하신 마태복음 22장 37절 말씀이 있다.

> 예수께서 이르시되 네 마음을 다하고 목숨을 다하고 뜻을 다하여 주 너의 하나님을 사랑하라 하셨으니

이 말씀은 인간의 존재를 마음과 목숨과 뜻으로 강조하여 표현하고 있다. 이것은 인간의 전 존재를 강조하는 표현이지 인간의 구성 요소를 구분하는 말씀이 아니다. 이러한 논지는 마가복음 12장 30절을 볼 때 더 분명해진다.

> 네 마음을 다하고 목숨을 다하고 뜻을 다하고 힘을 다하여 주 너의 하나님을 사랑하라 하신 것이요

여기서도 인간의 전 존재를 마음과 목숨과 뜻과 힘으로 반복하여 강조한다. 만약 이러한 것들을 인간을 구성하는 요소로 구분한다면 인간은 영, 혼, 육 외에도 몸, 뜻, 힘 등 여러 요소가 추가되어야 할 것이다. 이러한 표현들은 우리가 하나님을 우리의 전 존재로, 전인적으로 사랑해야 할 것을 강조하기 위한 표현으로 받아들여야 한다. 이런 의미에서 5장 23절의 '혼'은 난하주 1번에 나오는 것처럼 '목숨'과도 상호 교환되는 표현이 된다.

둘째, 인간을 표현하는 다양한 요소들을 전인적 표현으로 받아들인다면 우리는 히브리서 4장 12절도 이런 맥락에서 받아들일 수 있다. 여기서 나오는 '혼과 영과 및 관절과 골수', 그리고 '마음의 생각과 뜻'은 인간 내면의 깊은 속 구석구석을 나타내는 표현이다. 즉, 하나님의 말씀이 우리의 '혼과 영과 및 관절과 골수'를 찔러 쪼개고, '마음의 생각과

바이블 백신 1

뜻'을 판단한다는 것은 하나님의 말씀 앞에 우리가 감출 수 있는 것이 아무것도 없이 적나라하게 다 드러난다는 뜻이다.

셋째, 고린도전서 2장 14절 이하에 나오는 말씀은 전체적으로 하나님의 성령에 속하여, 성령의 영향과 통치를 받는 삶에 대해 말하고 있다. 이런 문맥에서 볼 때 '혼에 속한 사람'은 결국 '육에 속한 사람'과 같은 종류다. 이러한 해석으로 개역개정은 '프쉬키코스'를 '육에 속한 사람'으로 번역했다. 또한 '신령한 사람' 즉 '영에 속한' 사람은 '하나님의 성령의 통치 아래 속한 사람'을 의미한다.

삼분설을 말하면서 흔히 주장하는 것이 동물은 육과 혼이 있지만 영이 없기에 영생이 없고, 사람은 영이 있기에 영생이 있다는 것이다. 삼분설에 따르면 혼은 지, 정, 의의 기능을 하는 기관이고, 영은 하나님과 관계하는 기관이다. 그렇게 따지면 개나 고양이와 같은 동물들에게는 혼이 있다고 해야 할 것이다. 그러나 이러한 기능적 구분은 우리 안에 영의 자리를 혼과는 구분되는 공간 혹은 구체적 구성 요소로 생각하기 쉽게 만든다. 그러나 인간으로 하여금 하나님과 교제하는 기능적 요소를 굳이 '영'이라고 구분할 필요는 없다. 사람은 하나님이 주신 하나님의 형상으로 인하여 하나님과 교제한다. 또 하나님의 생기(루아흐)가 하나님과 교제하게 만든다. 하나님과 교제할 수 있는 것은 하나님이 우리에게 주신 특별한 능력이고 은사다. 게다가 '혼'(히. 네페쉬)이라는 말은 성경에서 종종 짐승의 단순한 '생명'을 의미하는 단어로 사용되었기에(창 9:4), 짐승에게 혼이 있다는 표현보다는 생명, 즉 호흡이 있다고 하는 것이 더 적절하다.

4) 이단이 삼분설을 좋아하는 이유

삼분설은 여러 이단적 가르침에 노출되기 쉬운 취약점이 많다. 인간을 영, 혼, 육으로 나누면 육은 죄를 짓기에 죄가 머무르는 곳이 되고, 혼은 육에 의해 영향받는 연약한 곳이 되며, 영은 하나님의 능력을 받고 성령의 능력을 받는 특별한 기관이 된다. 나아가 영에는 하나님의 영이 거한다고 생각하기에, 영은 죄를 짓지 않는다고 생각하기 쉽다. 반면 죄를 짓는 것은 육체이기에, 죄는 우리 육체에 거한다고 주장하기 쉽다.

한편 이러한 주장은 헬라의 영지주의적 이원론과 유사한 측면이 있다. 헬라적 이원론에 따르면 영혼은 선하지만 육체는 악하다. 이 땅을 살아가는 동안 인간의 선한 영혼은 악한 육체라는 감옥에 갇혀 있다. 인간은 육체라는 감옥에서 해방될 때 진정한 불멸성을 얻게 된다. 한때 화제가 되었던 《유다복음서》가 바로 이런 이원론적 영지주의 문서다. 《유다복음서》에 따르면 유다는 예수를 배신하여 팔아넘긴 사람이 아니라 진정한 불멸성을 얻도록 육체의 감옥에서 해방시켜 준 꽤 괜찮은(?) 사람이다.

　　삼분론을 주장했던 대표적인 사람 중 하나가 위트니스 리다. 그에 따르면 하나님의 체현이신 그리스도는 우리 영 안에 있고, 사탄의 체현인 죄는 우리 육신 안에 있다.[7] 주님께서는 우리의 영을 그분의 거처로 삼으셨고, 사탄은 우리의 육체에 그의 거처로 삼았다.[8]

　　이러한 주장은 폭력적인 안찰기도를 주장하는 신학적 근거가 되기도 한다. 어떤 이들은 귀신이 사람의 육체 안에 거하기에 육체를 괴롭히고 고통을 주고 고문에 가까운 학대를 하면 육에 거하는 귀신이 견디지 못하고 쫓겨 나간다고 주장한다. 그래서 어떤 기도원에서는 환자를 결박하여 눕혀 놓고 갈비뼈 위에 두 발을 딛고 서서 가슴을 심하게 발로 치며 안찰하다가 환자의 갈비뼈가 부러지며 심장이 멎어 사망하는 사고가 발생하기도 하였다. 병을 고치기 위해 뼈가 부러지도록 온몸에 폭력을 가한 것이다.[9]

　　이단들은 여기서 더 나아가 극단적인 삼분론을 주장하며 신인합일을 주장한다. 이들은 아담 이전에는 육과 혼만으로 된 짐승과 같은 사람들이 존재하고 있었고, 그 가운데 하나님께서 아담을 택하여 여호와의 영을 불어넣어 그를 특별한 영적 사람으로 만들었다고 한다. 이러

---

7 ──── 위트니스 리, 《세 부분으로 된 사람의 생명이 되시는 삼위일체 하나님》 (서울: 한국복음서원, 2007), 73.

8 ──── 위트니스 리, 《왕국》 (서울: 한국복음서원, 1992), 218.

9 ──── 임채두·정경재, "기도원서 팔다리 묶인 채 숨진 여성…어머니·종교인 조사", 연합뉴스, 2017. 11. 16.

한 주장을 바탕으로 하나님께서는 초림 시대의 예수에게 여호와의 영을 부어 주어 구원자로 삼았고, 오늘날의 계시록 시대에 예수의 영을 교주에게 부어 주어 특별한 구원자로 삼았다고 주장한다. 교주는 보기에 평범하고 무식한 사람이지만 그에게 특별한 예수의 영이 임했기에 그는 재림 예수이자 초림 예수가 약속한 보혜사다. 예수의 영이 임했기에 교주에게는 보통 사람과는 달리 특별한 직통계시가 수천 번씩 임하고, 참된 진리의 말씀이 교주를 통해서만 선포된다. 나아가 이단들의 단골 메뉴인 신인합일 혹은 영육합일 교리가 등장한다.

평범한 인간의 인성을 이루는 육체와 혼에 하나님의 신성, 즉 그리스도의 영이 임하여 특별한 존재가 된다는 신인합일의 주장은 그 역사가 꽤 길다. 초대교회에 출현했던 아폴로나리스는 예수는 육신과 혼만이 있었고, 그의 영의 자리는 하나님의 로고스가 채워 신성한 존재가 되었다고 주장한 바 있다.[10] 그의 주장은 주후 381년 콘스탄티노플 공의회에서 이단으로 정죄되었다.

또한 이단들은 교주를 재림 예수로 믿는 신도들도 신인합일을 해야 한다고 주장한다. 이들이 받아야 할 영은 예수의 영이 아니라, 요한계시록 20장 4절에 나오는 천상에 있는 순교자들의 영이며, 이들과 신인합일을 해야 한다는 것이다.

> 또 내가 보좌들을 보니 거기에 앉은 자들이 있어 심판하는 권세를 받았더라 또 내가 보니 예수를 증언함과 하나님의 말씀 때문에 목 베임을 당한 자들의 영혼들과 또 짐승과 그의 우상에게 경배하지 아니하고 그들의 이마와 손에 그의 표를 받지 아니한 자들이 살아서 그리스도와 더불어 천 년 동안 왕 노릇 하니(계 20:4)

이들의 주장에 따르면 순교자들의 영혼(예수를 증언함과 하나님의 말씀 때문에 목 베임을 당한 자들의 영혼들)이 이 땅에서 우상에게 경배하지 않고 이마와 손에 짐승의 표를 받지 아니한 이단 신도들의 육체에 들어가

---

10 ──── 루이스 벌코프, 《조직신학 (하)》, 535.

III. 인간론 백신

신인합일을 이루고, 그렇게 되면 교주가 그런 것처럼 자신들도 영생불사의 몸이 되고 왕 같은 제사장들이 되며 천 년 동안 왕노릇을 하게 된다고 한다. 이때 세상 사람들이 신인합일을 이룬 이단 신도들에게 말씀을 배우러 전 세계에서 돈을 싸들고 모여든다는 것이다.

물론 이들의 계시록 20장 4절 해석은 억지 주장이다. 그 말씀은 결코 순교자들의 영혼과의 신인합일을 가리키는 구절이 아니다. 이를 공동번역과 쉬운성경으로 살펴보자.

〈공동번역〉

나는 또 많은 높은 좌석과 그 위에 앉아 있는 사람들을 보았습니다. 그들은 심판할 권한을 받은 사람들이었습니다. 또 예수께서 계시하신 진리와 하느님의 말씀을 전파했다고 해서 목을 잘리운 사람들의 영혼을 보았습니다. 그들은 그 짐승이나 그의 우상에게 절을 하지 않고 이마와 손에 낙인을 받지 않은 사람들입니다. 그들은 살아나서 그리스도와 함께 천 년 동안 왕노릇을 하였습니다.

〈쉬운성경〉

또 나는 몇 개의 보좌에 앉은 사람들을 보았습니다. 그들은 심판하는 권세를 받은 자들이었습니다. 그들 앞에는 예수님을 증언하고, 하나님의 말씀을 전하다가 죽은 영혼들이 서 있었습니다. 이 영혼들은 짐승과 우상에게 절하지 아니하고, 이마나 손에 짐승의 표를 받지 않은 자들이었습니다. 이들은 다시 살아나서 그리스도와 함께 천 년 동안, 다스릴 것입니다.

여기서 분명히 드러나는 것처럼, 짐승과 우상에게 절하지 않은 이들이나 짐승에 표를 받지 않는 자들은 결국 순교자를 묘사하는 또 다른 표현임을 알 수 있다.

그럼에도 이들이 지속적으로 성경적이지 않은 신인합일을 주장하는 이유는, 특별한 영이 임하면 자신들도 특별한 존재가 된다고 생각하기 때문이다. 교주에게 예수의 영이 임하면 예수의 영을 소유한 그가 곧 재림 예수, 보혜사가 되고, 자신들에게 순교자들의 영이 임하면 자신들도 특별한 영생불사의 존재가 된다고 생각하는 것이다. 많은 이단이 신인합일을 하면 그는 신성을 갖기 때문에 늙지도 않고 죽지도 않는다고 주장한다. 그러나 예수의 영과 신인합일을 했다는 모든 교주는 늙고 병들고 죽어 간다. 이미 그런 주장을 했다가 죽은 이들도 여럿이다.

예수의 영이 임하면 늙지 않고 병들지 않는다는 주장은 거짓이다. 여기서 우리는 예수의 영이 특별한 사람(교주)에게만 임한다고 보는 관점에 주의해야 한다. 예수의 영은 다름 아닌 삼위 하나님이신 성령이기 때문이다. 성령은 특별한 사람에게 임하는 것이 아니라, 예수 그리스도를 믿는 모든 사람의 마음속에 오셔서 영원토록 함께 거하시는 분이다 (요 14:16-17). 이 성령을 보혜사라고 하는데, 주의할 것은 성령이 임한 사람을 보혜사라고 하지 않는다는 사실이다. 흔히 이단은 자신의 교주를 '다른 보혜사'(14:16)라고 부르는데, 이는 보혜사를 오해했기 때문이다. 왜냐하면 보혜사는 진리의 '영'이므로 사람이 될 수 없고, 우리와 함께 하시는 성령 하나님이기 때문이다. 더구나 여기서 '보혜사'는 하나님의 보좌 앞에 우리의 죄를 변호하는 '대언자'(요일 2:1)의 역할을 한다. 우리의 죄를 변호하려면 우리의 깊은 속까지도 알아야 가능하다(롬 8:26). 그러나 인간 보혜사는 절대 우리의 깊은 속에 있는 죄를 알지 못하고 하나님 앞에 변호할 수도 없다.

나아가 영육합일의 교리는 성도의 통전적인 정체성에 혼란을 준다. 만약 순교자의 영혼이 성도에게 임하여 신인합일이 이루어진다면, 그는 순교자인가? 성도인가? 몸은 자기 몸이지만 영혼이 순교자의 영혼이면 성도의 영혼은 어디에 있는가? 자기 영혼 없이 순교자의 영이 자기에게 임하여 자기를 다스리면 성도는 자기 몸만 빌려준 것인가? 그렇다면 공포영화에 나오는 좀비와 무엇이 다른가?

이처럼 삼분설은 자칫, 이단의 거짓 교리로 빠져드는 통로가 될 수 있기에 우리는 삼분설의 주장에 대해 예민하게 깨어 있어야 한다.

5) 인간, 영혼과 육체의 통일체
삼분설의 미혹하는 주장에 현혹되지 않기 위해서 우리는 인간을 영혼과 육체의 통일체로 보아야 한다. 물론 사람은 구조적으로 영혼과 육체로 구성되어 있지만, 사람다움은 육체와 영혼이 함께 통전적인 전인을 이루는 데서 온다. 우리가 사람을 통전적으로 보지 못하고 구성적으로 보게 될 때, 우리는 영 혹은 영혼을 중시 여기고, 육체는 경시하기 쉽다.

우리는 구속사를 관통하는 하나님의 창조, 타락, 구속 역사가 전인적으로 이루어졌음에 주목해야 한다. 인간은 육체와 영혼의 통일성을 가진 전인적 '생령'으로 창조되었고, 아담의 죄로 인해 타락할 때 또한 전인적으로 부패했다. 육체만 죄를 짓는 것이 아니라 우리의 마음으로도 죄를 짓는다(렘 17:9, 마 15:19). 또한 우리는 예수 그리스도를 통해 구원받을 때 전인적으로 구원받는다. 그리고 장차 세상 끝날에 전인적인 영광의 부활을 경험할 것이다. 물론 죽음이 우리의 육체와 영혼을 갈라놓는 것은 사실이다. 그러나 이러한 상태는 영원히 지속되지 않는다. 우리는 예수 그리스도께서 재림할 때 현재 세상에서 영혼과 육체의 통일체로 살아가는 것처럼, 영혼과 육체가 영광 가운데 결합하여 통전적인 부활의 새 사람으로 변화될 것이다(고전 15:51, 참조. 엡 2:15, 4:24).

하지만 일부 이단은 우리가 구원받는 것은 영이 받는 것으로 축소시킨다. 이들의 주장을 살펴보자.

> 우리가 구원받았다고 하는 것은 영이 받은 것이다. 구원 이후의 죄가 영혼의 구원 이후에는 영향을 미치지 않는다. 구원은 영이 받았으므로 육으로 하는 것은 관계치 않으며 한 번 깨달았으면 다시 범죄가 없고 죄를 지어도 죄가 되지 않는다.[11]

이들은 영혼으로 구원을 받으면 육으로 죄를 지어도 더 이상 죄가 되지 않기에 우리는 '자백'만 하면 된다고 한다. 그러나 이것은 우리가 영혼의 구원만 받으면 정욕대로 살고, 방종하게 살아도 죄가 되지 않는다는 이상한 궤변을 낳는다. 이처럼 전인적인 구원의 이해가 왜곡될

---

11 ─── 권신찬,《믿음에서 믿음으로》(서울: 기독교복음침례회, 1988); 정동섭,《구원 개념 바로잡기》, 100쪽에서 재인용.

바이블 백신 1

때, 우리는 치명적으로 왜곡된 구원관에 빠지게 된다.

그렇다면 성경은 왜 굳이 '육적'인 것과 '영적'인 것을 나누는가? '육적'인 것과 '영적'인 것은 무엇을 의미할까? 성경, 특히 바울서신에서 '육신'은 인간의 연약함을 나타내는 동시에 창조주를 거역하고 죄의 지배를 받으려는 부패한 성향을 의미한다(롬 8:7).[12] 따라서 '육적'인 것은 하나님과 전적으로 끊어져 있는 상태를 의미한다. 반면 '영적'인 것은 하나님과 연결되어 있는 상태, 즉 성령의 통치 아래 있는 것, 혹은 그리스도 안에 있는 것을 의미한다.[13] 따라서 '육신의 생각'(8:7)은 하나님을 떠나 죄로 인해 부패한 총체적인 인간의 생각이다. 결코 성욕, 식욕과 같은 육체적인 욕망을 말하는 것이 아니라 전인적인 죄 된 욕망을 가리킨다. 따라서 사탄은 육체에 거하고 성령은 우리의 영에 거한다는 식으로 사람을 공간적으로 구분하여 성령과 사탄이 각각 거하는 장소를 설정하는 것은 바람직하지 않다. 그렇게 되면 구원도 '영의 구원', '혼의 구원', '육의 구원'으로 구분하게 되는데, 이것은 성경적이지 않다. 다음을 보라.

> 하나님이여 주는 나의 하나님이시라 내가 간절히 주를 찾되 물이 없어 마르고 황폐한 땅에서 내 영혼이 주를 갈망하며 내 육체가 주를 앙모하나이다(시 63:1)

여기서 다윗은 영혼과 육체가 모두 주님을 갈망하며 사모함을 호소하고 있다.

> 내 영혼이 여호와의 궁정을 사모하여 쇠약함이여 내 마음과 육체가 살아 계시는 하나님께 부르짖나이다(시 84:2)

여기서는 영혼, 마음, 육체가 하나님을 사모하며 부르짖음을 표현

---

12 ——— 양형주, 《평신도를 위한 쉬운 로마서》, 146.
13 ——— 제임스 던, 박문재 역, 《바울신학》 (서울: 크리스챤다이제스트, 2003), 644.

III. 인간론 백신

하고 있다. 이는 전인적인 구원을 바라는 인간의 하나님을 향한 전인적인 호소다. 또한 로마서 12장 1절은 우리의 몸을 하나님이 기뻐하시는 산제사로 드리는 것이 영적 예배라고 말씀한다.

이처럼 성경은 인간의 전적 타락, 전적 구원, 전적 성화를 말하고 있다. 우리는 그리스도께서 다시 오실 때까지 우리의 온 영과 목숨과 몸과 뜻과 힘을 다하여 전 존재를 흠 없게 거룩하게 보전시켜야 한다.

죄와 사망은 우리 안에 역사하여 우리에게 전인적인 사망을 가져오지만, 생명을 주시는 성령은 우리의 죽을 몸도 살리시는 전인적인 구원을 이루실 것이다(롬 8:11). 이러한 우리 몸의 부활 역사는 예수 그리스도께서 첫 열매가 되심으로 시작되었고, 우리에게도 이런 부활이 일어날 것이다(고전 15:20-23). 결국 '영적'인 역사는 우리의 영혼만을 위해 역사하는 것이 아니라 인간이 전인으로서 하나님의 통치 아래 풍성한 생명을 누릴 수 있게 역사한다.

성도에게 부활은 전인적 부활이다. 여기에는 삼분론에 기초한 괴상한 신인합일 혹은 영육합일의 교리는 들어설 여지가 없다. 한 성도의 정체성은 그의 영혼과 육체의 통합적인 전인으로 규정된다. 우리는 통합적인 전인으로 이 땅에 살고, 죽음 이후 우리의 영혼과 육체는 잠시 분리되지만, 종말에는 성령의 능력으로 우리의 영혼은 다시 영광의 부활의 육체를 입고 온전한 전인으로 영광 중에 영원히 살게 된다. 이 부활의 육체는 전혀 새로운 육체가 아니다. 예수 그리스도의 부활을 생각해 보라. 예수께서는 부활 후에 제자들에게 나타나셔서 손에 못자국과 허리의 창자국을 보여 주셨다(요 20:27). 예는 예수께서 전혀 새로운 몸이 아니라 십자가에 못 박혔던 자신의 육체로 부활하셨음을 의미한다.

만약 순교자의 영혼이 자신의 육체가 아닌 다른 성도의 육체로 부활한다면 그의 정체는 무엇일까? 순교자인가? 성도인가? 성경대로라면 순교자는 결국 자기의 육체로 온전한 전인으로서 부활한다.

성도는 이러한 전인으로서의 부활을 기대하며 전인적인 신앙생활을 해야 한다. 신령한 영적 생활을 한다고 육체를 괴롭게 하는 것은 올바른 신앙생활이 아니다. 육을 죽여야 한다고 우리의 육체를 힘들게 하고 폭력적인 안찰을 가해서는 안 된다. 복음은 우리의 영혼만이 아니라 전인에 관심을 갖는다. 우리의 영혼만 살리는 것이 아니라 가난한 자, 포로 된 자, 눈먼 자, 억눌린 자를 자유케 한다(눅 4:18, 요삼 1:2).

6) 중간 상태

인간은 죽음과 부활 사이에 중간 상태로 머무르게 된다. 이 상태는 궁극적인 영광의 부활을 기다리는 동안 머무르는 임시적인 상태로, 우리의 영혼이 육신을 떠나 낙원에서 주님과 함께 거하게 된다(고후 5:6-8). 예수 그리스도께서 재림하실 때 중간 상태에 있던 모든 성도는 주님과 함께 강림한다(살전 3:13).

어떤 이단들은 영혼의 중간 상태를 부인한다. 이들은 영혼과 육체는 분리될 수 없고(시 146:4), 육체가 죽으면 영혼도 죽는다(겔 18:4)고 주장한다. 이들은 살아 있는 사람이 영혼이라 주장한다. 하지만 이러한 주장은 성경의 문맥과 전체 흐름을 무시하는 지엽적이고 왜곡된 주장이다.

첫째, 우리의 몸은 죽어도 영혼은 죽지 않는다. 예수께서는 십자가에서 돌아가실 때 자신의 영혼을 하나님께 부탁하셨고(눅 23:46), 스데반 집사 또한 죽음 앞에 하늘 보좌 우편에 계신 예수 그리스도를 보고는 자신의 영혼을 받아달라고 기도했다(행 7:59).

둘째, 우리의 영혼은 육신과 분리되어 중간 상태에 들어간다. 이는 우리의 육신은 죽지만, 영혼은 주 예수의 날에 구원받기 위해서다(고전 5:5). 만약 우리의 영혼이 죽는다면, 영적 존재인 천사도 죽어야 한다.

셋째, 이들이 주장하는 영혼이 사람이라는 주장은 히브리어 네페쉬, 또는 프쉬케를 가리키는데, 성경에서는 불멸의 영을 의미하는 단어로 루아흐나 프뉴마를 사용한다. 이렇게 볼 때 이들이 주장하는 에스겔 18장 4절의 범죄하는 영혼이 죽는다는 표현에서의 '영혼'은 생명 혹은 목숨을 의미하는 '네페쉬'다. 따라서 이는 범죄하는 영혼이 아니라 범죄하는 '사람의 목숨'(공동번역)을 의미한다.

7) 영혼의 기원-유전, 선재, 창조

우리의 영혼은 어디서 오는 것일까? 이에 대해서는 크게 세 가지 입장이 있다.

A. 유전설

첫째, 유전설이다. 이는 인간의 영혼이 몸과 함께 혈통을 통하여 유전된다는 입장이다. 자녀가 부모의 유전자를 유전하는 것처럼, 인간의 영혼도 부모로부터 자녀에게로 유전된다고 주장한다. 초대교회 때는 테르툴리아누스, 니사의 그레고리우스 등이 주장했고, 루터도 이러한 입장을 지지하였다. 유전설을 지지하는 이유는 하나님이 아담의 코에 생기를 불어넣으신 이후 종의 전파는 인간에게 일임하셨기 때문이다. 이후 하와를 창조하실 때 하나님이 하와의 코에 별도로 생기를 불어넣으셨다는 언급이 없고, 아담과 하와를 창조하신 후에는 창조 사역을 중단하셨다(창 2:2).

하지만 유전설은 몇 가지 난점을 포함한다. 먼저, 영혼을 비물질적 실체로 이해하기 어려워진다. 만약 영혼이 유전된다면 이는 부모의 형질로부터 이어받는 무엇인가가 되고, 그렇게 되면 영혼이 아버지로부터 온 것인지 어머니로부터 온 것인지, 아니면 아버지와 어머니의 복합체로부터 온 것인지를 설명하는 데 어려움이 있다. 이는 만물의 기원을 유출로 설명하는 신플라톤학파와 그 이후의 영지주의자들이 주장하는 일종의 영혼유출설이 되기 쉽다. 둘째, 만약 영혼이 유전된다면, 이는 아담의 타락한 영혼이 유전되는 것이고, 영혼의 유전은 결국 죄의 유전설을 뒷받침하게 된다. 이러한 주장은 원죄를 설명하는 한 방식이 될 수 있다. 하지만 그렇게 되면 그리스도 또한 모친의 타락한 영혼을 유전받게 된다는 논리적 귀결에 이르게 되는데, 이렇게 되면 죄 없으신 그리스도의 인성을 설명하기 어렵게 만든다(히 4:15).

예수님 당시에도 영혼유전설의 영향을 받은 듯한 진술이 나온다. 제자들이 예수께 날 때부터 맹인 된 사람을 가리키며 '이 사람이 맹인으로 난 것이 누구의 죄로 인함이니이까' 하는 질문이다(요 9:2). 이 질문에는 날 때부터 맹인된 것이 출생 이전 부모의 죄 된 영혼으로 인한 것이라는 전제가 깔려 있다. 그러나 예수께서는 부모의 죄로 인한 것이 아니라 하나님이 그에게서 하시는 일을 나타내고자 하심이라고 단호하게 말씀하신다(9:3).

B. 선재설

둘째, 선재설이다. 이는 인간의 영혼이 모태에 잉태하기 훨씬 전부터 이미 천국에 존재하고 있었는데, 아기의 몸이 모태에서 자라기 시작하면서 하나님께서 천국에 있는 영혼을 아기의 몸과 결합하도록 보내신다는 입장이다. 이러한 영혼선재설은 플라톤 철학의 핵심을 이루는 이론이며, 이후 헬라 철학의 영향을 받은 필로나 교부 알렉산드리아의 오리게네스 등은 이러한 선재설을 받아들였다. 오리게네스에 따르면 하나님은 처음 세상을 창조하실 때 인간의 영들을 포함한 수많은 영혼을 창조하셨다. 하지만 태어나기 전에 이러한 영들은 자유의지로 하나님께 반역하였고, 이에 상응하는 처벌로 각 영들은 물질적 육체를 수여받았다.[14] 이는 헬라 철학에 영향받은 영지주의의 관점과도 유사하다. 영지주의적 관점에 따르면 인간의 영혼은 천사와 같은 영적 존재였지만, 죄를 지어 그 벌로 인간의 육체 안에 들어가 살도록 쫓겨났다. 이렇게 볼 때 인간의 원죄는 선재하는 영혼에서 오게 된다. 한편 이러한 영혼선재설은 힌두교의 윤회설과도 유사하다. 윤회설은 영혼의 전생을 인정한다.

이러한 영혼선재설은 오늘날 여러 단체에서 차용하는 교리다. 예를 들어 일부다처를 주장하는 종파의 경우, 하나님이 창조하신 선재하는 영혼들은 몸으로 옷을 입을 때까지 쉬지 못하는 영들로 남아 있다. 아기를 많이 출생할수록 하나님이 창조하신 영혼들이 인간이 될 기회가 많아진다. 따라서 남자가 능력만 있다면 아내를 많이 두어 더 많은 아기를 낳는 것을 선한 일로 본다. 그리고 이러한 선한 일을 많이 할수록 더 덕스러워진다.

영혼선재설은 몸의 가치를 악화시킨다. 원래 영혼은 몸 없이 존재했던 것이 되고, 몸은 후에 죄의 징벌로 어쩔 수 없이 부여받은, 우리의 영혼을 가두는 거추장스러운 육체로 전락한다. 인간의 영혼은 결국 몸에서 벗어나야 완전한 존재가 되는데, 이는 영육통일체로서의 인간 존재를 부인하게 한다. 또 어떤 단체는 우리가 천사였다가 죄를 짓고 추방되어 지상에서 태어났다고 주장하며, 이 땅에 태어나기 이전에 태초부

---

14 ──── 라은성, "초대교회 변증가들(4)-오리겐(下)", 크리스천투데이, 2006. 2. 14.

터 있던 영혼의 생이 곧 전생이라고 주장한다. 하지만 성경은 죄와 사망의 기원을 아담의 죄에 두고 있다(롬 5:12). 아담 이전의 영혼의 존재를 주장하는 것은 성경적 근거가 없다.

C. 창조설

셋째, 창조설이다. 이는 하나님께서 사람의 영혼을 창조하셨다는 입장으로 아퀴나스, 칼뱅 등이 주장했으며, 벌코프, 찰스 하지 등의 개혁신학자들이 지지한다. 하나님께서는 협력 사역을 통해 남녀의 부모를 통하여 창조 활동을 계속해서 행하신다. 사람을 모태에서 조성하시고(시 139:13), 사람 안에 심령(히. 루아흐)을 지으셨다(슥 12:1). 하나님은 땅 위에 백성에게 호흡을 주시며 땅에 행하는 자에게 영을 창조하시고, 주시는 분이다(사 42:5, 57:16, 렘 38:16, 전 12:7). 히브리서는 하나님이 영들(헬. 프뉴마)의 아버지라고 진술한다(히 12:9). 창조설은 그리스도가 여자로부터 출생하셨으나 그의 인성에 죄가 없음을 적절하게 지지해 준다. 또한 인간의 구성에 대한 영혼과 육체의 이분설의 이해를 돕는 유익이 있다.

8) 영혼은 멸절하는가

정통 교리에서는 영혼을 불멸의 존재로 믿는 반면, 어떤 이단은 사람의 육체가 죽으면 인간의 영혼도 멸절되어 사라진다고 주장한다. 이들은 '영혼'을 뜻하는 히브리어 '네페쉬' 혹은 헬라어 '프쉬케'는 사람이나 동물이 누리는 생명을 의미한다고 주장한다. 또한 '영'은 히브리어 '루아흐', 헬라어 '프뉴마'로 모든 생물을 살아 있게 하는 보이지 않는 힘(생명의 기운)을 가르킨다.[15] 따라서 생명을 의미하는 네페쉬는 죽음과 함께 소멸하게 된다는 것이다. 이들이 근거로 삼는 성경은 다음과 같다.

그의 호흡(루아흐)이 끊어지면 흙으로 돌아가서 그 날에 그의 생각이 소멸하리로다(시 146:4)

---

15 ——— 워치타워성서책자협회, 《성서는 실제로 무엇을 가르치는가?》 (Pennsylvania, 2007), 210.

바이블 백신 1

주께서 낯을 숨기신즉 그들이 떨고 주께서 그들의 호흡(루아흐)을 거두신즉 그들은 죽어 먼지로 돌아가나이다(시 104:29)

모든 영혼이 다 내게 속한지라 아버지의 영혼이 내게 속함 같이 그의 아들의 영혼도 내게 속하였나니 범죄하는 그 영혼(네페쉬)은 죽으리라(겔 18:4)

이 말씀들에 따르면 살아 있는 사람이 영혼이며, 이는 즉 생명을 의미하기에 인격적인 것이 아닌 생명의 힘 또는 기운이다. 이 생명은 죽음과 함께 소멸한다는 것이다. 우리는 이를 어떻게 이해해야 할까?

먼저, 영혼을 의미하는 원어에 대한 이해가 필요하다. '네페쉬' 혹은 '프쉬케'는 종종 사람의 '목숨', 또는 '생명'을 의미하는 단어이고, '루아흐'는 '호흡', '숨결'을 의미한다. 따라서 '범죄하는 그 영혼'(네페쉬, 겔 18:4)이란 '범죄하는 사람의 목숨'을 의미하며, '호흡이 끊어지면'(시 146:4, 참조 104:29)이란 영혼이 소멸되는 것이 아니라 '숨'(공동번역)이 끊어진다는 뜻이다.

둘째, 성경은 종종 사람에게 있는 '루아흐' 또는 '프뉴마'가 사람의 몸에서 분리되어 존재함을 말하고 있다(시 31:5, 눅 23:46, 행 7:59, 고후 5:8-9).

셋째, 성경은 하나님은 영(프뉴마)이시고(요 4:24), 성령도 '프뉴마'이며(마 3:16), 천사도 영(프뉴마)이고(히 1:14), 악신도 '루아흐'인 것을 보면(삼상 16:23), '루아흐'나 '프뉴마'는 불멸의 인격적 존재를 의미한다.[16]

넷째, 따라서 사람의 영(루아흐, 프뉴마) 또한 불멸의 인격적 존재를 가리킨다. 고린도전서 5장 5절은 '육신은 멸하고 영(프뉴마)은 주 예수의 날에 구원을 받게 하려 함이라'고 말씀한다. 우리의 영은 육신의 죽음과 함께 사라지지 않고 존재한다.

다섯째, 만약 영(프뉴마, 루아흐)이 죽는다면, 천사, 마귀, 성령, 하나님도 다 소멸해야 한다는 말인가? 말이 되지 않는 주장이다.

---

16 —— 정운기, "여호와의 증인 주요 교리 비판과 반증(1)", 기독교포털뉴스, 2014. 1. 13.

2.3 인간의 사명 - 창조언약

하나님께서 사람을 창조하신 것 못지않게 중요한 것이 인간과 어떤 관계를 맺으시느냐 하는 것이다. 하나님은 인간을 창조하시고 인간에게 다가오셔서 '언약'을 체결하심으로 관계를 맺으셨다. 성경에는 인간의 타락 이전에 하나님이 인간과 맺으신 창조언약을 비롯하여, 타락 이후 아담과 맺으신 아담언약, 노아언약, 아브라함언약, 모세언약, 다윗언약, 새 언약 등이 등장한다.

이러한 언약은 고대 근동에서 흔히 행해지던 크게 두 가지 언약 양식 패턴을 따른다.[17] 고대 근동에서는 종주(강대국의 왕)와 봉신(약소국의 왕) 사이에 맺는 일종의 국제조약인 종주권 조약과 종주가 봉신에게 특정한 계약조건 없이 일방적으로 복과 상을 주겠다는 후원자 언약이 있다. 종주권 조약은 크게 여섯 단계의 절차를 거쳐 체결된다.

① 종주가 봉신에게 자신이 누구인지를 밝히는 전문
② 종주가 봉신에게 과거에 행했던 일들을 진술하는 역사적 서언
③ 봉신이 해야 할 의무사항을 기록한 의무조항
④ 의무조항의 순종 불순종 여부에 따른 상벌 규정
⑤ 증인 채택
⑥ 계약서 작성과 낭독

하나님께서 아담과 하와를 처음 만드시고 이들을 방치하지 않으셨다. 하나님께서는 이들에게 다가오셔서 언약을 맺으셨다. 물론 창세기에는 하나님과 아담과의 관계가 언약관계임을 명시하지는 않지만, 호세아 6장 7절은 아담이 하나님과 언약관계에 있었음을 분명하게 보여주고 있다. 또 하나님께서 홍수로 세상을 심판하시기 전 노아에게 찾아오셔서 그와 하나님의 언약(히. 쿰)을 세우겠다고 말씀하신다. 여기서 '언약'에 사용된 단어 '쿰'은 기존에 있던 언약을 새롭게 할 때 쓰는 용

17 ──── 이에 관한 구체적인 설명은 메레디스 G. 클라인, 김의원 역, 《성경의 권위의 구조》 (서울: 크리스챤다이제스트, 1994), 25쪽 이하를 참조하라.

어다. 새로운 언약을 체결할 때는 '카라트'를 사용한다. 따라서 성경은 아담과 하나님 사이의 새로운 언약관계를 분명하게 전제하고 또 명시하고 있다.

창세기 1–3장에 나오는 언약 체결의 과정은 다음과 같다.

①전문과 역사적 서언(창 1:1–2:15)에서는 하나님이 창조주시며, 아담을 위해 천지만물을 창조하시고 아담을 지으셨음을 진술한다.

②의무조항(창 1:28, 2:15–17)에서는 하나님이 아담에게 주신 의무사항을 진술한다.

③상벌조항(창 2:17)에서는 선악과를 먹을 경우 죽을 것을 경고한다.

이렇게 볼 때 하나님은 아담과 일종의 언약관계를 체결하셨음을 알 수 있다. 이렇게 아담이 하나님과 맺은 언약을 가리켜 '창조언약'이라 한다. 이를 '행위언약', '에덴언약', '생명언약', '자연언약' 등으로 부르기도 한다. 특별히 이 언약을 '행위언약'이라고 부르는 이유는 이 언약이 타락 이전에 아담의 순종 행위를 전제로 한 조건적인 언약이기 때문이다.

언약 체결의 당사자는 대표성을 띤다. 종주는 강대국을 대표하여, 봉신은 약소국을 대표하여 조약을 체결한다. 창조언약에도 이러한 대표성이 나타난다. 언약을 체결하는 아담은 아담 개인으로서가 아니라 장차 아담과 하와를 통해 나올 인류의 대표로서 언약을 체결한 것이다. '아담'이라는 히브리어는 특정한 이름을 지칭하는 고유명사만이 아니라 '인류' 혹은 '인간'을 의미하는 보통명사의 의미도 들어 있다. 따라서 아담의 순종 또는 불순종은 이후의 모든 인류에게 지배적인 영향력을 끼친다.

창조언약 가운데 나타난 인간의 의무는 무엇인가?

첫째, 하나님의 형상을 지닌 사람으로서의 사명, 즉 왕적, 제사장적, 선지자적 사명을 감당하는 것이다. 이에 대해서는 앞서 설명했다.

둘째, 좀더 구체적인 의무가 있는데 이는 선악과를 먹지 말아야 할 의무다(창 2:16–17). 이는 아담에게 허락하신 왕, 제사장, 선지자의 사명을 온전히 순종하는지를 알아볼 수 있는 명령이다. 하나님은 동산의 각종 나무 실과는 마음껏 먹으라고 적극 허락하셨지만, 선악과는 하나님께서 금하셨다. 이는 우리의 자유의지로 우리가 하나님 앞에서 한계 있는 피조물이고, 하나님께 순종해야 할 존재임을 인정해야 할 의무를 의미한다.

하나님의 창조언약은 인간에게 자유의지를 통하여 순종 불순종 사이에서 순종을 선택할 것을 요청한다. 창조언약에는 순종을 통한 장래의 더 좋은 상과 불순종을 통한 치명적인 죽음이 열려 있다.

만약 아담이 하나님의 계명을 순종했다면, 영원한 생명, 즉 영생을 얻었을 가능성이 크다. 이유는 에덴 동산에 있었던 '생명나무' 때문이다. 하나님께서는 아담의 불순종 이후 '생명나무의 열매를 먹고 영생'할 가능성을 언급하신다(창 3:22). 에덴 동산에 있던 생명나무는 영생을 주는 열매였던 것이다. 이는 아담이 부여받은 자연적 생명 상태 가운데 온전한 순종을 이루었다면 장차 상급으로 영생을 얻었을 가능성을 추론하게 한다. 아담이 영생을 얻었다면 그의 생명은 이후의 인류에게도 혜택을 가져다주었을 것이다. 하지만 아담의 범죄로 인하여 비록 우리는 영생 얻은 첫 사람 아담의 상태를 보지 못하였지만, 예수 그리스도의 부활을 통하여 짐작할 수 있다. 첫 사람 아담이 생령이었다면, 마지막 아담이신 그리스도는 살려주는 영이 되었다(고전 15:45). 아담이 흙에 속한 육의 사람이었다면 그리스도는 하늘에 속한 신령한 사람이 되었다(15:46-47). 이 그리스도를 믿는 우리는 아담의 타락으로 육에 속하여 죽을 인간이지만, 그리스도 안에서 부활의 소망을 가지고, 부활의 그리스도와 같은 신령한 몸을 입고 영생을 맛볼 것이다(15:49-53).

한편 아담의 불순종은 인간이 처음 창조된 상태보다 더 치명적인 상태, 곧 죽음에 이르게 하였다. 아담의 불순종은 첫째, 하나님과의 관계를 단절시켜 영혼의 죽음에 이르게 하였다. 둘째, 우리의 육체도 죄로 말미암아 영원히 살지 못하고 늙고 쇠하여 영혼과 분리를 경험한다. 셋째, 분리된 영혼은 하나님을 떠나 음부에 떨어진다. 넷째, 이후 예수께서 재림하실 때 모든 사람이 다시 살아나 영혼과 육체가 결합한 이후 영원한 죽음을 맛보게 된다(요 5:29, 계 20:13-15).

3. 죄 가운데 있는 인간

세상에 존재하는 악의 기원과 죄에 대한 문제는 완전한 이해가 불가능한 신비다. 마치 우리가 하나님에 대하여 완전히 알 수 없는 것과 마찬가지다. 우리는 성경이 하나님에 대하여 계시하는 만큼만 알 수 있다. 이는 죄의 문제에 있어서도 마찬가지다. 우리는 악의 기원과 죄에 대하여 모든 것을 알 수 없다. 단, 성경이 계시하는 만큼까지만 알 수 있다. 이 문제에 관하여서도 우리는 성경이 말씀하는 부분과 침묵하는 부분을 사려 깊게 존중하고 분별해야 한다. 성경이 침묵하는 부분을 우리의 작위적인 상상력을 동원하여 추론하고 짐작하다 보면 자칫 성경과 다른 이단적 가르침에 빠지기 쉽다.

3.1 죄란 무엇인가

1) 죄란 무엇인가

첫째, 죄는 하나님을 반대하는 것이다. 하나님은 온 우주만물과 인간을 창조하신 분이다. 피조물인 인간은 마땅히 하나님을 창조주로 인정하고 그에 합당한 찬양과 경배를 드리며, 하나님을 사랑하고, 신뢰하고 순종해야 한다. 그런데 인간이 하나님을 창조주로 인정하지 않고, 그에 합당한 영광을 돌리지 않고, 믿지 않고 사랑하지 않고 하나님을 저버리고 떠나 불순종하면, 이것이 곧 죄다. 이런 면에서 죄는 관계적 용어다. 죄는 하나님과의 관계가 어그러지고 파괴되는 것에 본질적인 특징이 있다.

둘째, 죄는 구체적으로 하나님의 법을 어기는 것이다. 하나님의 뜻은 인간에게 주신 하나님의 계명에 잘 나타나 있다. 이 법의 핵심은 하나님을 사랑하고, 이웃을 사랑하는 것이다. 사람이 하나님의 계명과 그것에 나타난 하나님의 뜻을 행동과 태도와 본성으로 거부할 때 이것이 곧 죄다.

셋째, 죄는 온 인류로 그 아래서 신음하게 하는 하나의 인격적 권세(power)다. 이런 인격적이고도 지배적인 세력으로서의 죄는 세상에 들어와(롬 5:12) 사람을 넘어뜨리기 위해 웅크리고 있으며(창 4:7), 사망

안에서 혹은 사망을 수단으로 군림하며(롬 5:21), 사람을 종으로 삼아 지배하거나 다스린다(참조 롬 6:12, 14). 사람은 죄에 종노릇한다(롬 6:20). 죄는 어떻게든 기회를 잡아 연약한 인간성 내에 교두보를 마련하려 한다(7:11). 이런 죄는 인간이 하나님의 영광을 위하여 지향해야 할 목표를 끊임없이 빗나가게 만드는 세력이자, 피조성(creatureliness)과 하나님에 대한 의존성을 잊게 만드는 권세요, 인간으로 하여금 그 참된 본성을 인식하지 못하도록 가로막으며 아담을 속여서 스스로 하나님과 같다고 생각하게 만들고 그리하여 자신이 흙에 불과하다는 것을 깨닫지 못하도록 만드는 권세다.[18]

2) 죄를 가리키는 성경의 용어

죄를 가리키는 가장 대표적인 용어는 구약에서는 히브리어 '하타트'(창 4:7, 출 10:17, 레 4:3, 시 25:7, 사 3:9), 신약에서는 헬라어로 '하마르티아'(마 1:21, 요 1:29, 행 2:38, 롬 3:9, 계 1:5)다. 둘 다 '표적을 빗나가는 것'(missing the mark)을 의미한다. 화살이 표적을 향하여 날아가는데 이것이 빗나간다. 하나님이 세우신 표적을 맞추지 못하고 빗나가는 것이다. 이러한 정의는 크게 두 가지 함의를 내포하고 있다.

첫째, 죄의 불법성이다. 표적을 빗나가는 것은 법에서 빗나간 불법성을 의미한다. 그래서 성경에는 이러한 의미를 강조하기 위해 이와 유사한 여러 용어를 사용한다. '불법'(헬. 아노미아)이란 용어(마 7:23, 롬 4:7, 살후 2:7, 딛 2:14, 히 1:9), 또 이와 유사한 '범법'(헬. 파라바시스, 히. 아바르)이란 단어도 사용한다(롬 2:23, 4:15, 5:14, 갈 3:19, 히 2:2, 민 14:41, 신 17:2, 렘 34:18, 단 9:11). 의로운 기준에 미치지 못하는 행위를 의미하는 '불의'(헬. 아디키아)란 단어도 사용한다(롬 1:18, 히 8:12, 요일 1:9). 이외에도 불경건(헬. 아세베이아, 롬 1:18, 11:26, 딤후 2:16, 딛 2:12, 유 15, 18), 불순종(헬. 아페이데이아, 롬 11:30, 32, 엡 2:2, 5:6 골 3:6, 히 4:6, 11) 등의 용어도 사용한다.

둘째, 죄의 권세(power)다. 하마르티아, 즉 죄는 날아가는 화살의 방향을 바꿀 만큼의 강력한 힘이 있음을 의미한다. 그렇다면 그 힘의 권

---

18 ──── 제임스 던, 박문재 역, 《바울신학》, 188–189.

바이블 백신 1

세는 어디서 왔는가? 놀랍게도 성경은 이 권세의 기원에 대하여 그다지 주의를 기울이지 않는다. 권세로서의 죄를 가장 많이 언급하는 로마서(48회)의 경우도 그렇다. 로마서는 인간 존재 안에 침투한 죄의 현실에만 온전히 주의를 기울인다. 죄는 세상에 들어왔고(롬 5:12) 살아서 꿈틀댄다(7:9).

3.2 죄의 기원

1) 죄의 기원과 본질-자유의지의 남용

인류의 죄는 하나님이 사람에게 주신 자유의지를 잘못 사용한 결과로 초래되었다. 죄는 하나님에게서 난 것도 아니고, 사탄에게서 난 것도 아니다. 물론 인간의 타락 이전에 영적 피조물인 사탄이 하나님을 반역한 죄가 있었다. 하나님을 반역한 타락한 천사는 뱀을 통하여 인간을 유혹했다(창 3:1-5, 참조 계 12:9, 민 22:28-30, 막 5:1-15). 물론 사탄의 유혹은 간교했다. 하나님이 주신 창조언약의 말씀을 살짝 비틀어 그 방향을 왜곡시켰다. 이처럼 유혹의 시작은 하나님을 아는 지식을 공격함으로 시작된다. 그래서 성경은 무지(헬. 아그노이아)를 죄의 원인으로 지목하기도 한다(행 3:17, 엡 4:18, 벧전 1:14). 하지만 인간이 유혹에 넘어가 하나님께 불순종한 것은 인간이 불완전해서가 아니다. 이것은 인간의 자유의지를 남용한 결과다. 인간은 자신의 자유로운 의지의 선택으로 하나님처럼 되고자 하나님의 계명을 적극적으로 불순종했고, 범죄하고 말았다. 죄는 옳고 그름의 도덕적 기준을 흔든다. 나아가 죄는 인간에게 피조물의 위치를 넘어가도록 유혹한다. 하나님을 섬기는 것이 아니라 자신이 하나님처럼 되고자 선택하는 것, 이것이 치명적인 죄의 핵심이다. 아담이 범죄한 것의 핵심은 형식적으로는 선악과를 따먹은 것이었지만, 그 내용의 핵심은 하나님의 계명에 불순종하여 창조언약을 깨뜨린 것에 있다.

3.3 죄의 구분

죄는 크게 원죄(original sin)와 자범죄(actual sin)로 나눈다.

1) 원죄

인류의 조상이자 언약의 대표인 아담의 불순종으로부터 생겨난 죄로, 인간이 태어날 때부터 인간의 생명 안에 현존하며, 인간의 삶을 오염시키는 모든 실제적인 죄들의 내적 뿌리가 된다.

원죄는 크게 세 가지 특징을 갖는다.

첫째, 죄책(guilt)이다. 죄책이란 죄에 대한 법적 책임과 형벌적 책임을 말한다. 인류는 아담의 최초의 범죄로 인하여 법적으로 연대되어 정죄받아 죄의 책임을 진다. 대표자 한 사람의 범죄로 많은 사람이 정죄에 이르게 되었고(롬 5:16, 18), 한 사람의 불순종으로 많은 사람이 죄인이 되었다(5:19). 인류의 대표인 아담의 범죄로 인류 모두가 함께 범죄하여 죽음이라는 법적 책임과 형벌의 책임을 지게 되었다(5:12).

둘째, 오염(pollution)이다. 오염이란 아담의 본성이 타락하여 아담의 영혼과 육체 전부가 오염되고 부패된 것을 말한다. 하나님은 아담에게 선악과를 먹는 날에는 반드시 죽을 것이라 명령하셨다. 이는 일종의 언약이다. 이 언약을 깨뜨리면, 언약조항에 있는 것처럼 죽음이 아담과 그 후손인 인류 모두에게 찾아온다. 이것이 아담 아래 있는 모든 인류에게도 고스란히 영향을 끼쳐 사람은 하나님과의 언약적 관계가 깨어진 상태로 부패한 육체의 본성을 갖고 태어나게 되었다(시 51:5, 창 6:5, 창 8:21, 욥 14:4, 엡 2:3). 여기서 '육체'란 죄로 인해 부패한 총체적인 인간의 실존으로, 하나님을 떠난 이기적인 자기중심성을 갖는 상태를 말한다. 이것을 '원오염'(original pollution)이라고도 한다. 사람은 이러한 원오염으로부터 중생, 즉 다시 태어나야 한다(요 3:3).

원오염은 부패의 정도와 범위의 측면에서 '전적 부패'(total depravity)라 한다. 즉, 인간은 육체와 영혼 모두가 죄로 인하여 부패하였고, 영혼의 지성, 감정, 의지의 모든 기능이 오염되었다(롬 7:18-23, 8:7, 엡 4:18).

또한 원오염을 인간의 능력에 끼친 효과 면에서 전적 무능력(total inability)이라고 부른다. 이는 인간이 선을 행할 수 있는 능력이 전적으로 결여되어 어떤 선도 행할 수 없다는 뜻이 아니다. 인간은 어느 정도의 선을 행할 수 있다. 하지만 여기서 요구하는 것은 하나님이 요구하시는 기준에서의 완전한 선이다. 인간의 능력으로는 하나님이 요구하시는 수준의 선을 행할 수 없다. 부패한 마음을 가진 이기적인 우리는 하나님을 전심으로 사랑할 수 없을 뿐만 아니라, 하나님의 법을 온전히 지킬 수도 없다. 우리의 행위로 우리 자신을 구원할 수 없고, 하나님께 나아갈 수 없다(요 6:44, 8:34, 롬 7:18).

셋째, 인격적 권세로서의 죄다. 원죄는 인류에게 죽음을 가져다주었고, 사망 안에서 인류에게 왕노릇하기 시작하였다(롬 5:17, 21). 아담 안에 범죄한 모든 인간은 하나님과의 언약관계가 깨어진 이후 죄의 권세와 영향 아래 휘둘리며 죄의 통치하에 살게 되었다(엡 2:2, 골 1:13). 에베소서 2장 3절은 우리가 '본질상 진노의 자녀'였다고 한다.

2) 자범죄

자범죄란 원죄로 인하여 전적으로 부패하여 선을 행할 수 있는 능력을 상실한 모든 사람들이 살아가면서 실질적으로 짓는 죄를 말한다. 부패한 인간은 하나님을 떠나 자기를 사랑하고, 세상을 사랑하여 온갖 개인적인 죄와 사회, 정치, 경제, 문화적인 구조악을 만들어 낸다. 여기에는 예외가 없다. 다 죄로 치우쳐 함께 더러운 자가 되고 선을 행하는 자가 없으니 하나도 없다(시 14:3). 범죄치 아니한 사람이 없고(왕상 8:46), 죄로부터 깨끗하다 할 수 있는 인생이 없으며(잠 20:9), 하나님 앞에 의로운 인생이 하나도 없다(시 143:2). 인식적인 측면에서 불신자의 경우 원죄는 인지하지 못하고 부정하는 경향이 있지만, 자범죄의 경우는 삶 가운데 경험하는 것이기에 불신자도 인정하는 죄다. 의인은 없나니 하나도 없기에(롬 3:8-9), 모든 사람이 죄를 범하여 하나님의 영광에 이르지 못했다(3:23).

모든 자범죄는 하나님 앞에 심판받지만(갈 3:10, 참조 신 27:26), 성경은 죄의 심각성에 따라 치명적인 죄와 상대적으로 덜한 죄를 구별한다.

첫째, 영혼의 죄와 몸의 죄다. 인간의 근본적이고도 치명적인 영혼의 죄는 '교만'이다. 교만은 하나님께 대한 불순종이고 반역이며, 대적하는 것이다. 우리 몸을 통해 오는 육신의 정욕으로 인한 죄, 즉 간음과 쾌락과 같은 것들은 부차적이다. 하나님은 '하나님을 알되 하나님을 영화롭게도 아니하며 감사하지도 아니하고 오히려 그 생각이 허망하여

지며 교만하여진' 이들을 육체적인 정욕에 두셨고(롬 1:21, 24), 이로 인해 사람은 온갖 불의, 추악, 탐욕, 각종 음란 및 성적 타락, 시기, 살인, 분쟁, 사기, 악독으로 가득하게 되었다(1:26-31).

예수께서는 예수님을 거부했던 교만한 대제사장과 바리새인들과 정욕에 빠졌던 세리와 창녀를 비교하시며, 이들이 대제사장과 바리새인들보다 먼저 천국에 들어가리라고 하셨다(마 21:31-32). 이는 하나님에 대한 반역과 불순종이 몸의 죄보다 더 근원적이고 치명적이기 때문이다.

둘째, 지식이 있는 사람과 지식이 없는 사람의 죄다. 구약성경은 알고도 지은 죄와 부지중에 모른 채로 지은 죄를 구분한다(레 4:22, 27, 5:2-3, 17-18, 민 15:29-31). 부지중에 지은 죄는 사함을 받지만, 알고도 지은 죄는 하나님의 치명적인 심판을 예고한다(신 29:19-21, 렘 11:6-8). 이는 신약에서도 마찬가지다. 예수께서는 주인의 뜻을 알고도 그 뜻대로 행하지 아니한 종은 많이 맞을 것이요, 알지 못하고 행한 종은 적게 맞으리라고 말씀하셨다(눅 12:47-48). 이런 맥락에서 예수께서는 심판 날에 복음을 듣고도 거부한 이스라엘 성읍보다 소돔과 고모라 땅이 견디기 쉬우리라고 말씀하셨다(마 10:15). 또한 로마 총독 빌라도 앞에서 '나를 네게 넘겨 준 자', 즉 대제사장의 죄가 자신에게 십자가형을 선고하는 빌라도의 죄보다 더 크다고 말씀하셨다(요 19:11). 이처럼 알고도 지은 죄는 더 크고 심각하고 치명적이다.

이런 면에서 바울 또한 지식이 없는 경우 죄의 심각성이 줄어듦을 다음과 같이 진술했다. '내가 전에는 비방자요 박해자요 폭행자였으나 도리어 긍휼을 입은 것은 내가 믿지 아니할 때에 알지 못하고 행하였음이라'(딤전 1:13).

셋째, 고의적인 죄와 고의성이 없는 죄다. 성경은 고의성이 없는 우발적인 죄와 고의성을 갖고 의도적으로 저지른 죄를 구별한다. 민수기 15장 30-31절은 고의적인 범죄에 대하여 다음과 같이 선언한다.

본토인이든지 타국인이든지 고의로 무엇을 범하면 누구나 여호와를 비방하는 자니 그의 백성 중에서 끊어질 것이라. 그런 사람은 여호와의 말씀을 멸시하고 그의 명령을 파괴하였은즉 그의 죄악이 자기에게로 돌아가서 온전히 끊어지리라(민 15:30-31)

고의적인 죄에 대한 하나님의 선언은 엄격하다. 백성 중에 끊어질 것이다! 이런 죄는 속죄제사를 드리는 것에 대한 언급이 없다. 반면 고의성이 없는 죄에 대해서는 회개와 속죄의 가능성이 열려 있다. 대표적으로 다윗이 밧세바와의 간음으로 범죄하였을 때, 다윗은 하나님께 금식하며 용서를 구하고, 하나님은 이런 다윗을 용서하셨다.

고의성이 없는 살인에 대하여 하나님의 자비를 드러내는 대표적인 것이 바로 도피성 제도다. 하나님은 이스라엘 전역 여섯 곳에 도피성을 설치하여 부지중에 의도치 않은 살인에 대하여 목숨을 건질 수 있도록 하셨다(민 35:11-15). 반면 명백한 고의성이 보이는 경우, 하나님은 긍휼의 기회를 허락하지 않으셨다. 다음을 보라.

만일 미워하는 까닭에 밀쳐 죽이거나 기회를 엿보아 무엇을 던져 죽이거나 악의를 가지고 손으로 쳐죽이면 그 친 자는 반드시 죽일 것이니 이는 살인하였음이라 피를 보복하는 자는 살인자를 만나면 죽일 것이니라(민 35:20-21)

이처럼 악이 내포되어 있음을 충분히 알면서도 고의적으로 범한 죄는, 무지나 상황에 대한 잘못된 개념이나 성품의 연약함에서 비롯한 죄보다 훨씬 크고 가증스럽다.[19]

넷째, 죄에 빠진 정도에 따라 심각성을 구별한다. 죄는 겉으로 드러나는 행동 이전에 먼저 우리 내면의 정욕을 통해 역사하려 한다. 먼저 욕심에 끌려 미혹되고, 미혹된 상태에서 욕심이 내면에 자라고 잉태하여 죄를 산출하고, 이 죄가 장성하여 사망을 낳는다(약 1:14-15). 내면에 품는 악도 악하지만 이것이 외부로 표출되는 것은 더욱 악하다.

예수께서는 형제에 대하여 노하는 것과, 여기에 더하여 욕설을

---

19 ──── 루이스 벌코프, 《조직신학 (상)》, 471.

하는 것과, 더 나아가 경멸의 표현을 하는 것에 대한 점증적인 심판의 엄중함을 말씀한다(마 5:22). 음욕을 품는 것도 악한 것이지만, 음욕을 품고 간음의 행동으로 나아가는 것은 더 악한 것이다(5:28).

하나님께서는 동생 아벨을 향해 시기와 분노의 마음을 품고 있는 가인에게 말씀하셨다. '…죄가 문에 엎드려 있느니라 죄가 너를 원하나 너는 죄를 다스릴지니라'(창 4:7). 하나님은 가인에게 마음에 있는 악에 굴복하지 말고, 죄를 다스리라고 말씀했다. 죄에 굴복하고 우리를 죄의 지배에 내어 줄 때 우리는 더 심각한 죄에 빠져든다.

3) 죄와 범죄

일부 이단은 죄를 원죄와 자범죄로 구분하는 대신 '죄'와 '범죄'로 구분한다. '죄'는 원죄와 자범죄를 모두 포함하는 것이고, '범죄'는 우리의 육에 죄가 있는 상태로 나타나는 증상을 말한다. 즉 죄와 죄에 따른 증상이 있다는 것이다. 우리는 증상에 집중하지만, 증상은 원인을 처리하면 자연스럽게 해결된다. 따라서 본질적으로는 원죄와 자범죄를 모두 포함한 '죄'의 문제를 해결하는 것이 중요하다. 이들은 예수님이 십자가를 지시고 우리의 모든 죄를 사하셨기 때문에, 원죄가 존재론적으로 사라졌다고 주장한다.[20] 죄가 존재론적으로 사라졌기 때문에, 이제 이것을 깨닫는 순간 우리는 죄 없는 의인으로 거듭나고 더 이상 죄가 존재하지 않게 된다. 그러니 자범죄 같은 것도 없고, 더 이상 회개할 필요도 없다는 것이다. 따라서 이들은 범죄에 대한 죄책감을 없애 버린다. 원죄가 사려졌기 때문에 더 이상 정죄함이 없고, 죄의 증상이 나타나지 않는다는 것이다. 이들에게 구원받은 증거는 죄책감이 사라진 것이다. 왜? 그리스도 안에 있으면 정죄함이 없기 때문이다. 따라서 죄책감을 가지면 아직 구원받지 못했다는 증거요, 죄 사함 거듭남의 비밀을 아직 온전히 깨닫지 못했다는 증거다. 이런 비틀린 복음은 교도소 제소자들에게 큰 인기를 끈다. 이들은 요한일서 1장 9절을 자신들의 주장을 합리

---

20 ——— 정동섭, 《구원 개념 바로잡기: 구원파 교리에 대한 성경적 비판》 (서울: 새물결 플러스, 2015), 88.

화시키기 위해 왜곡한다.

> 만일 우리가 우리 죄를 자백하면 그는 미쁘시고 의로우사 우리 죄를 사
> 하시며 우리를 모든 불의에서 깨끗하게 하실 것이요(요일 1:9)

여기서 죄는 아담으로 인해 범죄했던 원죄를 포함하며, 자신들은
원죄를 자백하여 용서함 받았기 때문에 모든 불의해서 깨끗해졌다고
한다(히 9:12, 10:12-14, 10:18). 죄가 사라졌기 때문에 더 이상 죄의 증상이
나타나지 않는다. 따라서 자범죄를 짓지 않는다고 주장한다. 어떻게 이
런 주장이 가능할까?

그것은 예수님이 십자가에서 율법을 폐지하셨기에 자신들이 구
원을 받았다고 주장하기 때문이다. 이들은 로마서 7장 1-4절을 인용
하여 율법이 폐기되었기 때문에 더 이상 죄로 정죄할 기준이 사라진다
고 주장한다. 따라서 죄 사함을 받으면 더 이상 정죄함이 없다고 한다.

그러나 과연 율법이 폐기되었을까? 그렇다면 예수께서 율법을 폐
하러 온 것이 아니라 완전케 하되 율법의 일점일획이라도 반드시 없어지
지 않고 다 이루리라고 하신 말씀은 무슨 의미일까?(마 5:17-19).

예수께서 오셔서 우리에게 구원을 주시고, 보다 율법을 보다 완전
하게 성취하도록 하셨다. 이를 위해 우리를 위해 십자가에서 우리를 위
한 화목제물이 되셔서 죄의 문제를 완전히 해결하셨다. 따라서 이전에
불완전하게 죄 문제를 해결하던 구약의 할례, 제사 제도, 절기 등을 폐
하시고 보다 온전한 길을 허락하셨다(참조 골 2:16-17). 그러나 율법의 근
본 정신, 즉 하나님을 사랑하고(신 6:5) 이웃을 네 자신과 같이 사랑하는
것(레 19:18)은 여전히 유효하다. 요한일서의 권면을 들어 보라.

> 사랑하는 자들아 내가 새 계명을 너희에게 쓰는 것이 아니라 너희가 처
> 음부터 가진 옛 계명이니 이 옛 계명은 너희가 들은 바 말씀이거니와
> (요일 2:7)

우리에게 하나님을 사랑하고 이웃을 사랑하라는 계명은 여전히

유효하다. 하지만 우리는 죄로 인하여 부패하여 우리 힘으로 할 수 없다. 율법은 이런 우리에게 그리스도께로 인도하는 '몽학선생'의 역할을 한다(갈 3:24).

우리는 예수 그리스도를 믿은 후에 영생을 얻지만, 여전히 우리에게는 죄로 인한 오염의 상태가 남아 있기에 지속적인 회개가 필요하다. 다음 말씀을 보라.

> 만일 우리가 죄가 없다고 말하면 스스로 속이고 또 진리가 우리 속에 있지 아니할 것이요. 만일 우리가 우리 죄를 자백하면 그는 미쁘시고 의로우사 우리 죄를 사하시며 우리를 모든 불의에서 깨끗하게 하실 것이요 (요일 1:8-9)

우리가 죄가 없다고 주장한다면 이것은 우리를 스스로 속이는 일이다. 그리고 이것은 우리가 진리 속에 거하지 않는 일이다. 우리는 구원받은 후에도 오염상태에 있기에 하나님께 실수하고 죄를 짓는다. 이를 자범죄라 하고, 우리는 이 자범죄에 대하여 끊임없이 고백하고 반복적으로 회개할 필요가 있다(회개에 대해서는 2권의 〈V. 구원론 백신〉을 참조).

4) 대죄와 소죄

어떤 단체는 죄를 크게 원죄와 본죄로 나눈다. 본죄는 본인 스스로가 짓는 자범죄를 말하는 것인데, 그 경중에 따라 대죄(大罪, 죽을 죄)와 소죄(小罪, 용서받을 죄)로 나눈다.

대죄는 생명의 원리인 사랑을 근본적으로 파괴하는 죄로, 주로 십계명에 명시되어 있는 하나님 사랑과 이웃 사랑의 계명을 거스르는 것이다. 대죄는 사랑을 상실하게 하고 성화의 은총을 박탈해 버리는데, 이를 회복하려면 오직 고해성사를 통해서만 다시 회복할 수 있다고 주장한다.

소죄는 하나님을 향한 사랑을 거스르기는 하지만 그 사랑을 사라지게 할 정도로 심각하지 않은 가벼운 죄를 말한다. 엉겁결에 한 거짓말이나, 비웃음과 같은 것들을 말한다. 이러한 죄는 고해성사 없이 개인의 회개를 통해 속죄할 수 있다고 주장한다.

하지만 성경은 죄를 대죄와 소죄로 나누지 않는다. 하나님의 법을 거스르는 모든 것이 죄다. 또한 죄 사함은 오직 예수 그리스도를 통해서만 온다. 우리는 예수 그리스도에게 직접 죄를 자백하고 아뢸 수 있고, 그는 우리를 대죄 소죄와 같은 구분과 상관없이 모든 불의에서 우리를 깨끗하게 하실 것이다(요일 1:9). 죄 사함은 하나님 한 분 외에 누구도 할 수 없다(막 2:7, 10, 보다 구체적인 설명은 2권 〈Ⅴ. 구원론 백신〉의 〈2.3 회개〉를 참조).

3.4 죄의 기원과 전가에 대한 잘못된 주장들

1) 용서받을 수 없는 죄란?

성경에는 용서받지 못한 죄에 대한 언급들이 있다.

누구든지 성령을 모독하는 자는 영원히 사하심을 얻지 못하고 영원한 죄가 되느니라 하시니 이는 그들이 말하기를 더러운 귀신이 들렸다 함이러라(막 3:29-30, 참조 마 12:31-32, 눅 12:10)

여기서 성령을 모독하는 것은, 구체적으로 바리새인들이 그리스도께서 성령의 능력으로 행하신 일을 고의적으로 사탄이 한 일로 간주한 것을 말한다. 여기서 '말하기를'(헬. 엘레곤)은 미완료 시제다. 이는 바리새인들이 성령을 모독하는 말을 한 번만이 아니라 지속적으로 했음을 의미한다. 이들은 예수께서 이런 역사는 성령의 능력으로 된 것이라고 말씀하시는 것을 듣고 알고 있음에도 불구하고 신성모독하는 말을 계속하고 있었다. 이처럼 알고 있음에도 불구하고 마음을 완악하게 하여 성령의 역사를 거부하는 것은 용서받지 못하는 영원한 죄다. 이러한 죄에 대한 언급은 히브리서에도 나온다.

한 번 빛을 받고 하늘의 은사를 맛보고 성령에 참여한 바 되고 하나님의 선한 말씀과 내세의 능력을 맛보고도 타락한 자들은 다시 새롭게 하여 회개하게 할 수 없나니 이는 그들이 하나님의 아들을 다시 십자가에 못

박아 드러내 놓고 욕되게 함이라 (히 6:4 - 6)

여기서도 회개할 수 없는 사람은 구원의 말씀을 맛보고 경험도
한 사람들이다. 이들은 이미 알고 있음에도 불구하고 다시 하나님의 아
들을 십자가에 못 박아 드러내 놓고 욕되게 하는 일을 자행했다. 앞서
언급한 바리새인들과 같이 하나님의 아들을 부인하고 모독하는 행위
를 한 것이다. 이러한 행위에 대한 회개 불가능성은 다음 구절에도 등
장한다.

> 우리가 진리를 아는 지식을 받은 후 짐짓 죄를 범한 즉 다시 속죄하는 제
> 사가 없고 오직 무서운 마음으로 심판을 기다리는 것과 대적하는 자를
> 태울 맹렬한 불만 있으리라 모세의 법을 폐한 자도 두세 증인으로 말미
> 암아 불쌍히 여김을 받지 못하고 죽었거든 하물며 하나님 아들을 짓밟
> 고 자기를 거룩하게 한 언약의 피를 부정한 것으로 여기고 은혜의 성령
> 을 욕되게 하는 자가 당연히 받을 형벌은 얼마나 더 무겁겠느냐 너희는
> 생각하라 (히 10:26 - 29)

여기서 '짐짓'(헬. 헤쿠시오스)이란 단어는 '의도적으로, 고의적으로,
계획적'으로 등의 뜻을 갖는 단어다. 즉, 진리를 알고 있음에도 불구하
고 고의적으로 진리를 거부하고 범죄하는 것은 하나님의 아들 그리스
도를 경멸하며 짓밟는 행위다. '짓밟는다'(헬. 카타파레오)는 표현은 공개
적으로 믿음을 거부하는 행위를 말한다.[21] 이러한 죄는 다음과 같은 특
징을 갖는다.[22]

첫째, 용서받지 못할 죄는 의심과 다르다. 단순한 의심은 죄가 아
니다. 여기서 말하는 죄는 하나님에 대한 도전과 신성한 것들을 조롱하
는 신성모독을 포함하여 하나님께서 주신 진리를 고의적으로 거부하
는 것이다.

---

21 ——— 이풍인, 《히브리서 강해: 은혜와 책임》 (용인: 킹덤북스, 2016), 246.

22 ——— 앤서니 후크마, 《개혁주의 인간론》, 257-258 참조.

둘째, 이 죄는 성령께서 진리를 아는 지식을 조명하는 것을 전제하는 것이다. 따라서 구원의 진리를 전혀 모르는 이들은 이 죄를 저지를 수 없다.

셋째, 이 죄는 성령의 조명하심과 하나님의 은혜에서 고의적으로 돌이키는 행위를 의미한다. 칼뱅에 따르면 이는 우리 안에 거하시는 성령을 의도적으로 소멸하려고 애쓰는 것이요, 고의적이고 악의적으로 빛을 어두움으로 바꾸어 버리는 일이요, 유일한 구원의 약을 치명적인 독으로 바꾸어 버리는 일이다.

넷째, 이 죄는 회개의 가능성을 거부하기에 용서받을 수 없다. 성령의 조명을 고의적으로 거부하는 것은 자기의 양심을 마비시키며 자신을 완고하게 만드는 것이며, 이는 본질상 용서를 불가능하게 만든다. 용서를 가능하게 하는 진리의 빛을 고의적으로 거부하고 차단했기 때문이다.

다섯째, 이 죄를 저질렀을까 봐 두려워하는 사람은 이 죄를 저지르지 않았다. 두려움은 아직 회개의 가능성을 포함하기 때문이다. 두려움은 아직 성령의 책망에 열려 있음을 의미한다. 이런 이들은 가서 구해야 한다(요일 5:16). 성령의 조명 자체를 거부하는 사람은 두려움조차 없다.

2) 원죄는 없다, 자범죄만 있을 뿐이다

어떤 이단은 원죄를 부인한다. 인류가 범죄로 멸망받는 것은 아담의 죄가 아니라 자기 자신의 죄 때문이라고 한다.[23] 하지만 이는 성경적 근거가 빈약하다. 성경은 분명 한 사람으로 인하여 인류에 사망이 왕노릇 하였음을 말씀하기 때문이다(롬 5:17-19). 이처럼 원죄를 부인하는 이유가 무엇일까? 이는 우리의 원죄를 위하여 십자가를 지신 예수 그리스도의 구속사역을 부인하기 위해서다. 이는 그리스도 외에 다른 구원자의 존재가 있을 가능성을 열어 준다. 이들의 주장을 보라.

---

23 ——— 진용식, 《여호와의 증인·몰몬교는 과연?》, 69.

하나님을 믿고 예수를 믿고 예언자 죠셉을 믿고 그의 계승자 브라이엄을 믿으라. 덧붙혀 말하건데 여러분들이 예수는 그리스도시며 죠셉은 예언자였으며 브라이엄은 그의 계승자라는 사실을 마음으로 믿어 입으로 시인한다면 여러분들은 하나님의 왕국에서 구원을 받을 것이다. … 이 세대의 어떠한 남자나 여자도 죠셉 스미스의 승낙이 없이는 천상의 하나님 왕국에 결코 들어갈 수 없을 것이다. 모든 남녀는 하나님과 그리스도가 계시는 저택으로 들어가는 통행증과도 같은 죠셉 스미스 II세의 증명서를 가져야만 한다. 나는 그의 승낙 없이 그곳에 들어갈 수 없다.[24]

이러한 주장은 '다른 이로서는 구원을 얻을 수 없나니 천하 인간에 구원을 얻을 만한 다른 이름을 우리에게 주신 일이 없었음이니라'(행 4:12)는 성경의 말씀과 정면으로 배치한다.

3) 원죄는 성적 타락에서 시작되었다?

원죄의 기원을 성적 타락에서 보는 이들이 있다. 이들에 따르면 인류의 원죄는 에덴 동산에서 뱀과 하와가 맺은 타락한 성관계로부터 시작된 것이다. 여기서 영적 타락이 시작되었고, 타락한 하와가 다시 아담과 성관계를 통하여 타락했는데, 이것이 육적 타락이라고 한다. 그렇다면 이들은 어떻게 에덴 동산에서 하나님께 불순종하여 선악과를 따먹은 사건을 성적 타락으로 보는가?

첫째, 이들은 에덴 동산에서의 나무를 비유로 해석한다. 이들에 따르면, 에덴 동산에서의 나무는 사람이다(참조 잠 13:12). 생명나무는 아담이고, 선악나무는 하와다. '선악과를 따먹었다'는 표현은 곧 사랑의 성관계를 의미한다.[25] 대둔산에서 계시를 수천 번 받았다고 주장하는 한 교주는 아랫마을에 사는 친구가 '따먹었다'는 표현이 곧 '성관계'라는 뜻임을 말해 주는 것을 듣고 그동안의 경험이 종합되어 이 진리를 깨달았다고 주장한다.[26] 하와가 뱀의 유혹을 받아서 선악과를 따먹었다

---

24 —— 위의 책, 71.

25 —— 문선명, 《원리강론》, 85.

는 것은 하와가 타락한 천사인 사탄의 유혹을 받아 간음을 행하여 타락했다는 것이다. 인류의 원죄가 성적 타락에서 비롯하였기에 이들은 성적 타락이 부끄러워 하체를 가렸다는 것이다(참조 창 3:7). 또한 하와는 사탄과의 관계한 사실을 아담에게 속여 악의 혈통인 가인을 낳았다고 한다. 인류의 씨앗을 속였다고 해서 이러한 타락론은 후에 '씨앗속임'이라는 이름으로 전해지기도 한다. 이러한 주장을 어떻게 보아야 할까?

첫째, 에덴 동산에 있는 나무들을 비유로 보는 것은 잘못된 해석이다. 창조의 순서상으로도 맞지 않는다. 하나님께서는 나무를 셋째 날에 만드셨고, 사람은 여섯째 날에 만드셨다. 그렇다면 먼저 만드신 나무와 여섯째 날에 만드신 사람은 같은 존재란 말인가? 논리적인 모순이다. 게다가 선악나무가 하와라면 아담도 선악과를 먹고 하와도 선악과를 먹었는데, 하와가 자기를 먹는다는 이상한 말이 성립한다. 하와 자신이 선악나무인 자신을 보고 '먹음직도 하고 보암직도 하게' 탐욕을 품을 수 있는가? 게다가 아담이 선악과를 먹었다면 아담 또한 사탄과 혈연관계를 맺었다는 말인가? 그렇다면 이 사탄은 남자인가 여자인가?

둘째, 성경은 분명 천사는 영적 존재이기에 육체를 가진 사람처럼 장가가고 시집가는 일이 없다고 말씀한다. 예수께서는 하늘에 있는 천사들은 장가도 아니 가고 시집도 아니 간다고 분명하게 밝히셨다(마 22:30, 참조 막 12:25). 성적 타락을 주장하는 이들은 종종 이러한 천사와의 타락을 보여 주는 예로 창세기 6장 2절에 하나님의 아들과 사람의 딸들이 결혼하는 것을 든다. 그러나 이는 이미 살펴보았듯이 하나님의 아들은 천사가 아닌 경건한 셋의 자손을, 사람의 딸은 불경건한 가인의 후손을 의미한다.

셋째, 뱀이 하와에게 선악과를 먹도록 유혹했지만, 성경은 정작 뱀 자신이 선악과를 먹었다는 것을 어느 곳에도 언급하지 않는다.

넷째, 자신들이 벗은 줄을 알고 치마를 엮어 가렸다는 것이 곧 성관계로 범죄했기 때문이라는 것은 논리적인 연관성이 없다. 목욕탕에 가도 수건으로 하체를 가리지 않는가?

---

26 ── 정명석, 《고급편》, 147.

다섯째, 하와가 사탄과 간음하여 악의 혈통인 가인을 낳아 씨앗 속임을 했다는 것은 성경에 위배된다. 왜냐하면 성경은 하와가 가인을 낳고 '여호와로 말미암아 득남하였다'고 진술하기 때문이다(창 4:1).

여섯째, 가인의 후손은 노아의 홍수 때에 모두 죽었다. 따라서 가인의 후손으로 인한 혈통의 죄는 인류에게 원죄로 계승되지 않는다.

이단이 이렇게 원죄가 성적 타락으로부터 왔음을 주장하는 이유는, 자신이 이 땅에 타락하지 않은 새 피를 가져온 구세주라는 것을 강조하기 위함이다. 새 피를 가져온 재림주는 이 땅에 새 피를 전해 주어야 하는데, 새 피를 받는 것이 구원이다. 이것을 '피가름', 또는 '혈통복귀교리'라는 명칭으로도 부르기도 한다. 피가름을 통해 새 피를 받으면 원죄, 조상 대대로 지었던 혈통죄, 형제들이 지었던 연대죄, 그리고 자신이 지었던 자범죄까지 깨끗해지고 완전 구원을 받는다고 주장한다.[27] 이러한 주장을 하는 이단들은 성적으로 타락하고 난잡한 문제를 일으켜 사회적인 문제를 발생시키기도 한다.

4) 가계에 조상으로부터 내려오는 저주가 흐른다?

혹시 가계에 흐르는 저주에 대해 들어 보았는가?

> 나 네 하나님 여호와는 질투하는 하나님인즉 나를 미워하는 자의 죄를 갚되 아버지로부터 아들에게로 삼사 대까지 이르게 하거니와(출 20:5)

이 구절을 문자 그대로 보면 죄는 삼대, 사대까지 계속해서 흘러간다. 이렇게 삼대, 사대까지 세대를 통해 흘러가는 죄의 저주를 흔히 '가계에 흐르는 저주'(Generation Curse)라고 한다. 이를 근거로 가계저주론이 나왔다.

어떤 분이 예언의 은사가 있다는 분에게 기도를 받았다. 그분이 '우리 신랑은 집에 오면 맨날 텔레비전만 틀어 놓고 가족들과 이야기도

---

27 ——— 박준철, "혈통복귀 피가름 집단인 문선명 통일교", 허호익 교수의 한국신학마당 theologia.kr/board_idan/25264.

하지 않고 거기에 늘 빠져 살아요'라고 말하자 기도하는 분이 기도하다가 예언을 했다. '그것은 조상 대대로 텔레비전에 들러붙은 귀신들이 있기 때문이다! 신랑의 할아버지도 텔레비전에 들러붙어 있고, 아버지도 텔레비전에 들러붙어 있고, 지금 신랑도 그러고 있다. 이제 그대로 두면 아들도 텔레비전에 들러붙은 귀신에 붙들려 있을 것이다!' 그분은 순간 철렁했다고 한다. 왜? 조상 대대로 흘러오는 귀신이 있다는 말 때문이다.

또 어떤 분은 기도원에 갔는데 이런 기도를 받았다. '지금 너의 아내가 이렇게 힘들고 우울증이 찾아오는 것은 조상 대대로 흘러오는 저주가 있기 때문이다. 이것은 너의 10대조 조상부터 수천 년간 가계를 타고 내려온 저주다. 사탄은 이 저주를 통해 너의 아내를 강력한 무당으로 세워 그의 종으로 사용할 것이다. 이 기도원을 나가면 영적 보호가 사라지고 너희들은 저주 가운데 살 것이다. 그러니 이 기도원을 나가지 말아라.'

우리는 샤머니즘의 영향이 많아서 조상 때부터 내려온 저주라고 하면 가슴이 덜컥하고 겁부터 먹는다. 예전부터 KBS 프로그램 〈전설의 고향〉부터 시작해서 이런 이야기를 많이 접해 왔기 때문이다. 무당이나 점을 치면 여지없이 나오는 단골 메뉴가 조상 때부터 흐르는 저주다. 조상 때 어떤 일이 일어나서 그 영향이 지금까지 이어지고 있다는 것이다. 또 우리나라는 예전부터 조상신을 섬기는 미신이 있었다. 조상신이 후손들을 방해하고 저주하면 후손들이 고통을 받는다는 것이다. 이런 무속적 유산들이 우리에게 남아 있는데, 여기에 가계에 흐르는 저주를 이야기하니 그 말에 귀가 확 쏠리는 것이다. 정서적으로 너무 잘 맞는 내용이다. 요즈음도 점치는 분들이 꽤 많지 않은가? 믿지 않는 분들, 상당수가 점을 친다. 또 용하다는 점쟁이가 뜬다고 하면 떼로 몰려다닌다. 그런데 이 점을 칠 때도 보면 조상신의 영향, 또 가계에 흐르는 저주 이야기가 단골로 등장한다. 그러니 이런 세대를 타고 흐르는 가계에 흐르는 저주 이야기는 우리가 상당한 매력을 갖고 받아들이고 또 쉽게 믿으려 한다.

가계저주론에서 중요하게 제시하는 성경 구절이 있다. 바로 잠언 26장 2절이다.

III. 인간론 백신

까닭 없는 저주는 참새가 떠도는 것과 제비가 날아가는 것 같이 이루어지지 아니하느니라

이 말씀을 주장하는 가계저주론자들은 중간 부분을 생략하고는 '까닭 없는 저주는 이루어지지 아니하느니라'만 인용한다. 다시 말해서 저주는 아무 이유 없이 그냥 찾아오는 것이 아니라, 거기에는 반드시 이유가 있다는 것이다. 이것을 일반적으로 인과응보라고 한다.

이것을 뒷받침하는 성경 구절이 에스겔서 18장 2절이다.

너희가 이스라엘 땅에 관한 속담에 이르기를 아버지가 신 포도를 먹었으므로 그의 아들의 이가 시다고 함은 어찌 됨이냐

아버지가 신 포도를 먹었는데, 아버지가 시다고 해야지, 왜 아들이 포도를 시다고 하느냐는 것이다. 이것은 죄와 죄의 저주가 아들에게로 흘러가기 때문이라는 것이다. 이런 주장의 또 다른 증거로 다음 성경 구절을 보라.

그때에 그들이 말하기를 다시는 아버지가 신 포도를 먹었으므로 아들들의 이가 시다 하지 아니하겠고(렘 31:29)

여기서 앞뒤 부분은 자르고 '아버지가 신 포도를 먹었으므로 아들들의 이가 시다'는 부분만 제시한다. 이 말씀들을 근거로 우리 삶에 어렵고 힘든 많은 것들을 가계에 흐르는 저주의 탓으로 돌린다. 내 일이 잘 풀리지 않고, 자꾸만 힘든 일이 일어나면 거기에는 반드시 이유가 있다. 까닭 없이 걸린 중한 질병, 원인을 알 수 없는 정신질환, 이유를 모르는 가정의 불화 등등은 나를 넘어 조상들부터 내려온 죄와 이로 인한 저주가 원인이라는 것이다. 이 가계에 저주가 임하면 마귀가 계속해서 그 후손들을 쫓아다니며 괴롭힌다는 것이다. 그래서 가계저주론을 주장하는 이들은 가족들의 영적 도해를 그려 보라고 한다. 아버지 어머니, 할아버지 할머니 그 위 조상까지 거슬러 올라가서 이들의 삶에 어떤 죄

　　　　　　　　　　　　　　바이블 백신 1

와 저주가 있었는지를 검토하라는 것이다. 어떤 분은 내 피에 흐르는 조상들의 유전된 죄 때문에 너무너무 괴롭고 힘들다고 한다. 이 모든 것들이 성경을 올바르게 이해하지 못한 것에서 오는 것이다.

그렇다면 우리는 가계에 흐르는 저주에 대해서 어떻게 이해해야 할까? 우선 이들이 인용하는 성경 구절에 대한 바른 이해를 검토해야 한다.

첫째, '아버지로부터 아들에게로 삼사 대까지 이른다'는 출애굽기 20장 5절의 표현을 보자. 언뜻 보면 아버지 죄 때문에 삼사 대에 걸쳐 불행을 당한다는 것처럼 들린다. 그러나 이 말씀은 그 당시 고대 근동의 대표자 사상을 배경으로 이해해야 한다. 고대 이스라엘은 보통 삼사 대가 대가족을 이루며 함께 살았다. 한 지붕 아래 동거하는 가족 구성원들이 삼사 대였다. 이렇게 볼 때 이 구절에서 아버지는 그 가족의 대표를 의미한다. 가족의 대표인 아버지가 하나님의 벌을 받으면 그 파장이 할아버지, 아버지, 자녀, 손자까지 미쳐 사 대 전체가 고통을 느낀다는 것이다.

특별히 본문은 십계명이라는 언약의 맥락에서 선포된 말씀이다. 언약은 주군과 봉신 사이에 체결하는 조약이다. 종주의 규약을 봉신이 지키면, 종주는 봉신과 그의 집안 전체에게 복을 준다. 그러나 봉신이 종주의 계약을 이행하지 않으면 가문 전체가 벌들을 받고 고통을 받는다. 실제로 그 당시에 유사한 형식으로 체결되었던 히타이트 족속의 봉신 종주 언약체결문서들을 보면, 봉신이 신들 앞에서 삼사 대의 생명을 걸고 맹세하였다.[28] 십계명의 언약도 이와 비슷하다. 이스라엘 백성들이 하나님 앞에 삼사 대 가족의 생녕을 담보로 하나님 앞에 지키기로 약속한 언약 규정인 것이다. 그만큼 이 언약이 엄중하고 중요하다는 의미다. 따라서 본문은 이 저주가 주술적으로 다음 세대로 이어진다는 근거로 쓰일 수 없는 말씀이다. 오히려 하나님은 우리를 저주하시기보다 복 주시기를 더욱 기뻐하시는 분이다.

이어지는 6절 말씀을 보라.

28 ──── 김지찬, 《데칼로그: 십계명, 어떻게 이해할 것인가》 (서울: 생명의말씀사, 2016), 161.

III. 인간론 백신

나를 사랑하고 내 계명을 지키는 자에게는 천 대까지 은혜를 베푸느니라(출 20:6)

이 말씀은 하나님께서는 자신을 미워하는 자, 범죄하는 자라도 벌은 될 수 있는 대로 적게 주시고, 반면 자기를 사랑하는 자에게는 천 대까지 한량없이, 대대로 복을 많이 주기 원하시는 분임을 말씀하고 있다. 따라서 강조되어야 할 부분은 삼사 대의 저주가 아니라, 천 대까지 계속되는 복이다. 천 대와 삼사 대를 대조해서 볼 때, 우리는 삼사 대에 임하는 벌은 저주라기보다 징계의 성격을 갖고 있다는 것에 주목해야 한다. 지금 이 말씀들은 언약의 맥락에서 이해되어야 한다고 했다. 언약은 계약이 아니다. 언약이란 계약 당사자 간에 한 쪽이 온전히 의무를 이행하지 못한다 하더라도, 다른 한쪽에서 포기하지 않고 끝까지 붙들어 주어 마침내 그 계약이 온전히 이루어 주도록 신실하게 붙들어 주는 약속을 의미한다. 이렇게 볼 때 삼사 대에 미치는 징벌은 저주가 아니다. 왜? 저주라고 하면 불행한 일이나 재앙이 일어나는 것인데, 그 자체로 저주는 파멸을 목적으로 한다. 그러나 하나님께서 이스라엘 가문의 삼사 대에 벌을 주시는 것은 그들로 잘못을 깨닫고 회개하여 하나님께 돌아오도록 하기 위한 것이다. 마음을 다해 다시 하나님을 온전히 사랑하도록 하기 위한 것이다.[29] 그렇게 볼 때 삼사 대에 임하는 것은 하나님께서 그 사랑하는 백성들을 향한 징계라고 보아야 한다. 히브리서는 이 징계에 대해 다음과 같이 말씀한다.

징계는 다 받는 것이거늘 너희에게 없으면 사생자요 친아들이 아니니라 또 우리 육신의 아버지가 우리를 징계하여도 공경하였거든 하물며 모든 영의 아버지께 더욱 복종하여 살려 하지 않겠느냐 그들은 잠시 자기의 뜻대로 우리를 징계하였거니와 오직 하나님은 우리의 유익을 위하여 그의 거룩하심에 참여하게 하시느니라 무릇 징계가 당시에는 즐거워 보이

29 ──── 김정우, "언약의 저주에서 본 소위 '가계에 흐르는 저주 신학'의 문제점",《헤르메니아 투데이》29(2005. 1), 82.

지 않고 슬퍼 보이나 후에 그로 말미암아 연단 받은 자들은 의와 평강의 열매를 맺느니라(히 12:8-11)

둘째, 그렇다면 가계저주론을 지지한다는 잠언 26장 2절 말씀은 어떻게 이해해야 하는가? 이 말씀의 의미를 잘 이해해야 한다. 이 말씀은 모든 저주에는 이유가 있다는 뜻이 아니다. 오히려 '까닭 없는 저주' 즉 아무 근거 없는 저주, 저주해야 할 이유 없이 그냥 막 쏟아 내는 저주는 아무에게도 영향을 끼치지 않는다는 뜻이다. 그래서 표준새번역은 이를 이렇게 번역한다.

> 까닭 없는 저주는 아무에게도 미치지 않으니, 이는 마치 참새가 떠도는 것과 같고, 제비가 날아가는 것과 같다

무슨 말인가? 아무 이유 없이 상대방을 저주하지 말라는 뜻이다. 이유 없이 개인적인 감정으로 다른 사람을 미워하고 증오하여 저주를 해도 그 저주는 상대방에 아무 효과도 미치지 않기 때문이다.[30] 원래 성경 말씀의 의미를 오도하고 잘못 인용한 것이다.

셋째, 이들이 가계에 흐르는 저주의 근거로 인용하는 에스겔 18장 2절을 보라. 이는 이어지는 3-4절까지 전체의 흐름에서 보아야 한다.

> 너희가 이스라엘 땅에 관한 속담에 이르기를 아버지가 신 포도를 먹었으므로 그의 아들들의 이가 시다고 함은 어찌 됨이냐 주 여호와의 말씀이니라 내가 나의 삶을 두고 맹세하노니 너희가 이스라엘 가운데에서 다시는 이 속담을 쓰지 못하게 되리라 모든 영혼이 다 내게 속한지라 아버지의 영혼이 내게 속함 같이 그의 아들의 영혼도 내게 속하였나니 범죄하는 그 영혼은 죽으리라(겔 18:2-4)

여기 '아버지가 신 포도를 먹었으므로 아들의 이가 시다'는 말은

---

30 ——— 이인규, "'가계 저주론'의 성경적인 비판", 당당뉴스, 2013. 8. 20.

III. 인간론 백신

유대의 속담으로 소개된다. 이스라엘 백성들도 '우리들이 이렇게 힘든 것은 조상의 죄가 가계에 흘러, 유전되어 그런 거야'라고 생각했던 모양이다. 그런데 하나님께서 맹세하시면서 너희가 이 속담을 다시는 사용하지 못하게 될 것이라고 말씀하신다. 그러면서 아버지의 영혼이 내게 속한 것처럼 아들의 영혼도 내게 속하였으니 각각 저마다 범죄하는 영혼이 죽을 것이라고 말씀한다. 가계에 흐르는 저주가 아니라 각 사람은 자기 죄로 심판받고 죽는다는 것이다. 이것을 에스겔 18장 20절은 좀더 명확하게 말씀한다.

> 범죄하는 그 영혼은 죽을지라 아들은 아버지의 죄악을 담당하지 아니할 것이요 아버지는 아들의 죄악을 담당하지 아니하리니 의인의 공의도 자기에게로 돌아가고 악인의 악도 자기에게로 돌아가리라

아들은 아버지의 죄악을 담당하지 않는다! 아버지도 아들의 죄악을 담당하지 않는다. 죄와 죄로 인한 저주는 절대 가계에 흐르지 않는다. 의인의 공의, 자기만을 구원하고, 악인의 악도 자기만을 징계할 뿐이다.

넷째, 이렇게 볼 때 예레미야 31장 29절도 마찬가지다.

> 그 때에 그들이 말하기를 다시는 아버지가 신 포도를 먹었으므로 아들들의 이가 시다 하지 아니하겠고 신 포도를 먹는 자마다 그의 이가 신 것 같이 누구나 자기의 죄악으로 말미암아 죽으리라 (렘 31:29-30)

누구나 자기 죄악으로 말미암아 죽는다. 이런 오해가 있을까 봐 하나님께서는 일찍이 '아버지는 그 자식들로 말미암아 죽임을 당하지 않을 것이요 자식들은 그 아버지로 말미암아 죽임을 당하지 않을 것이니 각 사람은 자기 죄로 말미암아 죽임을 당할 것이니라'(신 24:16)고 말씀하셨다.

가계에 흐르는 저주가 있는가 없는가? 없다. 유다왕 아마샤는 왕권을 확고히 장악하자 자기 아버지 요아스를 암살했던 왕궁 경비대들

을 처형한 일이 있었다. 이때 그는 암살했던 당사자만 처형했지 그들의 자녀는 죽이지 않았다(왕하 14:5-6). 그 이유는 바로 부모의 죄 때문에 자녀를 처형하지 말라고 하셨던 이 신명기 말씀 때문이다.

물론 우리에게 고난과 어려움이 있다. 그러나 이것은 저주가 아니다. 이는 우리로 주님께 더욱 가까이 나아가고 하나님의 영광을 드러내기 위한 사랑의 인도하심 때문이다.

요한복음 9장에 보면 예수님께서 지나가실 때 날 때부터 소경된 사람을 보셨다. 이때 제자들이 묻는다. 예수님 이 사람이 소경으로 난 것이 누구 죄 때문인가요? 자기 때문인가요, 부모의 죄 때문인가요? 이 때 예수님께서 무엇이라고 하시는가?

> 예수께서 대답하시되 이 사람이나 그 부모의 죄로 인한 것이 아니라 그에게서 하나님이 하시는 일을 나타내고자 하심이라(요 9:3)

이 사람이 이렇게 된 것은 부모의 죄 때문이 아니다. 이 사람의 죄 때문도 아니다. 하나님께서 이 사람의 고난을 통해 계획하신 바가 있고 그 일을 이제 나타내고자 하심이다! 이런 희망의 믿음, 긍정의 믿음을 가지길 바란다. 주변에서 혹시 누가 예언의 은사가 있다고 하면서 이런 말도 안 되는 가계에 흐르는 저주 이야기를 하면 당장 뿌리치고 나오기를 바란다. 더 이상한 것으로 옭아매기 쉽다.

사실 가계에 흐르는 저주에 우리가 쉽게 미혹되고 사로잡히는 것은 우리에게 있는 조상숭배에 대한 미신적인 부분도 있지만 다른 한편으로는 복음의 능력을 잘 몰라서 그런 것도 있다. 그동안 가계저주론의 성경적 근거로 사용된 구절을 살펴보면 하나같이 다 구약임을 알 수 있다. 우리는 신약의 빛 아래에서 이 가계지주론을 다시 바라볼 필요가 있다. 신약의 빛에서 볼 때 성도가 받을 저주는 하나님의 아들 예수 그리스도께서 십자가에서 이미 다 받으셨다.

> 그리스도께서 우리를 위하여 저주를 받은 바 되사 율법의 저주에서 우리를 속량하셨으니 기록된 바 나무에 달린 자마다 저주 아래에 있는 자

III. 인간론 백신

라 하였음이라(갈 3:13)

그러므로 이제 그리스도 예수 안에 있는 자에게는 결코 정죄함이 없나니 이는 그리스도 예수 안에 있는 생명의 성령의 법이 죄와 사망의 법에서 너를 해방하였음이라 율법이 육신으로 말미암아 연약하여 할 수 없는 그것을 하나님은 하시나니 곧 죄로 말미암아 자기 아들을 죄 있는 육신의 모양으로 보내어 육신에 죄를 정하사(롬 8:1-3)

누가 능히 하나님께서 택하신 자들을 고발하리요 의롭다 하신 이는 하나님이시니 누가 정죄하리요 죽으실 뿐 아니라 다시 살아나신 이는 그리스도 예수시니 그는 하나님 우편에 계신 자요 우리를 위하여 간구하시는 자시니라 누가 우리를 그리스도의 사랑에서 끊으리요 환난이나 곤고나 박해나 기근이나 적신이나 위험이나 칼이랴(롬 8:33-35)

감히 하나님의 사랑받는 자녀인 우리를 누가 정죄하는가? 누가 저주하는가? 사망이나 생명이나 천사들이나 권세자들이나 현재 일이나 장래 일이나 능력이나 높음이나 깊음이나 다른 어떤 피조물이라도 우리를 우리 주 그리스도 예수 안에 있는 하나님의 사랑에서 끊을 수 없음을 깊이 확신하기 바란다(참조 롬 8:37-39).

누구도 우리를 저주할 수 없다. 그 어떤 저주도 우리에게 대대로 이어질 수 없다. 내가 그리스도 안에 새 생명을 누리고 있으면 더 이상 저주가 흘러오려고 아무리 발버둥을 쳐도 올 수가 없다. 확신을 갖기를 바란다. 흔들리지 말기를 바란다. 엉뚱한 점쟁이의 말에 귀 기울이지 말기를 바란다.

끝으로 우리는 우리의 죄는 유전적으로 이어지는 것이 아니라, 언약적 측면에서 전가됨을 기억해야 한다. 만약 죄가 유전적으로 이어진다면 죄는 물질적인 개념이 된다. 그러나 죄는 관계적 개념이다. 하나님과의 관계가 끊어진 것이 죄의 본질적인 측면이다. 따라서 우리가 아담 안에서 원죄를 갖게 된 것은 인류의 대표인 아담이 하나님과의 언약을 깨뜨린 것에 대한 죄책을 이어받았기 때문이다. 하나님과의 언약을 깨뜨리고, 깨어진 관계에 죽음이 찾아오고 인류는 아담 안에서 오염된 본성을 갖게 되었고, 여기서부터 죄가 왕노릇하기 시작했다. 죄를 언약적, 관계적, 대표성의 원리로 이해할 때 가계에 흐르는 저주에 대하여 건강한 분별력을 가질 수 있을 것이다.

5) 원죄와 자범죄가 없으면 죽지 않는다?

어떤 교주는 자신이 부모로부터 받은 모든 피를 다 쏟아 버렸고, 주님과 같은 죄성이 없는 새 피를 받아 자기는 원죄도 자범죄도 없다고 주장하였다. 모든 사람이 죄를 지었기에 사망이 이르렀다면(롬 5:12), 죄가 없으면 사망이 피해 간다. 그래서 자신에게는 죽음이 피해 가고 죽고 사는 권세가 있다고 한다. 어떤 이단 교주는 이렇게까지 주장한다.

> 제가 피 흘렸을 때 팔 일 동안 피를 흘리면서 제 부모로부터 받은 피, 제 몸 속에 있는 모든 피는 다 쏟았고 팔 일 동안에 물로 피가 되어서, 물을 마셔 피가 되고 해서 팔 일 동안에 그 피를 걸러서 깨끗한 피로 만드셨습니다. 물로 피가 됐으니까 곧 물은 영적인 말씀, 영생이죠. 이 말씀은 하나님, 곧 하나님 말씀으로 내 피를 만드셨기 때문에 이 피 안에는 죄성이 없다는 것이죠. 원죄가 없다는 얘기죠. 그래서 원죄와 자범죄가 없는, 이렇기 때문에 하나님 아들로 인 처지고, 이제 해 달 속에 오셔서 우리 주님이 세상에 공포하는 것이고, 바로 좌편에 앉을 수 있는 권세를 쥐어 준 것[입니다].[31]

성경은 분명히 우리가 죄 없다 하면 스스로를 속이는 것이 되고 진리가 그 속에 거하지 않는다고 말씀한다(요일 1:8). 이뿐만 아니라 이러한 주장은 하나님을 거짓말로 만드는 자라고 한다(1:10).

6) 죄, 관계적 이해가 중요하다

앞서 살펴본 바에 따르면 죄에 대한 잘못된 이해의 핵심에 죄에 대한 존재론적 이해가 자리 잡고 있다. 즉 죄를 하나님과의 관계가 파괴

---

31 ──── 정윤석, "[이단성 핵심체크] 이재록(만민중앙교회)", 기독교포털뉴스, 2010. 3. 4.

III. 인간론 백신

된 것으로 보는 것이 아니라, 우리 안에 존재하는 존재로만 이해하는 것이다. 여러 이단이 죄가 우리의 육체에 거한다고 주장한다. 그 근거로 이들은 로마서를 인용하여 자신 속, 곧 육신에 거하는 것이 선한 것이 아니라 죄라고 한다(롬 7:17-18). 그리고 이 죄는 성령의 소욕을 거스르고, 성령은 육체 안에 거하는 죄의 소욕을 거스른다고 주장한다(갈 5:17). 이런 주장에 따르면 성령은 영혼에 거하고, 죄는 육체에 거한다는 이원론적 사고 구조에 고착되기 쉽다. 여기서 더 극단적으로 나아가면 구원은 우리의 영이 받는 것이고, 육체는 구원과 관계가 없기에 육적으로 죄를 지어도 죄가 되지 않는다는 뒤틀린 사고로 나아간다.

이런 사고에 기반하여 어떤 교주는 자신에게 있는 피가 원죄에 오염되지 않고 새로 받은 피이기 때문에 죄가 없다는 주장을 한다. 그리고 죄가 없기 때문에 여신도를 추행하고 간음을 저질러도 죄가 되지 않는다고 한다. 이 또한 죄를 존재론적으로 이해하기 때문에 일어나는 일이다. 또 죄를 존재론적으로 이해하면 가계에 저주를 타고 흐른다는 주장도 할 수 있다. 또 세례가 죄를 없앤다는 주장까지 나아가게 된다.

여기서 우리는 영과 육의 정의를 다시 한번 점검할 필요가 있다. 육이란 우리의 신체를 가리키는 용어가 아니라 관계적 용어다. 육신은 인간의 연약함을 나타내는 동시에 창조주를 거역하고 죄의 지배를 받으려는 우리의 부패한 성향을 의미한다(롬 8:7). 육적인 상태는 하나님과의 관계가 끊어져 있는 상태를 의미한다. 반면 영적인 것은 하나님과 연결되어 있는 상태, 즉 그리스도 안에서 성령의 통치 아래 있는 것을 의미한다. 우리는 구원 받은 이후에도 하나님과의 관계가 죄의 오염으로 파괴되지 않도록 날마다 회개하며 주님께 가까이 나아가야 한다.

3.5 죄의 결과

아담으로부터 시작된 인류의 죄는 어떤 결과를 초래하였는가?

첫째, 하나님과의 관계가 깨어졌다. 아담과 하와가 죄를 짓자 이들은 여호와 하나님의 낯을 피하여 숨었다(창 3:8). 이전에 하나님과 함께 했던 친밀한 관계의 자리에 죄로 인한 두려움이 끼어들고 관계는 끊어져 버렸다.

하나님과의 분리는 다음과 같이 여러 측면에서 비극적인 결과를 초래하였다.

① 영적 죽음을 초래하였다.
② 이 땅을 살아가는 동안 죄가 우리의 삶에 들어와 고통을 더하였다. 육체에 영향을 끼쳐 이제는 임신과 출산에 고통이 더해지고, 많은 수고와 고통이 따랐다(창 3:16).
③ 육체의 죽음이 찾아왔다(창 3:19).
④ 나아가 몸과 영혼이 함께 영원한 죽음, 즉 둘째 사망에 이르게 되었다(계 20:13-14).

둘째, 죄는 사람과의 관계를 깨뜨렸다. 아담과 하와는 죄를 짓고 난 후 하나님의 질문 앞에 서로 비방하며 서로를 탓하기 시작했다(창 3:12-13). 하나님은 인류의 죄악으로 인한 아담과 하와의 관계에 대하여 '너는 남편을 원하고 남편은 너를 다스릴 것이라'고 말씀하셨다(3:16). 이는 여자가 하나님께서 질서 지워 주신 남편을 돕는 관계를 벗어나 남편을 지배하고 통제하기 원한다는 것을 의미한다. 그러나 남편에게는 아내를 다스리라고 하신다. 이는 장차 가정에서 남편과 아내가 가정의 권위와 주도권을 두고 심각한 분열과 싸움을 일으킬 것을 예고하는 말씀이다. 나아가 친밀해야 할 형제관계는 서로를 미워하고 죽이는 관계로 변질되고(4:8), 한 아내와 한 남편이 이루어야 할 부부관계는 권력과 욕망으로 뒤틀어져 일부다처제로 변질되었다(4:19). 인간 사회에 살인이 들어오고(4:23), 도시 문명이 들어와 죄를 구조화하기 시작하였다(4:17, 20, 21). 급기야는 인류의 죄로 말미암아 바벨탑에서 민족과 언어가 분리되어 뿔뿔이 흩어지게 된다(11:9).

셋째, 죄는 자연과 피조세계에도 심각한 영향을 끼쳤다. 인간의 범죄로 말미암아 땅은 저주를 받아, 가시덤불과 엉겅퀴를 내기 시작하고, 고된 노력과 땀을 흘려야 겨우 소산을 내게 되었다(3:17-19). 아담의 죄 이후로 만연하게 된 인류의 죄로 인하여 피조세계는 아직까지 신음하고 함께 고통을 겪고 있다(롬 8:22-23). 인류의 탐욕으로 생태계의 자원들은 고갈되고 있고, 지구온난화로 인하여 지구는 심각한 기후의 변화와 몸살을 앓고 있다. 자연은 구속받은 하나님의 아들들이 온전히 다시 나타나 타락 이전의 아담 때와 같이 피조물을 선하게 통치하기를 고대하고 있다(8:19).

넷째, 죄는 자신과의 관계를 깨뜨렸다. 죄는 인간 내면의 온전한 속사람을 깨뜨렸다. 이전에는 인간 마음의 지, 정, 의는 온전히 한 사람 안에 통합되어 있었는데 죄로 인하여 각각 분리되었다. 먼저 죄는 인간의 지성을 타락시켰다. 타락한 지성은 자기 지식으로는 하나님을 알지 못하고, 하나님의 일도 알지 못하고 분별하지도 못하기에, 하나님을 부인할 뿐 아니라 하나님의 구원 계획에 대해서 아무것도 알지 못한다(고전 1:21, 2:14, 시 53:1, 14:1-3, 참조 요 20:31, 딤후 3:15). 둘째, 죄는 인간의 감정을 타락시켰다. 타락한 감정은 하나님을 싫어하고, 감사하지 못하고, 신령한 일에 관심이 없다. 타락한 감정은 자기를 사랑하고, 돈을 사랑하고 자랑하며, 교만하며, 비방하며, 감사하지 아니하며, 무정하며, 모함하며, 선한 것을 좋아하지 아니하며, 쾌락 사랑하기를 하나님 사랑하는 것보다 더하다(딤후 3:2-4). 끝으로 죄는 인간의 의지를 타락시켰다. 하나님의 뜻에 순종하려는 의지가 철저하게 손상되고 죄의 정욕을 따라 살려는 의지만이 불타오르게 되었다. 그 결과 모든 불의, 탐욕, 악의가 가득하게 되었고 악을 도모하는 무자비한 자가 되었다(롬 1:29-31). 이런 타락한 의지는 죄를 짓지 않을 수 있는 능력은 상실하고 오직 죄 지을 수 있는 능력만 남게 되었다. 이런 타락한 의지는 죄의 노예로 살아가게 하는 노예의지이며, 스스로 선을 행할 수 없게 하는 전적 무능력의 상태가 되었다.

이러한 인간 내면의 지, 정, 의의 타락은 인간 내면에서 지, 정, 의의 기능을 온전히 통합시키지 못하고 스스로를 분열시켰다. 지성은 이런 일을 행하는 것이 하나님의 심판으로 사망에 이르게 된다는 것을 알지만, 나의 감정은 이런 죄악을 좋아하고 정당화시키며, 의지에게 죄의 소욕으로 치닫도록 충동질시킨다(1:32, 7:7-15). 우리는 분열된 우리의 지, 정, 의를 복음 아래 하나로 일치시켜 온전한 사람을 이루어 가도록 해야 한다(엡 4:13).

바이블 백신 1

3.6 죄의 억제

우리가 살아가는 세상은 인간이 범죄하여 타락했음에도 불구하고 여전히 살 만한 세상이다. 물론 타락한 문화가 만연하고, 테러와 전쟁, 기근과 질병이 있음에도 불구하고 이 세상은 여전히 살 만한 세상이다. 악한 사람도 많지만 선한 사람들도 많아 서로를 돕고 함께 힘을 모은다. 비록 인류의 죄로 피조물이 탄식하며 신음하고 있지만, 여전히 자연은 작동하여 대지에 태양을 비추고 비를 내리며 토지의 식량을 생산하고 아름다움을 간직하고 있다. 덕분에 피조물들은 생명을 유지하고 생육하고 번식할 수 있다. 또한 사람의 지, 정, 의는 타락했지만, 그 가운데서도 과학기술 문명을 발전시키고 진, 선, 미를 추구하며 아름다운 문화예술을 가꾸어 가고 있다. 이것은 바로 타락한 세상 가운데 죄를 억제시키는 하나님의 일반은총 때문이다. 하나님은 피조세계에 전반에 걸쳐 은혜를 내려 죄의 출현을 억제하여 불신자들로 하여금 진리의 여러 부분을 접하고 선한 문화적 산물을 낳을 수 있도록 하셨다. 이러한 일반은총은 하나님이 신자와 불신자를 구별하지 않고 모두에게 주시는 은혜로, 신자에게만 구원의 은혜를 주시는 특별은혜와는 구별된다(마 5:45, 눅 6:35, 시 145:9, 사 26:9-10, 행 14:17, 17:25-26).

하나님의 일반은혜는 노아를 통해 일반언약의 차원으로 확정되었다(창 8:21-9:17). 하나님께서는 죄로 만연한 세상을 홍수로 쓸어 버려 심판하신 후 노아를 통해 다시 새롭게 인류를 시작하셨다. 이때 하나님께서는 모든 생물을 보존하시고, 정상적인 기후와 천지의 변화를 약속하신다(8:21-22). 또한 홍수와 같은 천재지변으로 인류가 다시는 멸망하지 않도록 시켜주실 것을 약속하셨다(9:8-17). 이뿐만 아니다. 하나님께서는 언약 중간 부분(9:1-7)에 인간 사회의 질서를 지키고 유지해 주겠다고 약속하신다. 이러한 하나님의 일반언약 아래 인류는 자연질서를 보존하고 가족, 정치, 경제, 사회, 문화 등 각종 제도를 안정적으로 발전시켜 나가며 가족과 사회 속에서 죄를 억제하며, 진선미를 보존하고 진리와 문명을 발전시키며, 현세에서 건강, 장수, 부, 명예, 권력 등의 복을 누릴 수 있게 되었다(벧전 2:13-14). 이러한 사회에서 사람은 구원 얻은 선은 행할 수 없지만, 시민적인 공적 선을 행할 수 있다. 이러한 은혜를 내리시며 하나님은 이 세상을 즉각적으로 심판하지 않으시고 죄와 타락을 인내하시며 모든 사람이 구원의 진리를 알고 돌아오기 원하신다 (살후 2:6-7, 딤전 2:4).

이 세상에 사는 성도들은 세상의 여러 방면의 삶에 적극 관심을 가지고 참여하여 이 세상의 문화를 비롯한 각 분야와 각종 제도 가운데 악이 증진되지 않고 하나님의 선하심과 아름다우심과 복음의 진리를 퍼트려 세상을 변혁시키는 데 힘써야 한다. 성도에게는 이 땅 가운데 하나님의 진리와 통치가 더욱 뚜렷하게 드러나도록 해야 할 사명이 있다.

4. 구속받은 인간

4.1 구속언약 안에 있는 인간

인간이 타락 가운데 구원받을 수 있는 이유는 무엇 때문인가? 가장 근본적인 이유는 하나님 때문이다. 하나님이 태초에 인류의 구원을 작정하시고 계획하셨기 때문이다. 하나님은 이를 위해 성부, 성자, 성령 삼위 하나님 사이에 언약을 맺으셨는데 이를 구속언약이라 한다.

하나님의 구속언약은 에베소서 1장 3-14절에 나타나 있다. 첫째, 성부 하나님은 창세 전에 그리스도 안에서 우리에게 복을 주시고(3절), 택하시고(4절), 예정하셨다(5절). 이는 하나님의 기쁘신 뜻대로 하신 것이며(5절), 성부의 영광을 찬송하게 하려는 것이다(6절). 둘째, 성자는 성부의 구원 계획을 성취하셨다. 성자는 십자가에서 피 흘려 죽으심으로 우리의 죄 사함을 받게 하셨다. 이는 태초에 성부와 성자가 인류 구원을 위해 언약하셨기 때문에 일어난 일이다. 셋째, 성령은 성자의 구속 역사를 우리에게 적용되도록 하셨다. 구원의 복음이 우리에게 전해질 때 이를 듣고 믿도록 성령으로 확증시켜 주신다(13-14절). 우리를 거룩하게 하신다. 이러한 성령의 적용 사역은 소명, 중생, 회심, 연합, 칭의, 양자, 성화, 견인, 확신, 영화 등의 단계를 거쳐 일어난다. 이처럼 삼위일체 하나님은 태초에 인류의 구원을 위해 성부는 계획을, 성자는 실행을, 성령은 적용을 언약하셨다(롬 5:12-21, 참조 고전 15:21-22, 47-49).

특별히 요한복음은 성부와 성자 간의 언약을 암시하는 표현이 많다. 성자는 성부께서 주신 일을 이루어야 하고(4:34), 성자는 자신을 보낸 성부의 뜻을 이루기 위해 하늘에서 오셨으며(6:38, 9:34), 자기 백성을 구원하기 위한 조건으로 자기 목숨을 버려야 함을 말씀했다(10:17-18). 성자는 마침내 십자가 앞에서 내 뜻대로 마시고 아버지의 뜻대로 되기를 원한다고 기도하며 순종하셨다(마 26:39, 42, 막 14:36, 눅 22:42). 그리고 마침내 십자가에서 '다 이루었다'고 말씀함으로써 언약을 순종으로 성취했음을 표현하였다(요 19:30, 참조 롬 5:19). 이러한 성부와 성자 간의 강조점은 구속언약의 주요한 강조점이 성부와 인류의 대표인 성자 사이의 언약임을 보여 준다. 이렇게 볼 때 구속언약은 한편으로 하나님과 인류의 대표였던 아담 사이에 체결되었던 행위언약과 유사성을 갖는다.

행위언약이란 아담이 타락 이전에 아담의 순종 행위를 전제로 에덴 동산에서 맺은 조건적인 언약으로, 이를 '창조언약', '에덴언약', '생명언약', '자연언약' 등으로 부른다. 하지만 아담은 하나님께 불순종함으로 에덴언약을 지켜 내는 데 실패했다. 이 실패한 행위언약을 성자 하나님이 제2의 아담으로 인류를 대표하여 십자가에서 죽기까지 순종하심으로 죄 사함과 영생을 이루시고, 아담이 실패했던 행위언약을 새롭게 이루셨다. 그리스도의 순종을 전제로 체결된 언약이라는 측면에서 태초에 삼위 하나님에게서 이루어진 구속언약은 성자에게 행위언약이 된다. 한편 구속언약은 구속함을 받은 성도들에게는 은혜언약의 측면을 갖는다. 이는 인류의 성자 예수 그리스도가 이루신 행위언약을 근거로 인류의 대표이신 그리스도는 그를 믿는 자들을 은혜로 구원하시는 것이기에, 신자들에게는 은혜언약이 된다. 이렇게 볼 때 구속언약은 은혜언약의 기초요, 원형이다. 삼위 하나님의 구속언약이 없었다면 은혜언약은 존재할 수 없었을 것이다.

이상의 논의를 정리하면 우리는 하나님의 세 언약을 구별할 수 있다. 첫째, 구속언약이다. 이는 영원 전에 성부, 성자, 성령 하나님 사이에 맺어진 언약으로 행위언약과 은혜언약의 기초가 되는 언약이다. 둘째, 행위언약이다. 이는 하나님과 아담 안에 있는 인류와 맺은 언약으로 순종을 전제로 하는 조건적 언약이다. 순종 여부에 따라 상벌이 주어진다.

셋째, 은혜언약이다. 이는 하나님과 그리스도 안에 있는 성도와 맺은 언약으로, 그리스도의 순종을 기초로 한다. 성도는 그리스도께서 순종해서 이루신 일을 믿음의 선물로 받는다.

4.2 언약 안에 있는 인간

성경은 언약의 책이다. 창조 이전의 구속언약을 제외하고 성경에는 모두 일곱 개의 언약이 등장한다. 타락 이전 인류의 대표였던 아담과 맺은 창조언약, 아담이 타락한 이후 맺은 아담언약, 홍수 이후 인류의 새로운 대표인 노아와 맺은 노아언약, 바벨탑 사건 이후 언어의 분리로 온 세상에 인류가 흩어진 이후 새로운 언약 백성의 대표인 아브라함과 맺은 아브라함언약, 모세언약, 다윗언약, 그리고 신약 시대의 새 언약 등이다. 언약신학은 대표신학(federal theology)이라고도 불리는데 이는 대표자 안에서의 연대성을 강조하기 때문이다.[32] 그렇다면 각 언약을 구체적으로 살펴보자.

첫째, 창조언약이다. 이는 하나님이 아담을 창조하시고 에덴 동산에 두시면서 맺으신 언약으로, 아담이 선악과를 먹지 않고 하나님의 계명에 순종하면 생육하고 번성하여 땅에 충만하겠다고 하신 약속이다. 이는 아담의 의지로 하나님의 계명을 순종할 것을 전제로 한다.

둘째, 아담언약이란 아담의 타락 후 하나님이 창세기 3장 15절에 아담과 맺으신 언약을 말한다.

> 내가 너로 여자와 원수가 되게 하고 네 후손도 여자의 후손과 원수가 되게 하리니 여자의 후손은 네 머리를 상하게 할 것이요 너는 그의 발꿈치를 상하게 할 것이니라 하시고

여기서는 하나님이 장차 보내실 메시아를 통하여 사탄을 심판할 것을 약속한다. '여자의 후손'이란 장차 올 메시아와 그를 통해 구원받을 하나님의 백성을 가리킨다. 하나님께서는 여인의 메시아적 후손을

---

32 —— 마이클 호튼, 백금산 역, 《언약신학》 (서울: 부흥과개혁사, 2009), 112.

보내실 것이고, 그는 사탄의 머리를 상하게 할 것이다. 하지만 사탄도 가만히 있지는 않는다. 그러나 여인의 후손의 발꿈치를 상하게 하는 정도로 그칠 것이다. 사탄이 메시아를 십자가의 죽음으로 몰고 갔지만, 메시아는 죽음의 권세를 이기고 승리하셨다.

셋째, 노아언약이다(창 8:20-9:17). 이는 하나님께서 메시아를 통한 최종적인 구원과 심판이 있기까지 믿는 자뿐만 아니라 믿지 않는 자를 포함하여 온 피조세계와 인간세계를 보호하실 것을 주권적인 은혜로 약속하신 것이다. 노아언약은 창세기 8장 20절부터 9장 17절까지 계속되는데, 그 구조는 다음과 같다.

①자연질서의 보존(8:20-22)
②인간 사회와 사회질서의 보전(9:1-7)
③자연질서의 보전(9:8-17)

노아의 언약이 지속되는 동안 이 세상은 다시는 사람들의 죄악으로 말미암아 물과 홍수로 멸망하지 않고, 하나님의 일반은총이 지속되어 계절과 천체의 운행이 질서 있게 진행될 것이다. 또한 농작물을 심고 거두는 은혜가 멈춤 없이 계속될 것이다.

넷째, 아브라함언약이다(창 12:1-3, 15:1-21, 17:1-8). 바벨탑 사건(창 11장)으로 범죄한 인류가 흩어지자 하나님께서는 한 사람 아브라함을 택하여 그를 통하여 큰 민족을 이루어 복을 주고 그의 이름을 창대하게 하겠다고 약속하신다(12:2-3). 하나님은 아브라함의 후손을 뭇별과 같이 많게 하실 것이며(15:5), 아브라함은 장차 하나님의 뜻대로 세운 열국, 즉 하나님 나라의 아비, 즉 선조가 되게 하실 것이다(17:4-7). 아브라함은 이러한 하나님의 언약을 믿었고, 하나님은 이를 아브라함의 의로 여기셨다(15:6). 하나님의 약속을 믿음으로 말미암아 의롭다 함을 얻은 것이다. 아브라함언약은 일차적으로는 이스라엘 백성을 통하여 성취되었지만, 궁극적으로는 신약 시대에 교회를 통해 성취되었다.

다섯째, 모세언약이다(출 21:1-24:11). 모세언약은 이스라엘 백성의 대표인 모세가 시내산에서 하나님과 맺은 언약으로, 그 핵심 내용에는 장차 하나님이 주실 약속의 땅에 들어가 복을 얻으려면 하나님이 주신 율법을 준수해야 한다는 조건이 들어 있다. 율법에 순종하면 이들은 하나님의 제사장 나라요 하나님의 소유가 될 것이다(19:5-6). 하나님은 은혜로 이스라엘 백성을 출애굽시키셨지만, 이스라엘 백성들은 약속의 땅에 들어가 계속해서 복을 받고 살아가기 위해 율법을 순종하고 지켜야만 한다. 불순종할 경우 이들은 가나안 땅에서 쫓겨나게 된다.

여섯째, 다윗언약이다(삼하 7:12-16). 하나님께서 다윗의 대적들을 무찌르시고 다윗의 왕궁에 평안을 주실 때, 다윗은 '자신은 백향목 궁에 살지만 하나님이의 궤는 휘장 가운데 있다'고 안타까워하며, 하나님을 위하여 성전을 짓고자 하는 소망을 갖는다(7:2). 하나님은 이를 기쁘게 여기시며 장차 다윗의 후손을 통하여 다윗의 나라와 왕위를 영원히 견고하게 세우실 것이고 다윗의 아들이 성전을 건축할 것이라고 약속하신다. 이러한 다윗언약은 장차 다윗의 자손으로 오실 예수 그리스도를 통하여 궁극적으로 성취되었다. 예수 그리스도는 이 땅에 오셔서 하나님의 나라를 세우셨고, 자신의 몸 된 성전인 교회를 세우셨다.

일곱째, 새 언약이다. 이는 하나님이 이스라엘 백성과 세웠던 옛 언약(출 19-24장)을 갱신하기 위하여 나온 것이다. 이스라엘 백성들이 하나님과의 언약을 저버리고 우상을 섬기자 하나님은 옛 언약이 더 이상 유효하지 않게 되었고, 따라서 새 언약을 맺을 것이라 선언한다.

> 여호와의 말씀이니라 보라 날이 이르리니 내가 이스라엘 집과 유다 집에 새 언약을 맺으리라 이 언약은 내가 그들의 조상들의 손을 잡고 애굽 땅에서 인도하여 내던 날에 맺은 것과 같지 아니할 것은 내가 그들의 남편이 되었어도 그들이 내 언약을 깨뜨렸음이라 여호와의 말씀이니라 그러나 그 날 후에 내가 이스라엘 집과 맺을 언약은 이러하니 곧 내가 나의 법을 그들의 속에 두며 그들의 마음에 기록하여 나는 그들의 하나님이 되고 그들은 내 백성이 될 것이라 여호와의 말씀이니라 그들이 다시는 각기 이웃과 형제를 가리켜 이르기를 너는 여호와를 알라 하지 아니하리니 이는 작은 자로부터 큰 자까지 다 나를 알기 때문이라 내가 그들의 악행을 사하고 다시는 그 죄를 기억하지 아니하리라 여호와의 말씀이니라(렘 31:31-34)

내가 너희를 여러 나라 가운데에서 인도하여 내고 여러 민족 가운데에서 모아 데리고 고국 땅에 들어가서 맑은 물을 너희에게 뿌려서 너희로 정결하게 하되 곧 너희 모든 더러운 것에서와 모든 우상 숭배에서 너희를 정결하게 할 것이며 또 새 영을 너희 속에 두고 새 마음을 너희에게 주되 너희 육신에서 굳은 마음을 제거하고 부드러운 마음을 줄 것이며 또 내 신을 너희 속에 두어 너희로 내 율례를 행하게 하리니 너희가 내 규례를 지켜 행할지라 내가 너희 조상들에게 준 땅에서 너희가 거주하면서 내 백성이 되고 나는 너희 하나님이 되리라(겔 36:24-28)

이러한 새 언약의 궁극적인 목표는 하나님이 이스라엘을 바로의 압제에서 구원하시고 언약을 맺으셨을 때의 처음 목적과 같다. 시내산에서 이스라엘은 처음으로 민족 전체가 하나님 앞에서 언약을 체결한다. 이때 하나님은 언약을 통해 이스라엘을 하나님의 소유로 삼고, 제사장 나라요 거룩한 백성으로 삼겠다고 선언하신다(출 19:5-6). 여기서 '소유'란 히브리어 '세굴라'로, '보석'과 같이 소중한 것을 의미한다. 즉 하나님은 언약을 통해 하나님의 백성 이스라엘을 보석과 같은 존귀한 친자녀, 친백성으로 삼아, 그들의 하나님이 되어 주길 원하신 것이다. 성경은 이러한 새 언약의 비전이 하나님의 새 이스라엘인 신약의 백성들에게 이루어졌음을 진술한다(벧전 2:9). 이는 또한 요한계시록 끝에서 펼쳐질 새 하늘과 새 땅의 비전이기도 하다. 여기서 하나님은 그 백성과 친히 함께 계셔서 그들의 하나님이 되어 주실 것이다(계 21:3-4). 새 언약은 언약의 의무조항에 있어 예레미야, 에스겔, 출애굽기와 유사한 패턴을 가진다. 새 언약을 맺으면 하나님의 백성은 옛 언약에서와 마찬가지로 하나님의 법 혹은 율례를 지켜야 한다. 하지만 새 언약은 옛 언약과는 달리 돌판에 기록하지 않고 하나님이 주시는 부드러운 새 마음 판에 기록될 것이다. 또한 하나님의 영, 즉 성령의 내주를 통하여 하나님의 법을 순종할 새 마음을 주실 것이다(렘 32:38-41, 겔 11:19-20). 새 언약에서 하나님은 옛 언약에서와 같이 그 백성들의 죄를 그들의 순종 여부에 따라 조건적으로 사하지 않으시고, 주권적인 은혜로 전적으로 사하시고 기억하지도 않으신다.

이 언약은 예수 그리스도를 통하여 그의 피로 맺어진 언약이다 (눅 22:20, 고전 11:25). 예수 그리스도는 십자가에서 그의 피로 우리의 죄를 대속하시고, 부활하여 하나님 보좌 우편에 앉으셔서 그를 믿는 모든 이들에게 성령을 부어 주셔서, 그 마음을 새롭게 변화시킨다(롬 12:2). 이제는 변화된 마음으로 성령을 따라 순종하며 살아간다. 예수 그리스도를 믿는 이들은 하나님의 택하신 언약 백성으로 왕 같은 제사장이자 그의 소유된 백성으로 믿음으로 말미암아 의롭다 함을 받는다.

4.3 언약의 연속성과 단절성

이상으로 살펴본 일곱 개의 언약들은 크게 행위언약과 은혜언약으로 나눌 수 있다.

우선 행위언약의 특성을 강하게 갖는 것은 창조언약과 모세언약이다. 타락 이전의 아담은 하나님의 계명을 능히 지킬 수 있는 가능성을 갖고 있었다. 하지만 아담은 불순종하고 실패했다. 만약 아담이 이 계명을 지켰다면, 생명나무의 열매를 먹고 부활의 첫 열매가 되신 예수 그리스도와 같이 영광스런 삶을 얻게 되었을 것이다. 하지만 그의 실패로 인류에게 죄와 사망의 권세가 찾아왔다. 모세언약 또한 이스라엘 백성의 율법 준수를 전제한다. 하지만 이들은 타락한 본성을 갖고 있었고 율법을 온전히 지킬 가능성이 없었다. 그래서 하나님께서는 이스라엘에게 죄를 사하는 제사의 수단을 허락하셨고, 이들로 하여금 죄에 빠질 때마다 회개하고 돌아올 수 있도록 하셨다.

하나님께서는 왜 창조언약과 모세언약에 이러한 행위의 준수를 요구하는 언약을 체결하셨을까? 이러한 언약은 모두 새로운 창조로 들어갈 때 체결한 언약이라는 공통점이 있다. 창조언약은 하나님이 창조하신 새 에덴 동산으로 아담을 들어가게 하실 때 체결한 것이고, 모세언약은 하나님이 이스라엘 백성을 젖과 꿀이 흐르는 약속의 땅 가나안으로 들어가게 하실 때 체결한 것이다. 창조언약은 아담이 에덴 동산에서 아름답게 거하며 하나님의 복을 누리게 하기 위해서 주신 것이고, 모세언약은 이스라엘이 약속의 땅에서 풍성한 복을 누리도록 하기 위해 체결한 것이다. 모두 순종을 전제로 하기에 순종할 경우 생명을 얻고 복을 누리며 그곳에 머무를 수 있지만, 불순종할 경우 머무를 수 없고 바깥 어두운 곳으로 내어 쫓긴다.

　　은혜언약은 행위언약의 실패 이후에 등장한다. 창조언약의 실패로 원시복음(창 3:15) 형태로 아담언약이, 인류의 죄악으로 인한 전 지구적 타락으로 인한 홍수 심판 이후에 일반은총의 형태로 노아언약이, 바벨탑 심판 이후에 아브라함언약이 나왔다. 또한 모세언약의 실패로 새 언약이 나왔다. 이렇게 은혜언약이 끊임없이 나온 이유는 태초에 하나님이 작정하신 구속언약 때문이다. 여기서 구속언약은 은혜언약의 기초가 된다.

　　은혜언약은 율법의 순종을 전제로 하는 행위언약과는 달리 언약적 약속을 전제로 한다.[33] 언약적 약속은 언약의 체결 당사자(봉신)의 율법 준수를 요구하는 것이 아니라 다른 이(종주)가 법적 언약을 대신 성취한 기초 위에서 만들어진다. 따라서 은혜언약은 언약을 체결하는 당사자(봉신)의 신실함에 기초한 것이 아니라 대신 성취하는 이(종주)의 신실함에 기초한다. 은혜언약은 율법의 순종 여부에 기초한 언약이 아니라 종주의 신실함에 기초한 약속의 언약이다. 이를 종주권 조약과 구별하여 '왕의 하사' 조약이라 한다.[34] 이는 고대 근동에서 강대국의 왕(종주)이 충성된 봉신에게 선물을 하사할 것을 일방적으로 선언하는 조약이다. 이때 종주의 파트너인 봉신은 언약을 체결하는 종주의 신실함을 믿음으로 받아들일 때 이 언약의 혜택을 제대로 누릴 수 있다. 행위언약은 종주권 조약의 성격을 갖는 반면 은혜언약은 왕의 하사 조약의 성격을 갖는다. 타락 이후 하나님이 아담과 맺은 아담언약, 노아언약, 아브라함언약, 다윗언약 등은 쌍무적 조건을 기반으로 하지 않고 하나님의 일방적이고도 무조건적인 약속에 기초한다. 약속의 수혜자들의 성실함 여부와 상관없이 하나님의 자유로우심과 자비하심에 기초하여 하나님은 반드시 이 약속을 이루시고야 만다.

　　모든 언약은 궁극적으로 새 언약을 지향한다. 새 언약은 궁극적

---

33 ―――― 위의 책, 144.

34 ―――― 위의 책, 96.

으로 예수 그리스도를 통하여 성취될 언약이기에 구약의 언약들은 궁극적으로 예수 그리스도를 지향하고 가리킨다. 아담언약에서는 약속한 여자의 후손으로, 아브라함언약에서는 아브라함의 후손으로, 모세언약에서는 '나와 같은 선지자'로(신 18:15, 행 3:27, 7:37), 다윗언약에서는 다윗의 후손으로 등장한다.

새 언약은 특별히 옛 언약과 대비되는 표현이다(렘 31:31-34). 여기서 옛 언약이란 하나님이 이스라엘 백성들을 출애굽시키고 시내산에서 맺은 시내산 언약을 의미한다. 여기서 옛 언약은 하나님의 백성들을 종말론적 하나님의 나라로 이끌어 가기 위한 중간 단계의 임시적이고 과도기적인 질서로서 마련된 것이었다.[35] 하지만 이스라엘 백성은 시내산 언약에 실패했고 약속의 땅에서 내어 쫓겼다. 새 언약은 예수 그리스도를 통하여 시작된 하나님의 나라로 이끌어 가기 위한 종말적인 질서로, 이는 예수 그리스도의 피의 희생으로 막을 열었다. 새로운 하나님의 나라에 들어가는 하나님의 백성들에게 요구되는 의의 요구는 예수 그리스도께서 십자가에 흘린 죄 사함의 피로 완전히 충족되었고, 하나님 나라에 들어가려는 이들은 율법을 지킴으로가 아니라 예수 그리스도가 충족시킨 의를 믿음으로 받아들임으로 자격을 얻는다. 예수께서는 자신의 희생을 '이것은 죄 사함을 얻게 하려고 많은 사람을 위하여 흘리는 바 나의 피, 곧 언약의 피'라고 불렀다(마 26:28). 옛 언약은 양과 염소의 피로 일시적인 죄 사함을 얻었지만, 새 언약은 단번에 자신을 드리신 하나님의 아들의 피로 영원한 속죄를 이루셨다(히 9:12).

옛 언약은 하나님의 법을 돌판에 기록했다면 새 언약은 신자들의 내면에 하나님의 영으로 굳은 마음을 제거하고 하나님의 성령의 법을 부드러운 마음에 기록한다. 신자들의 내면에 거주하는 성령은 신자들로 하여금 믿고 순종하게 하는 능력을 부여한다(롬 1:5, 16:26, 벧전 1:2). 새 언약은 성령의 법을 따라 거룩하게 순종하도록 하는 면에서 행위언약의 측면을 갖고 있지만, 성령은 행위로가 아니라 믿음으로 말미암아 선물로 주어지는 것이기에 은혜언약의 측면을 동시에 갖는다. 사실 새

---

35 ―― 위의 책, 106.

언약은 행위언약의 측면을 갖고 있기는 하지만, 이 모든 과정이 전적으로 은혜라는 측면에서 하사 조약의 성격을 갖는다. 이런 면에서 신약성경에 등장하는 '언약'은 주로 헬라어 '디아테케'를 사용하는데, 이는 쌍무적 계약이라기보다 한쪽에서의 일방적인 시혜를 베푸는 계약을 의미한다. 이에 가장 부합하는 번역이 '유언'(testament)이다. 유언이란 임종 시의 유산 상속을 일방적으로 허락하는 계약이다. 은혜의 계약이요, 이 상속을 받아들이는 것은 믿음이다.

이렇게 볼 때 새 언약은 구속언약의 최종적인 성취로, 한편으로 새로운 하나님의 통치로 들어가기 위하여 맺는 행위언약의 성격을 갖고 있지만, 다른 한편으로는 전적인 은혜언약이다. 새 언약은 행위언약(창조 언약, 모세언약)이 완성하지 못한 것을 그리스도 안에서 시작된 하나님의 나라로 최종적으로 완성한 동시에, 은혜언약이 처음부터 예고했던 예수 그리스도를 통하여 궁극적으로 성취한 하나님의 선물이다. 또 구약은 오실 그리스도를 바라보며 세워진 언약인 반면, 신약은 오신 그리스도 안에 성취된 언약이다. 그리스도 안에 시작된 하나님의 나라는 그리스도의 재림으로 최종적인 완성을 바라보고 있다.

중요한 것은 요한계시록도 새 언약의 범주에 속한다는 사실이다. 계시록은 예수 그리스도 안에 약속된 하나님의 언약이 어떻게 새 하늘과 새 땅으로 완성되는가를 다룬다. 옛 언약이 가나안 땅을 추구했다면, 새 언약은 보다 온전한 새 땅, 즉 예수 그리스도 안에서 이루어진 하나님이 통치하시는 하나님의 나라(the Kingdom of God)를 추구한다.

4.4 언약의 왜곡을 경계하라

많은 이단이 성경의 언약관을 왜곡시킨다. 크게 네 가지다.

첫째, 이들은 새 언약으로 무효화되고 폐기된 구약의 옛 언약을 가져와, 이것을 회복시켜야 하고 그렇지 못할 경우 지옥불의 심판을 면치 못할 것이며 이것을 회복시키는 이가 바로 교주라고 한다. 대표적인 예가 바로 율법주의 이단들이다. 이들은 신약 시대 때 폐지된 안식일, 유월절, 절기, 음식법, 할례법 등을 가지고 와서 이것들을 지키고 회복해야 구원받을 수 있다고 한다. 이는 극단적인 율법주의에 빠지게 만든다.

III. 인간론 백신

성경은 분명 이 모든 구약의 율법은 온전한 구원을 가져다주지 못하고 장차 그리스도가 가져다줄 구원의 그림자 역할에 그친다고 말씀한다 (참조 골 2:16-17).

둘째, 예수 그리스도의 십자가로 새 언약을 가져오면서 옛 언약이 폐기되면서 구약의 모든 율법도 폐기되었다는 주장이다. 그래서 예수 그리스도의 십자가로 모든 율법이 폐기되면 더 이상 죄를 죄라 할 수 있는 기준이 사라지고 죄가 성립하지 않는다. 따라서 더 이상 그리스도 안에 정죄함이 없다는 것이다. 이는 극단적인 무법방종주의로 치닫게 한다. 그리스도께서 십자가를 지신 것은 율법의 일점일획도 모두 완전하게 이루기 위함이다. 구약의 정결법과 제사법은 폐기되었다. 왜? 그리스도의 보혈이 보다 완전한 사죄와 거룩을 주기 때문이다. 그러나 이런 정결함으로 우리는 하나님을 사랑하고 이웃을 사랑하는 성경의 큰 계명을 지키기에 힘써야 하고 주님의 거룩하심을 이루기 위해 힘써야 한다.

셋째, 구약과 신약 외에 다른 약속을 추가시킨다. 이를 '성약'(聖約)이라고도 하고, '계시록 언약'이라고도 한다. 이러한 구분에 따라 이단들은 성경의 시대를 구약 시대, 신약 시대, 성약 시대의 세 시대로 나눈다. 어떤 이단은 성약 시대 대신 '종말 시대'로 부르기도 하고 또 어떤 이단은 '계시록 시대'라고 부르기도 한다. 구약 시대에는 성부 하나님이 여호와로 나타나고, 신약 시대에는 성자 예수의 시대였던 것처럼 성약 시대에는 약속한 성령 하나님이 보혜사로 나타나는데 그가 바로 교주라는 것이다.

넷째, 언약으로 약속된 그리스도와 이를 성취하신 그리스도의 도식을 뒤틀어 이를 배도, 멸망, 구원의 해괴한 구도로 보는 것이다. 앞서 살펴본 것처럼 이는 시대별로 다른 구원을 용인하게 하고 오직 예수 그리스도로 말미암는 구원을 부정하게 만든다. 이런 논리에 따르면 오늘날도 배도, 멸망, 구원의 도식이 성취되었고 이것을 이룬 이가 바로 교주라고 주장하게 된다. 하지만 우리의 구원은 오직 예수 그리스도뿐임을 확신하고 흔들리지 말아야 한다.

이런 이단들은 구약의 예언은 예수 그리스도를 통해 성취되었지만, 신약의 예언은 오늘날의 계시록 시대에 성취된 실상으로 나타나야 한다고 주장한다. 예수님 초림 시대 때는 예수를 믿음으로 구원을 받지만, 오늘날 종말의 혹은 계시록 시대에는 예언된 실상을 깨달아야 구원받는다고 한다. 그래서 이단들은 계시록을 풀어 주는 성경에 통달한 자요 계시록의 일곱 인을 떼는 보혜사를 깨달아야 구원받는다고 한다.

이는 거짓 주장이다. 우리는 오직 예수 그리스도로 말미암아 구원을 얻는다. 하나님은 천하에 구원 얻을 만한 다른 이름을 우리에게 주신 일이 없다(행 4:12). 구약 시대 성도는 오실 그리스도를 기다리며 임시적인 제사 제도를 통하여 임시적으로 죄 사함을 받고 구원을 얻었지만, 신약 시대에는 예수 그리스도의 피로 말미암는 새 언약으로 구원을 받았고, 주님의 재림을 기다리며 그 피를 의지하여 거룩한 백성으로 살아간다. 따라서 예수 그리스도 안에 계시되고 최종적으로 완성된 하나님의 언약 외에 다른 언약은 없다. 다른 언약의 시대를 주장하는 것은 비성경적이고 이단적인 주장임을 반드시 기억하자.

바이블 백신 1

Bible Vaccine 1

지은이 양형주
펴낸곳 주식회사 홍성사
펴낸이 정애주
국효숙 김의연 박혜란 송민규 오민택 임영주 차길환

2019. 3. 11. 초판 발행 2025. 3. 20. 5쇄 발행

등록번호 제1-499호 1977. 8. 1.
주소 (04084) 서울시 마포구 양화진4길 3
전화 02) 333-5161 팩스 02) 333-5165
홈페이지 hongsungsa.com 이메일 hsbooks@hongsungsa.com
페이스북 facebook.com/hongsungsa
양화진책방 02) 333-5163

ISBN 978-89-365-1348-1 (04230)